Historia de los judíos

Una guía apasionante desde los reinos antiguos hasta los tiempos modernos

Índice

PRIMERA PARTE: HISTORIA DE LOS JUDÍOS..1

INTRODUCCIÓN 2

CAPÍTULO 1: ¿QUÉ ES EL JUDAÍSMO? 4

CAPÍTULO 2: EL ANTIGUO ISRAEL..14

CAPÍTULO 3: EL PERÍODO DEL SEGUNDO TEMPLO (540 A. E. C.-135 E. C.) 25

CAPÍTULO 4: EL JUDAÍSMO BIZANTINO (324-640 E. C.) 35

CAPÍTULO 5: JUDAÍSMO MEDIEVAL I: EL ISLAM Y EL SIGLO DE ORO ESPAÑOL..44

CAPÍTULO 6: EL JUDAÍSMO MEDIEVAL II: LAS CRUZADAS Y EL PERIODO MAMELUCO 53

CAPÍTULO 7: EL HOLOCAUSTO..63

CAPÍTULO 8: EL ISRAEL MODERNO...74

CAPÍTULO 9: COSTUMBRES, TRADICIONES, SÍMBOLOS Y ARTE........85

CAPÍTULO 10: JUDÍOS FAMOSOS: UNA COLECCIÓN APASIONANTE..94

CONCLUSIÓN 105

SEGUNDA PARTE: ANTIGUO ISRAEL 109

CAPÍTULO 1: ¿QUIÉNES FUERON LOS ANTIGUOS ISRAELITAS?...113

CAPÍTULO 2: HENOTEÍSMO Y YAHVISMO 119

CAPÍTULO 3: LA EDAD DE HIERRO...127

CAPÍTULO 4: REFERENCIAS BÍBLICAS AL ANTIGUO ISRAEL............137

CAPÍTULO 5: EL REINO DE JUDÁ...148

CAPÍTULO 6: EL PERÍODO PERSA..157

CAPÍTULO 7: EL PERIODO HELENÍSTICO (330-50 A. C.) 167

CAPÍTULO 8: LA DINASTÍA ASMONEA (140-37 A. C.)...........................176

CAPÍTULO 9: LA DINASTÍA HERODIANA (37 A. C.-100 D. C.) 189

CONCLUSIÓN 203

VEA MÁS LIBROS ESCRITOS POR ENTHRALLING HISTORY 205

BIBLIOGRAFÍA..206

FUENTES DE IMÁGENES...216

Primera Parte: Historia de los judíos

Una apasionante guía desde la Antigüedad hasta nuestros días

Introducción

La historia de los judíos es la historia de un pueblo, una nación y una religión. De una tribu nómada de setenta personas surgió una nación que influyó en el mundo a múltiples niveles. La religión establecida en el desierto del Sinaí hace más de tres milenios persiste hoy como judaísmo, con unos quince millones de seguidores. La historia de los judíos no se refiere a un país, ni siquiera a un continente. Tiene alcance mundial, ya que desde hace dos mil años viven más judíos fuera de Israel que en su antigua patria. El judaísmo dio origen al cristianismo e influyó en el islam; así, más de la mitad de la población mundial sigue al menos algunas de las enseñanzas del Tanaj (Antiguo Testamento) judío.

¿Qué es exactamente un judío? ¿Ser «judío» es una identidad nacional con una historia compartida? ¿Es una identidad étnica con una cultura colectiva? ¿Se puede ser ateo y seguir siendo judío? ¿Puede una persona seguir el judaísmo, pero no tener un origen étnico judío? Si la madre es judía, pero el padre no, ¿sigue siendo judío? La respuesta a todas estas preguntas es «sí».

Es difícil encasillar la «judeidad», ya que está llena de cismas, disputas, paradojas y una historia y una cultura en evolución. Sin embargo, la historia, la etnia y la cultura siempre han unido a los judíos. Aunque muchos judíos no van a la sinagoga ni al templo, se reúnen para la comida del Séder (Pascua judía) y asisten a ritos de iniciación como el *bat* o el *bar mitzvá*. Los judíos han perseverado como cultura minoritaria a pesar de los intentos de borrarlos de la faz de la tierra. Se han adaptado al cambio con «chutzpah», desarrollando el ingenio y la innovación.

En la actualidad, el Estado de Israel tiene cerca de diez millones de habitantes, de los cuales aproximadamente tres cuartas partes son judíos étnicos, y el resto, principalmente palestinos árabes. Casi quince millones de judíos de la diáspora viven en Estados Unidos, Francia, Canadá y otros lugares del mundo. Los judíos han contribuido notablemente a las culturas de las tierras donde vivieron y han cambiado el curso de la historia mundial. Comprender la historia de los judíos es esencial para descifrar la historia mundial en general y el actual escenario político de Oriente Próximo.

Desde la época de los patriarcas hasta nuestros días, la historia judía abarca casi cuatro mil años y se extiende por toda la Tierra. Este libro pretende guiar a los lectores a través de los miles de años de historia judía, desde la época de los judíos como pastores nómadas hasta nuestros días. Explora los patriarcas, el éxodo de Egipto, el reino de Israel y su caída. Traza la historia judía a través del reinado de los macedonios, los romanos, los bizantinos y los califatos islámicos. Explicará por qué la mayoría de los judíos abandonaron su patria para esparcirse por la tierra y por qué muchos regresaron en los dos últimos siglos. Desvelará los horrores del Holocausto, así como el por qué y el cómo se creó el moderno Estado de Israel.

Los judíos siempre han creído que la historia tiene un propósito, una creencia que les ha permitido mantener la dignidad y la tenacidad a través de luchas y persecuciones inimaginables. Desde el comienzo de su historia, su religión les informó de que «todas las familias de la tierra serán bendecidas en ti»[i]. Viajemos a la antigua Mesopotamia y descubramos la historia del apasionante pueblo judío.

---

[i] Bereshit (Génesis) 12:3, Torá, *The Complete Tanakh: The Jewish Bible with a Modern English Translation and Rashi's Commentary*. https://www.chabad.org/library/bible_cdo/aid/63255/jewish/The-Bible-with-Rashi.htm.

Capítulo 1: ¿Qué es el judaísmo?

El judaísmo, la religión del pueblo judío, es monoteísta, adora a una sola deidad que se presentó como ליהוה (YHVH) o אלהיכם: (Elohim). Muchos judíos creen que escribir los nombres de su deidad es una falta de respeto, por lo que lo escriben como D-os/Di-s en español. Basan esta práctica en el libro de Devarim (Deuteronomio), que dice que no deben profanar, destruir o borrar el nombre de Di-s o cualquier cosa que tenga que ver con él[i]. Si escriben el nombre de Di-s y el documento es borrado o destruido, entonces el nombre de Di-s es borrado.

La escritura del judaísmo es el Tanaj, que tiene el mismo material que el Antiguo Testamento de la Biblia cristiana (menos los apócrifos). Sin embargo, solo tiene 24 libros en lugar de 39. Samuel, Crónicas y Reyes son cada uno un libro en lugar de dos, y todos los profetas menores forman un libro. El Tanaj tiene tres secciones: Torá, Nevi'im y Ketuvim.

La Torá son los cinco libros de Moisés (los cinco primeros libros del Antiguo Testamento). Históricamente, los judíos consideraban divino todo el Tanaj, pero veneraban la Torá en su máxima expresión porque, según sus escrituras, toda la nación fue testigo de su transmisión. Moisés la recibió en el monte Sinaí mientras millones de israelitas temblaban al sonar el cuerno del carnero, el humo envolvía la montaña, rugían los truenos y centellaban los relámpagos. La Torá contiene los relatos judíos del comienzo de la vida, el nacimiento de la nación israelita y las leyes que Di-s les dio para que las siguieran.

---

[i] Devarim (Deuteronomio) 12:2-4, Torá, Tanaj.

Cuando los cinco libros de la Torá son escritos a mano por un escriba especialmente entrenado en un único rollo de pergamino, se denomina *Sefer Torá*. Este precioso y sagrado rollo se guarda en una cámara ornamental especial de la sinagoga llamada Arca de la Torá. Se lee en hebreo con cantilación, una especie de canto, en shabat (el sabbat), en las oraciones matutinas de los lunes y jueves, y en días festivos especiales.

La siguiente sección del Tanaj, laos Nevi'im, contiene los escritos de los profetas. Sin embargo, los libros de Eijá (Lamentaciones) y Daniel están incluidos en los Ketuvim. Parte de la historia israelita anterior también se encuentra en los Nevi'im: Yehoshua (Josué), Shoftim (Jueces), Shmuel (Samuel) y Melachim (Reyes). Los Ketuvim (Escritos) contienen libros poéticos, como Tehillim (Salmos) y Mishlei (Proverbios), y relatos históricos, como Rut y la reina Ester.

Otro libro influyente para el judaísmo es el Talmud, que contiene enseñanzas de rabinos (líderes religiosos) sobre la teología y la historia judías a lo largo de los años. El Talmud incluye la Mishna: leyes orales e interpretaciones de las leyes de la Torá, completadas en forma escrita en el siglo III de la Era Común. La otra sección del Talmud es la Guemará, una colección de comentarios de los rabinos.

¿Cómo ven los judíos de hoy las escrituras del judaísmo? Depende de la secta a la que pertenezcan. Los judíos ortodoxos creen que Di-s dictó literalmente la Torá a Moisés, y no cuestionan que sus relatos sean verdaderos y sus leyes deban seguirse. Creen apasionadamente en un Mesías que procederá del linaje del rey David y marcará el comienzo de una era de rectitud, paz y justicia. Creen que Di-s resucitará a los muertos y creará un cielo y una tierra nuevos.

Los judíos ortodoxos coinciden con el rabino Moisés ben Maimón (1134-1204 e. c.), que escribió la Mishné Torá, una codificación de la ley judía a partir de la Torá y el Talmud. Dijo: «Creo con perfecta fe que toda la Torá que ahora está

Rabí Moisés ben Maimón (Rashi)[1]

en nuestro poder es la misma que le fue entregada a Moisés, nuestro maestro, la paz sea con él»[i].

El judaísmo ortodoxo tiene dos subgrupos: los jaredíes ultraconservadores (9% de la población judía de Israel) y los *datiim* (13% de los judíos de Israel). Jaredi significa «tembloroso», y estos judíos son muy devotos. Los judíos jasídicos de Nueva York constituyen un subgrupo. Al igual que los jaredíes de Israel, viven en barrios separados, se relacionan principalmente entre ellos y llevan una vestimenta distintiva. Los hombres suelen llevar abrigo y sombrero negros, y las mujeres, vestidos modestos y pañuelo o peluca. Los *datiim* también son teológicamente conservadores, pero no se separan de la sociedad mayoritaria. Los hombres llevan kipá (casquete) y las mujeres casadas se cubren el pelo.

La segunda secta es el judaísmo reformado, conocido como Jiloní en Israel, donde lo sigue el 49% de los judíos. En 1837, Abraham Geiger declaró: «El Talmud debe desaparecer, la Biblia, esa colección de libros humanos en su mayoría tan hermosos y exaltados, como obra divina también debe desaparecer»[ii].

A partir de ese momento, los judíos reformados negaron el origen divino del Tanaj, considerándolo obra de hombres. Poco después, el rabino Isaac Mayer Wise declaró no creer en una resurrección corporal ni en un mesías. Omitió las oraciones tradicionales sobre el regreso a Jerusalén para reconstruir el templo y eliminó las leyes dietéticas. En 1885, los judíos reformados rechazaron la circuncisión por considerarla «salvaje». En 1972, solo uno de cada diez rabinos reformados de Estados Unidos creía en Di-s en el sentido judío tradicional. Se autoidentificaban como agnósticos, humanistas o existencialistas[iii]. En Israel, el 40% de los judíos *jilonim* no creen en Di-s.

La tercera secta, el judaísmo conservador (conocido como *masorti* en Israel), es el término medio entre las sectas ortodoxa y reformada. Los judíos conservadores eran una subsecta de los judíos reformados con

[i] Eli Cohn-Wein, "The Golden Age of Jewish Philosophy", *Sefaria*. https://www.sefaria.org/sheets/327268?lang=bi.

[ii] Walter Jacob, ed., *The Pittsburgh Platform in Retrospect: The Changing World of Reform Judaism* (Pittsburgh: Rodef Shalom Congregation Press, 1985), 104.

[iii] Theodore I. Lenin, et al. *Associates, Rabbi and Synagogue in Reform Judaism* (West Harford: Central Conference of American Rabbis, 1972) 98-99.

ideas más moderadas sobre lo que había que reformar. Zacharias Frankel empezó con las prácticas que la mayoría de los judíos ya habían dejado de seguir, «que el progreso hacia adelante parecerá inconsecuente al ojo medio»[i].

Los judíos *masorti*, que constituyen el 29% de los judíos de Israel, siguen el judaísmo tradicional, creen que Di-s creó el mundo e hizo un pacto con los israelitas. Aceptan las leyes de la Torá relativas al estilo de vida y las enseñanzas de la Mishná y el Talmud sobre la Torá. Sin embargo, dudan de que Di-s dictara literalmente los Diez Mandamientos y el resto de la Torá a Moisés, aunque creen que es una enseñanza divina de la voluntad de Di-s. Creen que deben considerar cuidadosamente la ciencia moderna en relación con sus creencias religiosas. En las áreas en las que la ciencia y la Torá parecen contradecirse, interpretan la tradición religiosa para ajustarse a los hechos científicos, al tiempo que reconocen que la ciencia no es infalible.

En 1886, el judaísmo conservador fundó el Seminario Teológico Judío de América en Nueva York. El seminario permitía ir en coche a los servicios del *sabbat*, algo que antes estaba prohibido porque el motor del coche «encendía fuego», algo que la Torá prohíbe en el *sabbat*. En realidad, la Torá prohíbe encender fuego dentro de la casa en el día de descanso, y de algún modo eso se aplicó a todos los fuegos[ii].

Al cabo de un siglo, los judíos conservadores de Estados Unidos habían llegado a un punto en el que ya no creían en la autoría divina de la Torá y consideraban que sus relatos eran míticos. Una rama, los «reconstruccionistas», abandonó por completo la creencia en lo sobrenatural. Otra rama, el Instituto para el Judaísmo Tradicional, cree que Moisés recibió la Torá de Di-s en el monte Sinaí, pero que los rollos se perdieron durante el exilio babilónico y la destrucción del templo. Este grupo cree que la Torá que tenemos hoy es una reconstrucción del siglo VI a. e. c. de lo que los judíos de aquella época consideraban los manuscritos originales.

Una cosa está clara: el judaísmo gira en torno a la Torá, aunque los judíos la interpretan de forma diferente. Algunos la toman literalmente, otros dicen que es alegórica y otros que es un mito. ¿Qué contiene la

---

[i] Michael A. Meyer, *Response to Modernity: A History of the Reform Movement in Judaism* (New York: Oxford University Press, 1988), 85.

[ii] Shemot (Éxodo) 35:3, Torá, Tanaj.

Torá? Este capítulo explorará el libro de Bereshit (Génesis), y el capítulo dos repasará el resto de la Torá. Bereshit relata la creación, el primer pecado y el diluvio universal. Presenta a los patriarcas que engendraron la tribu israelita, los antepasados de los judíos.

La Torá comienza con la creación. Di-s creó el día y la noche, y separó las aguas de la tierra del agua de la atmósfera. Formó la tierra seca y la vida vegetal. Creó el sol para regir el día, la luna para regir la noche, y las estrellas y los planetas para iluminar la Tierra. A continuación, creó las criaturas marinas y los animales alados. Después creó los animales que caminaban y se arrastraban sobre la tierra. El acto final de Di-s fue crear a los seres humanos a su imagen, hombre y mujer. Di-s puso fin a la obra de la creación en el séptimo día, que convirtió en día sagrado de descanso para los seres humanos[i].

El relato de la creación en la Torá difiere notablemente de otros relatos mesopotámicos, como el *Enuma Elish*. En el macabro mito babilónico, el dios creador Apsu y su esposa Tiamat, la deidad del caos, crearon a los dioses más jóvenes. Para su disgusto, los dioses jóvenes los mantenían despiertos día y noche con cantos y bailes desenfrenados, por lo que Apsu decidió destruirlos. Pero el joven dios Enki lanzó un ataque preventivo, matando a Apsu. Entonces Tiamat envió once horribles demonios para masacrar a los jóvenes dioses. Sin embargo, Marduk, el hijo de Enki, conjuró sus poderes de huracán, voló el cuerpo de su abuela, la cortó como a un pez y creó el cielo y la tierra con las dos mitades de su cuerpo[ii].

La Torá dice que Di-s plantó el Jardín del Edén para Adán y Eva, con el Árbol de la vida y el Árbol del conocimiento del bien y del mal en medio. Di-s dijo a Adán que podían comer libremente de cualquier árbol excepto del Árbol del conocimiento. Pero la serpiente tentó a Eva, diciéndole que si comía del Árbol del conocimiento, sería como los ángeles, conocedora del bien y del mal. Eva comió del fruto y se lo dio a su marido, que estaba con ella, y él también lo comió.

Después de comer el fruto prohibido, Adán y Eva perdieron su inocencia. Di-s maldijo a la serpiente, diciéndole que la descendencia de Eva le aplastaría la cabeza, aunque la serpiente le mordería el talón. Exilió

---

[i] Bereshit (Génesis) 1-2, Torá, Tanaj.

[ii] *Enuma Elish: The Seven Tablets of Creation*, trad. Leonard William King (London: Luzac, 1902). https://www.sacred-texts.com/ane/enuma.htm.

a Adán y Eva del jardín para que no comieran del Árbol de la vida y vivieran para siempre. A partir de entonces, la tierra fue maldecida, el trabajo fue duro, la maternidad dolorosa y se perdió la inmortalidad[i].

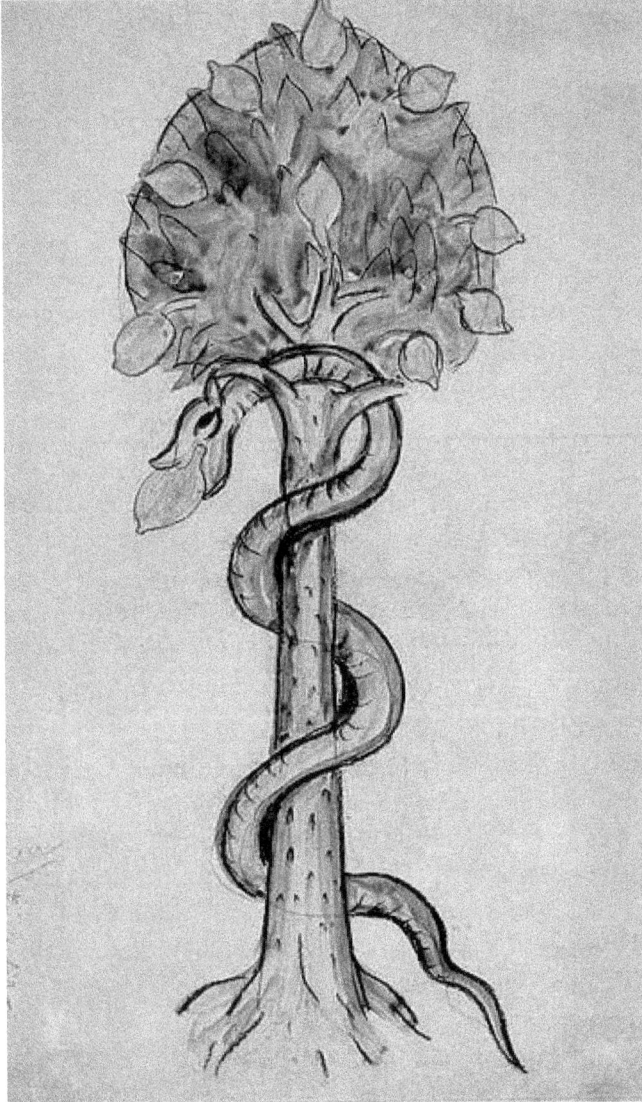

Mural de la serpiente en el Edén, pintado por Chaim ben Yitzchak ha-Levi Segal en la Sinagoga Fría de Mogilev, Lituania (actual Bielorrusia) en la década de 1740. Las autoridades bielorrusas destruyeron la sinagoga en 1938, y esta foto y otras tomadas por El Lissitzky son todo lo que queda[2]

---

[i] Bereshit (Génesis) 2:8-3:24.

Caín, el primer hijo de Adán y Eva, mató a su hermano Abel, y cada generación se volvió más violenta y corrupta. Di-s decidió borrar la vida humana, pero Noé fue favorecido a los ojos de Di-s. Le dijo a Noé que construyera un arca y llevara a su familia a bordo, con una pareja de todos los animales y comida suficiente para que comieran las personas y los animales. Noé debía llevar siete parejas de animales «limpios» (sacrificables) en el arca. En ese momento, las personas y los animales eran vegetarianos[i]. Noé y sus hijos construyeron el arca, y los cielos se abrieron. Llovió durante cuarenta días y las aguas crecieron hasta cubrir las montañas.

Cuando las aguas se calmaron, el arca descansó en las montañas de Ararat, en la frontera entre la actual Turquía y Armenia. Después de que su familia y los animales abandonaran el arca, Noé construyó un altar y sacrificó algunos de los animales limpios. Di-s dio el arco iris como pacto de que no volvería a destruir la Tierra con un diluvio, y permitió que los humanos y algunos animales se volvieran carnívoros[ii].

El relato del diluvio de la Torá se asemeja al *Génesis Eridu* sumerio y a la *Epopeya de Atrahasis* acadia. En las versiones sumeria y acadia, los dioses estaban enfadados con los humanos y decidieron destruirlos con un diluvio, pero Enki advirtió a un sacerdote que construyera un arca y llevara en ella a los animales. Los antiguos griegos, chinos, aztecas y muchas civilizaciones de todo el mundo tenían una historia similar sobre el diluvio.

Después del diluvio, la Torá dice que los humanos se esparcieron por la tierra, y una familia semita del linaje del hijo de Noé, Shem, se asentó en la ciudad de Ur, en el sur de Sumer (Irak). En la actualidad, las ruinas de Ur se encuentran en un páramo desértico, pero en la antigüedad era una ciudad increíblemente rica cerca de donde el río Éufrates desembocaba en el golfo Pérsico. El enfriamiento global bajó el nivel del golfo y el limo de los ríos Éufrates y Tigris desplazó la costa del golfo unos cincuenta kilómetros.

El padre de esta familia semita de Ur era Taré. Al igual que los sumerios, adoraba a múltiples dioses[iii]. Por alguna razón, quizá debida al cambio climático, Taré recogió a su familia y sus rebaños de ovejas, cabras

---

[i] Bereshit (Génesis) 1:29-30.

[ii] Bereshit (Génesis) 6-9.

[iii] Yehoshua (Josué) 24:2, Nevi'im, *Tanaj*.

y camellos y siguió el Éufrates hacia el norte, hasta la actual Turquía. Se establecieron en Harán, cerca de la frontera con la actual Siria.

D-s llamó a Abram, el hijo de Taré, para que dejara la casa de su padre y se fuera a una nueva tierra cuando tenía 75 años. Di-s le dijo a Abram que la convertiría en una gran nación. Bendeciría a Abram, y todas las familias de la tierra serían bendecidas en Abram. Abram viajó hacia el sur, a la tierra de Canaán, que Di-s dijo que daría a sus descendientes. Eso era problemático, ya que Abram no tenía hijos porque su esposa Sarai no podía concebir. Pero Di-s prometió que su descendencia sería tan incontable como las estrellas del cielo.

Cuando Abram tenía 99 años, D-s cambió su nombre por el de Abraham (padre de una multitud) y el de Sarai por el de Sara (princesa). A pesar de que Sara tenía noventa años y era estéril incluso de joven, Di-s hizo un pacto por el que Abraham y Sara tendrían un hijo en un año. Abraham sería el padre de muchas naciones. Por su parte del pacto, Abraham y todos los varones de su campamento debían ser circuncidados. A partir de entonces, todos los bebés varones deberían ser circuncidados a los ocho días de nacer.

Como Di-s prometió, Sara concibió milagrosamente y tuvo un bebé un año después, cuando Abraham tenía cien años. Le pusieron por nombre Isaac, que significa risa. Cuando Isaac creció, Abraham envió a su mayordomo de vuelta a Harán, donde todavía vivían algunos de sus parientes, para encontrar una esposa para Isaac. Su mayordomo llegó al pozo de Harán con diez camellos, muy nervioso por su tarea. Cuando vio a un grupo de mujeres jóvenes que se acercaban a sacar agua, rezó pidiéndole a Di-s que le mostrara a la mujer adecuada. Si le pedía agua a una joven, y ella también se ofrecía a dar de beber a sus camellos, sabría que esa era la chica para Isaac[i].

Mientras rezaba, una joven llamada Rebeca llegó con su cántaro, y cuando él le pidió un poco de agua, ella inmediatamente le dio de beber. «Yo también sacaré agua para tus camellos», dijo ella, haciendo precisamente eso.

---

[i] Bereshit (Génesis) 11-24.

Rebeca abreva a los camellos. Pintura de Alexandre Cabanel[8]

Cuando los camellos terminaron de beber, le regaló a Rebeca un anillo de oro para la nariz y dos brazaletes de oro. Resultó que era nieta de Nahor, hermano de Abraham. El mayordomo negoció un matrimonio con el hermano de Rebeca, Labán, y su padre, Betuel. Llamaron a Rebeca y le preguntaron si estaba dispuesta a viajar a Canaán para casarse con Isaac, y ella aceptó. Después de obsequiar a la familia con tesoros, el mayordomo regresó a Canaán con Rebeca.

Isaac y Rebeca tuvieron dos hijos gemelos, Esaú y Jacob, pero Esaú nació primero, por lo que era el principal heredero. Cuando era joven, Jacob engañó a Esaú para quitarle su primogenitura y le robó la bendición que Isaac había destinado a Esaú. Cuando Esaú juró matar a Jacob, Rebeca lo envió con su hermano Labán a Harán. En su camino hacia el norte, hacia Harán, Jacob soñó con ángeles que subían y bajaban de una escalera que llegaba al cielo. Di-s habló a Jacob, diciéndole que todas las familias de la tierra serían bendecidas a través de su descendencia, lo mismo que Di-s prometió a Abraham.

Jacob continuó hacia Harán y se encontró con su bella prima Raquel en el pozo, donde había ido a abrevar a las ovejas. Jacob le dio de beber a las ovejas, la besó y lloró, diciéndole que era su pariente. Jacob pactó con su tío Labán que trabajaría para él durante siete años como precio de la novia de Raquel. Después de siete años, Labán lo engañó y le dio a Jacob a su hija Lea, menos atractiva. Labán dijo que Jacob también podría casarse con Raquel al final de la semana si trabajaba otros siete años para su suegro[i].

Jacob, a quien Di-s rebautizó Israel, tuvo doce hijos de sus dos esposas y dos concubinas, y se convirtieron en las doce tribus de Israel. José era hijo de su esposa favorita, Raquel, y sus otros hijos estaban celosos de cómo Israel prodigaba atenciones al muchacho. Un día, sus hermanos vendieron a José como esclavo a unos comerciantes egipcios y contaron a su padre que un animal salvaje había atacado y matado a José.

José soportó la esclavitud y el encarcelamiento en Egipto, pero gracias a su don para la interpretación de los sueños, finalmente fue liberado para convertirse en el segundo al mando del faraón. Sus acciones salvaron a Egipto de una terrible sequía. Cuando la sequía asoló Canaán, sus hermanos fueron a Egipto en busca de grano y se encontraron con José, quien les perdonó por haberle vendido a traficantes de esclavos. José trasladó a su padre y a sus hermanos a Egipto, y los israelitas vivieron allí durante cuatro siglos.

Puntos clave:

➢ El judaísmo es la religión de los judíos:
  o Los judíos creen en un solo Di-s.
  o Las escrituras son el Tanaj: Torá (ley), Nevi'im (profetas), Ketuvim (escritos).
  o El Talmud interpreta la ley y contiene comentarios teológicos de los rabinos.
➢ Principales sectas del judaísmo:
  o Ortodoxos: toman la Torá al pie de la letra.
  o Reformados: creen que la Torá e incluso Di-s son mitos.
  o Conservadores/Masortí: interpretan la Torá de acuerdo con la ciencia.
➢ ¿Qué hay en la Torá?
  o La creación y la caída.
  o El diluvio universal.
  o Los patriarcas: Abraham, Isaac, Jacob (Israel) y sus doce hijos.

---

[i] Bereshit (Génesis) 24-29.

Capítulo 2: El antiguo Israel

Setenta israelitas entraron en Egipto, y dos millones salieron cuatro siglos después. La vida en Egipto fue buena al principio. José había interpretado el sueño del faraón y profetizado que siete años de hambre seguirían a siete años de abundancia. Durante los años de cosechas abundantes, almacenó el grano sobrante para que los egipcios pudieran comer durante la hambruna. Incluso tuvieron suficiente para vender a las naciones vecinas, enriqueciendo a Egipto. José había salvado a Egipto y gozaba de la estima del faraón y de los egipcios.

Pero una nueva dinastía llegó al poder en Egipto, como se cuenta en el Shemot (Éxodo), el segundo libro de la Torá. El nuevo faraón no sabía nada de José. Pero sí sabía que la población israelita se había disparado y que ahora superaban en número a los egipcios. ¿Qué les impediría apoderarse de Egipto? Obligó a los israelitas, también conocidos como hebreos, a realizar trabajos agotadores en la construcción y la agricultura para debilitarlos y reducir su número. También ordenó el genocidio de todos los niños israelitas varones.

Jocabed, una mujer hebrea de la tribu de Leví, tuvo un bebé y lo escondió durante tres meses. Finalmente, lo metió en una cesta y lo llevó flotando por el río Nilo, donde lo encontró la hija del faraón. La princesa lo adoptó, lo llamó Moisés y contrató a Jocabed como su nodriza. Cuando Moisés creció, Di-s lo llamó para liberar a los israelitas de Egipto. Pero el faraón se negó a que los israelitas esclavizados salieran de Egipto[i].

---

[i] Shemot (Éxodo) 1-3, Torá, *Tanaj*.

Di-s envió diez plagas a Egipto para hacer cambiar de opinión al faraón. El agua se convirtió en sangre, luego las ranas, los piojos y las moscas cubrieron la tierra. La peste, el granizo y las langostas mataron el ganado y el grano. Las llagas afligieron al pueblo y una profunda oscuridad cubrió Egipto. Goshen, donde vivían los israelitas, se salvó. A pesar de las primeras nueve terribles plagas, el faraón se negó a permitir que los hebreos abandonaran Egipto. Entonces llegó la última y más terrible plaga.

Moisés advirtió al faraón que todos los primogénitos de Egipto morirían. El faraón había ordenado la muerte de todos los niños varones israelitas, y ahora volvía para atormentarlo. Pero el faraón endureció su corazón. Mientras tanto, Di-s instruyó a los hebreos para observar la primera Pascua. Cada padre debía seleccionar un cordero macho de un año de edad, sin mancha, para su hogar. Al atardecer del decimocuarto día del primer mes, cada familia debía matar el cordero y poner su sangre a los costados y en la parte superior del marco de la puerta de su casa.

Esa noche debían asar y comer el cordero con pan ácimo y hierbas amargas. Di-s dijo que pasaría por encima de las casas con sangre en los marcos de las puertas y perdonaría a la gente de dentro. La Pascua (Séder) sería una fiesta permanente que se celebraría cada año durante siete días para recordar la liberación de Di-s. Esa noche, los israelitas cerraron sus puertas y se acurrucaron dentro. Debido a la sangre en la puerta, el ángel de la muerte pasó por encima de sus casas, pero mató a todos los primogénitos varones de Egipto, incluso en la casa del faraón.

Esta vez, el faraón cedió. Después de 430 años, toda la población israelita salió de Egipto, con 600.000 hombres en edad militar más mujeres y niños. Suponiendo que los hombres tuvieran al menos una esposa y dos hijos, más de dos millones de personas abandonaron Egipto. Además, una gran cantidad de egipcios salió con los israelitas. Doce tribus (en realidad, trece) marcharon, los descendientes de los doce hijos de Israel. Las tribus eran Rubén, Simeón, Judá, Isacar, Zabulón, Benjamín, Dan, Neftalí, Gad, Aser, Efraín y Manasés. Efraín y Manasés eran hijos de José; sus descendientes recibieron una doble porción. La otra tribu era Leví, una tribu sacerdotal separada que vivía entre el resto de las tribus como líderes religiosos.

Di-s guiaba a los israelitas con una columna de nube de día y una columna de fuego de noche. Cuando salieron de Egipto, el faraón cambió de idea al darse cuenta de que Egipto había perdido su enorme fuerza de esclavos. Con su vasto ejército, embistió contra los israelitas acampados junto al mar Rojo. Los israelitas entraron en pánico y gritaron a Moisés: «¿Es porque no hay tumbas en Egipto por lo que nos has llevado a morir al desierto?».

Pero Moisés los tranquilizó: «¡No temáis! Manteneos firmes y ved la salvación de Di-s»[i].

Mientras Moisés levantaba su cayado, un fuerte viento del este sopló sobre el mar, partiéndolo por la mitad. La gran multitud lo cruzó con muros de agua a derecha e izquierda. Mientras tanto, la columna de fuego se movía entre los campamentos israelita y egipcio, bloqueando al ejército del faraón mientras los israelitas cruzaban de noche. Por la mañana, el faraón vio que los israelitas habían escapado y los siguió hasta el mar. Pero las ruedas de los carros egipcios se desviaron y cayeron, y entonces las aguas se precipitaron, cubriendo al ejército del faraón. La hermana de Moisés, la profetisa Miriam, dirigió a las mujeres con sus panderetas, cantando y bailando.

Mientras cruzaban el desierto, los israelitas se quejaron de que no tenían comida, y Di-s dijo: «¡Mirad! Voy a haceros llover pan del cielo»[ii]. A la mañana siguiente, cuando el pueblo salió de sus tiendas, encontró el desierto cubierto de finos copos. Los israelitas lo llamaron *maná*, que significa: «¿Qué es?». Moisés les explicó que era pan de Di-s. Podían cocerlo para hacer pan o hervirlo como gachas. Cada mañana debían recoger lo suficiente para su familia, pero el sexto día debían recoger el doble y preparar comida para dos días, de modo que pudieran descansar el *sabbat*.

Tres meses después de salir de Egipto, los israelitas llegaron al desierto del Sinaí y acamparon junto al alto y escarpado monte Sinaí. El humo envolvió la montaña que temblaba violentamente cuando Di-s descendió en fuego y llamó a Moisés en el trueno para que se reuniera con él en la cima. Y allí, Di-s le dio a Moisés los Diez Mandamientos:

1. No tendrás dioses ajenos en Mi presencia.

2. No te harás escultura. No te postrarás ante ellas ni las adorarás, porque Yo, el Señor, tu Di-s, soy un Di-s celoso.

3. No tomarás el nombre del Señor, tu Di-s, en vano.

---

[i] Shemot (Éxodo) 14:11-13.

[ii] Shemot (Éxodo) 16:4.

4. Acuérdate del día de reposo para santificarlo.

5. Honra a tu padre y a tu madre para que tus días se alarguen en la tierra que el Señor, tu Di-s, te da.

6. No matarás.

7. No cometerás adulterio.

8. No robarás.

9. No levantarás falso testimonio contra tu prójimo.

10. No codiciarás la casa de tu prójimo. No codiciarás la mujer de tu prójimo, ni su siervo, ni su sierva, ni su buey, ni su asno, ni nada que pertenezca a tu prójimo[i].

Moisés y los Diez Mandamientos por Tissot [i]

---

[i] Shemot (Éxodo) 20.

Di-s también dio instrucciones para construir el *Mishkán* (Tabernáculo): la tienda de culto, que los israelitas llevaban consigo mientras viajaban, montándola y desmontándola en cada parada. Además de los Diez Mandamientos, Di-s dio otros mandamientos registrados en la Torá, que se dividen en tres grandes categorías. Las leyes más importantes se referían a la relación del pueblo con Di-s, cubierta en los primeros cuatro de los Diez Mandamientos.

Luego estaban las leyes sobre sus relaciones mutuas, que incluían del quinto al décimo de los Diez Mandamientos. Además, tenían normas relativas a la salud y la higiene. Entre ellas estaban las leyes dietéticas, que prohibían comer animales portadores de enfermedades. Otra ley se refería a la eliminación de los desechos humanos. Tenían que ir a un lugar designado fuera del campamento, cavar un hoyo y luego cubrir sus excrementos[i].

Finalmente, llegó el momento de entrar en Canaán y poseer la tierra. Los libros de Yehoshúa (Josué) y Shoftim (Jueces) de la sección Nevi'im del Tanaj cuentan cómo las doce tribus de Israel conquistaron las ciudades una a una y se repartieron la tierra. Tuvieron que enfrentarse a los cananeos, hititas y amorreos, que habían vivido en Canaán en tiempos de Abraham. Los israelitas sometieron a los cananeos, obligándolos a pagar tributo, pero permitiéndoles vivir entre ellos. Los filisteos, que se habían asentado a lo largo de la costa mientras los israelitas estaban en Egipto, asaltaban insistentemente sus tierras de cultivo.

Los filisteos habían adoptado al dios semítico Dagan, la deidad del grano y padre de Baal (Bel), un dios importante en Mesopotamia y el dios principal de los cananeos. Astoret, diosa del mar y de la fertilidad, era la esposa de Baal. La Torá advertía a los israelitas que no adoraran a estos otros dioses ni sacrificaran a sus hijos a Molek (Moloch), un dios amonita. Abraham abandonó el politeísmo de su padre para servir a una sola deidad. Pero en Egipto, algunos israelitas se habían desviado hacia la adoración de dioses egipcios. Di-s dejó claro que debían adorar solo a ליהוה (YHVH) para recibir su bendición y guía. Si se volvían a otros dioses, sufrirían calamidades. Los israelitas juraron seguir solo a Di-s, pero siguieron desviándose hacia Baal y Molek.

Cuando los israelitas regresaron por primera vez a Canaán, alrededor del año 1400 a. e. c., eran una confederación de tribus sin monarca ni

---

[i] Devarim (Deuteronomio) 23:13-15.

administración central. Se alzaron valerosos héroes para luchar contra sus enemigos, y sus hazañas figuran en el libro de Shoftim (Jueces) en el Nevi'im. Débora fue una jueza que dirigió a las tribus de Neftalí y Zabulón contra los cananeos y venció. Gedeón dirigió a trescientos hombres contra las fuerzas coaligadas de los amalecitas y los madianitas con una victoria asombrosa. Di-s dio a Sansón una fuerza sobrenatural para derrotar a los filisteos, pero se distrajo con hermosas mujeres filisteas, lo que resultó ser su perdición.

El libro de Shmuel (I y II Samuel) en el Nevi'im registra la historia de los dos primeros reyes de Israel, Saúl y David. Las doce tribus se unieron en una monarquía alrededor del año 1020 a. e. c., y su primer rey fue Saúl, el hombre más alto de Israel. Mientras reinaba, un niño llamado David pastoreaba ovejas en los campos de las afueras de Belén, tocaba el arpa y luchaba contra osos y leones. Saúl dirigió a los israelitas en una batalla contra los filisteos, pero estos se vieron frustrados cuando enviaron a su campeón, un gigante de dos metros de altura llamado

David y Goliat por Schindler [5]

Goliat. Todos tenían miedo de luchar contra él. Cuando David visitó el frente con comida para sus hermanos mayores, que eran soldados, oyó las burlas de Goliat y le dijo al rey Saúl que lucharía contra el gigante.

«¡Solo eres un niño!» protestó Saúl.

Pero David estaba seguro de poder matar al gigante. Salió con su honda mientras Goliat se reía. Pero David replicó: «Tú vienes a mí con espada, lanza y jabalina, y yo vengo a ti con el Nombre del Señor de los Ejércitos, el Di-s de los ejércitos de Israel de los que te has burlado».

David corrió hacia Goliat, mató al gigante con la primera piedra de su honda y utilizó la espada del gigante para cortarle la cabeza[i]. Más tarde, David se convirtió en el segundo rey de Israel y conquistó Jerusalén, convirtiéndola en la capital religiosa y política de Israel. Llevó a Jerusalén el Arca de la Alianza, que contenía las tablas con los Diez Mandamientos que Di-s había inscrito en el monte Sinaí.

El relato del resto de los reyes de Israel y Judá se recoge en Melajim (I y II Reyes) en el Nevi'im. El rey Salomón, hijo de David, el más sabio de los hombres, construyó el Primer Templo (Templo de Salomón) en Jerusalén. Mientras todos los demás adoraban en el patio, solo los sacerdotes podían entrar en la sección del templo llamada Hechal, donde se encontraban el altar del incienso y la *menorá*. Solo el sumo sacerdote podía entrar a través de la cortina en la sala más pequeña llamada Devir, o Santo de los Santos, que contenía el Arca de la Alianza. Un día al año, el sumo sacerdote entraba en el Lugar Santísimo en Yom Kippur, el Día de la Expiación, trayendo la sangre de un cordero inmaculado para expiar los pecados de la nación.

El Reino de Israel se desmoronó inmediatamente después de la muerte de Salomón. Los israelitas enviaron delegados a su hijo, el rey Roboam, pidiéndole que aligerara la pesada carga de impuestos y el trabajo forzado que Salomón había infligido. El consejo de ancianos de Roboam lo animó a aligerar la carga; si lo hacía, tendría la lealtad del pueblo para toda la vida. Pero sus jóvenes amigos le aconsejaron que adoptara una actitud dura. Así que Roboam dijo a los delegados: «Mi padre hizo pesado vuestro yugo, y yo añadiré a vuestro yugo; mi padre os azotó con látigos, y yo os azotaré con escorpiones»[ii].

Esta dura respuesta impulsó a diez tribus israelitas a separarse, formando un reino dividido. Solo las tribus de Judá y Benjamín quedaron en el Reino de Judá del sur bajo Roboam, con Jerusalén como capital. El Reino de Israel en el norte siguió una religión politeísta hasta su caída, pero el Reino de Judá vaciló entre el culto monoteísta a YHVH y el politeísmo.

---

[i] Shmuel I (I Samuel) 17, Nevi'im, *Tanaj*.

[ii] Melajim I (I Reyes) 12:14, Nevi'im, *Tanaj*.

Reino dividido: Israel en el norte y Judá en el sur[6]

Los dos reinos coexistieron sin problemas durante los dos siglos siguientes, a veces luchando entre sí y a veces aliándose para combatir a un enemigo común. En 1993, se descubrió en Tel Dan, en el norte de Israel, una estela (piedra) de basalto negro que data del siglo IX a. e. c.. La inscripción en arameo dice que los arameos lucharon contra Israel y Judá, derrotando al rey de Israel Joram, hijo de Acab, y al rey Ocozías de la «Casa de David»[i]. El Tanaj da cuenta de Joram y Ocozías aliados contra el rey arameo Hazael. Entonces Jehú, de la línea de David, mató tanto a Joram como a Ocozías y usurpó el trono de Israel, aunque fue derrotado por el rey Hazael de Aram[ii]. Otra estela del siglo IX a. e. c. hallada en

---

[i] Nadav Na'aman, "Three Notes on the Aramaic Inscription from Tel Dan", *Israel Exploration Journal* 50, no. 1/2 (2000): 92-104. http://www.jstor.org/stable/27926919.

[ii] Melajim II (II Reyes) 8-10.

Dhiban, Jordania, registra las victorias del rey Mesha de Moab sobre la «Casa de David»[i].

En el siglo VIII a. e. c., el asirio Tiglat-Pileser III aplastó el reino de Israel. Él y su sucesor, Salmanasar V, obligaron a las diez tribus a exiliarse en el marco del programa asirio de reubicación de la población. Los israelitas se reasentaron en las ciudades de Halah y Habor (en la actual Siria, cerca de la frontera con Turquía) y en las ciudades de los medos, probablemente al norte de Halah y Habor. Los asirios reubicaron a algunos de los babilonios que habían conquistado en Samaria, Israel. La estrategia asiria consistía en que era menos probable que los pueblos conquistados se rebelaran si se les alejaba de su tierra natal.

El reino de Judá avanzó a trompicones hasta el año 609 a. e. c., cuando el faraón Necao II de Egipto se dirigió al norte para ayudar a los asirios. Los babilonios se habían unido a los escitas, medos y persas a fin de aniquilar a Asiria. Para disgusto de Necao, el rey Josías de Judá se negó a atravesar su país, por lo que el faraón mató a Josías y anexionó Judá como reino vasallo. Judá tuvo que pagar 75 libras de oro y 7.500 libras de plata como tributo. Después de que Necao arreglara las cosas en Judá, era demasiado tarde para ayudar a los asirios, cuyo imperio se disolvió.

Cuatro años más tarde, el príncipe heredero babilonio Nabucodonosor II destruyó el ejército egipcio, convirtiendo a Judá en un estado vasallo de Babilonia. Los judaítas tenían autogobierno, pero debían pagar tributo a Babilonia. Nabucodonosor llevó a Babilonia a un grupo de jóvenes judaítas reales y los entrenó en la literatura caldea para ser magos: expertos en sabiduría, astronomía, astrología e interpretación de los sueños. Una vez formados, sirvieron entre sus consejeros. Cuatro de estos jóvenes nobles judíos fueron Daniel, Ananías, Misael y Azarías, que recibieron los nombres babilónicos de Beltsasar, Sadrac, Mesac y Abed-nego. Nabucodonosor elevó a estos cuatro jóvenes a altos cargos[ii].

En el año 597 a. e. c., el rey Joaquín de Judá, de dieciocho años de edad, intentó derrocar el control babilónico. El rey Nabucodonosor marchó sobre Judá, capturó a Joaquín y lo encarceló durante tres décadas en Babilonia. Nabucodonosor saqueó los tesoros del templo y del palacio

---

[i] Jean-Philippe Delorme, "בת דוד in the Mesha Stele: A Defense of André Lemaire's Reading and Its Historical Implications", *SBL and AAR New England and Eastern Canada Region Annual Meeting* (Tufts University, Massachusetts, 22 de marzo de 2019).

[ii] Daniel 1, Ketuvim, *Tanaj*.

e instaló al tío de Joaquín, Sedequías, como nuevo rey vasallo. Dejando a la gente más humilde de Judá al cuidado de la tierra, se llevó a Babilonia a 10.000 nobles judaítas, militares expertos y artesanos.

Siete años después, Sedequías se negó a pagar tributo a Babilonia, lo que provocó una catástrofe. Nabucodonosor sitió Jerusalén durante dos años, matando de hambre a la población. El rey Sedequías intentó salir de la ciudad por la noche, pero fue capturado y cegado; lo último que vio fue la ejecución de sus hijos. Esta vez, Nabucodonosor pulverizó las murallas y el palacio de Jerusalén, además quemó hasta los cimientos el Templo de Salomón. Los pocos supervivientes fueron enviados a Babilonia, dejando Jerusalén desolada.

«Junto a los ríos de Babilonia, nos sentamos y lloramos al recordar Sion. En medio de los sauces, colgamos nuestras arpas. Porque allí, nuestros captores nos pidieron una canción, y nuestros verdugos nos exigieron alegría: "Cantad para nosotros la canción de Sion". ¿Cómo cantaremos la canción del Señor en tierra extranjera? Si te olvido, oh Jerusalén, que mi mano derecha olvide su destreza. Que mi lengua se pegue a mi paladar si no me acuerdo de ti, si no elevo a Jerusalén como mi mayor alegría»[i].

Puntos clave:

➤ Egipto:

   o   esclavitud y genocidio,

   o   Di-s llama a Moisés,

   o   plagas y Pascua.

➤ Éxodo:

   o   doce tribus,

   o   cruce del mar Rojo,

   o   maná.

➤ La Ley de la Torá:

   o   relación con Di-s,

   o   relaciones con los demás,

   o   salud e higiene.

---

[i] Tehillim (Salmos) 137:1-6, Ketuvim, *Tanaj.*

- ➢ La toma de la tierra:
  - o cananeos y filisteos y sus dioses,
  - o héroes que se alzaron para luchar contra los enemigos de los israelitas,
- ➢ Reino de Israel:
  - o David y Goliat,
  - o Salomón construye el Primer Templo.
- ➢ Reino dividido: Israel y Judá:
  - o caída de Israel, exilio asirio.
  - o destrucción del Templo, exilio babilónico de Judá.

Capítulo 3: El período del Segundo Templo (540 a. e. c.-135 e. c.)

Decenas de miles de exiliados de las tribus de Judá, Benjamín y Leví vivían ahora en Babilonia[i]. Su capital, Babilonia, era probablemente la ciudad más grande del mundo, con una población superior a los 200.000 habitantes. Una reciente exposición de tablillas antiguas arroja luz sobre la vida de los exiliados judíos: pagaban impuestos, comerciaban con mercancías y contribuían a la economía en recuperación de Babilonia[ii]. Algunos ocupaban altos cargos; por ejemplo, Daniel era el jefe de los magos de Nabucodonosor y gobernador de Babilonia[iii].

¿Qué ocurrió con las tribus israelitas exiliadas por los asirios en el 722 a. e. c.? Estas «tribus perdidas» desaparecieron de los registros históricos, pero la mayoría de los judíos del período del Segundo Templo creían que las diez tribus regresarían algún día. El historiador judío del siglo I a. e. c. Josefo dijo que una «inmensa multitud» vivía «más allá del Éufrates» en su época[iv].

---

[i] Esdras 2, Ketuvim, *Tanaj.*

[ii] Luke Baker, "Ancient Tablets Reveal Life of Jews in Nebuchadnezzar's Babylon", *Reuters,*

[iii] Daniel 2:48-49.

[iv] Flavio Josefo, Las Antigüedades de los Judíos, trad. William Whiston (Proyecto Gutenberg EBook), Libro XI: Capítulo 5. https://www.gutenberg.org/files/2848/2848-h/2848-h.htm.

Tras la muerte de Nabucodonosor, dos golpes de estado sacudieron Babilonia. El segundo llevó al trono a Nabonido, que más tarde lo abandonó por Arabia, dejando a su hijo Belsasar como regente. Mientras Babilonia se desmoronaba bajo el gobierno incompetente e impopular de Belsasar, el Imperio persa de Ciro el Grande se iba apoderando rápidamente de Asia occidental. Cuando Ciro se acercó a Babilonia, las tropas babilónicas se dirigieron hacia el norte, hacia su muralla fronteriza, que se extendía desde el Tigris hasta el Éufrates.

Confiados en que los dos ríos, las tropas y la muralla mantendrían a raya a los persas, Belsasar y el resto de Babilonia estaban celebrando el festival del dios de la luna. Belsasar ordenó que las copas de oro y plata del templo de Jerusalén fueran llevadas a su banquete para que todos pudieran beber de ellas. De repente, el rostro de Belsasar se puso blanco al ver una mano incorpórea inscribiendo algo en la pared. Su madre lo instó a llamar a Daniel, «en quien está el espíritu de los dioses».

Escrito en la pared, de Rembrandt

El anciano Daniel entró en la sala del banquete e informó a Belsasar: «Has sido pesado en la balanza y has sido hallado falto. Tu reino ha sido dividido y entregado a Media y Persia»[i].

---

[i] Daniel 5.

Para entonces, el ejército de Ciro había vadeado el río Tigris hasta la frontera norte de Babilonia y marchaba hacia Babilonia a la velocidad del rayo. Mientras Belsasar celebraba el banquete, los medos y los persas desviaron el Éufrates, lo cruzaron y se estrellaron contra la puerta Enlil de Babilonia. Los babilonios estaban borrachos por las festividades, y con poca resistencia, los medos y persas irrumpieron en el palacio. Mataron a Belsasar, y Ciro el Grande entró en Babilonia como su nuevo rey en 539 a. e. c.[i].

Ciro permitió que las poblaciones desplazadas por asirios y babilonios regresaran a sus países de origen. Muchos judíos con altos cargos permanecieron en Babilonia o se trasladaron a Persia para servir a Ciro. Sin embargo, 42.000 partieron hacia Jerusalén bajo el liderazgo del príncipe Sesbasar de Judá. Ciro devolvió los utensilios de oro y plata que Nabucodonosor había tomado del Templo de Salomón y ordenó a las tribus de Judá y Benjamín que lo reconstruyeran. El costo provendría del tesoro real y de las ofrendas voluntarias de los judíos.

Los judíos se reasentaron en sus ciudades y, en el séptimo mes, todos se reunieron en Jerusalén. El antiguo templo había desaparecido, pero en el lugar donde antes estaba el altar, los sacerdotes construyeron uno nuevo y restablecieron los sacrificios y las fiestas religiosas. Compraron cedros del Líbano para reconstruir el templo y pusieron sus cimientos. Se oían gritos de júbilo, mientras que la generación más anciana recordaba la grandeza del Templo de Salomón y lloraba[ii].

Doscientos años antes, los asirios habían exiliado a algunos babilonios derrotados a Samaria, 35 millas al norte de Jerusalén. Los babilonio-samaritanos empezaron a adorar al Di-s israelita, pero siguieron adorando a sus propias deidades. Los exiliados de Sippar (Acad) incluso quemaban a sus hijos en el fuego a sus dioses. Cuando los judíos volvieron de Babilonia, los samaritanos se ofrecieron para ayudarles a reconstruir el templo. Los judíos se negaron porque no querían volver al politeísmo. Los samaritanos se ofendieron y empezaron a trabajar contra los israelitas, enviando cartas a los reyes persas con acusaciones contra los judíos.

Temiendo a sus adversarios y distrayéndose con la construcción de sus propias casas, los judíos dejaron de construir el templo. Después de que

---

[i] Heródoto, *Captura de Babilonia*, Livio. https://www.livius.org/articles/person/darius-the-great/sources/capture-of-babylon-herodotus/.

[ii] Esdras 1-3.

---

los profetas Ageo y Zacarías encargaran a los judíos que terminaran el templo, reanudaron su construcción. Cuando se informó de esto al nuevo rey persa, Darío I, este ordenó una búsqueda en los archivos reales y encontró el edicto de Ciro para reconstruir el templo de Jerusalén. Darío ordenó al gobernador de las tierras al oeste del Éufrates que pagara la reconstrucción del templo con los ingresos fiscales y que no interfiriera en la reconstrucción. Finalmente, el Segundo Templo se completó en el sexto año del reinado de Darío (516 a. e. c.).

Profetas Miqueas, Ageo, Malaquías y Zacarías por Charles M. Stuart[e]

El rey macedonio Alejandro Magno dirigió una enorme fuerza de coalición griega para enfrentarse al Imperio persa en el año 334 a. e. c.. Conquistó una ciudad tras otra, sin perder nunca una batalla. Los judíos de Jerusalén estaban aterrorizados porque habían apoyado a Persia cuando invadió Grecia en las anteriores guerras greco-persas. Según Josefo y el Talmud, los samaritanos pidieron permiso a Alejandro para destruir el templo de Jerusalén, y este se lo concedió. Entonces, el sumo sacerdote judío Shimon HaTzaddik (Simón el Justo) se vistió con sus vestiduras sacerdotales y fue al encuentro de Alejandro, caminando durante la noche y llegando al amanecer. Cuando Alejandro vio a HaTzaddik acercarse en el resplandor del amanecer, bajó de su carro y se inclinó ante el sumo sacerdote. Alejandro dijo que había tenido visiones de HaTzaddik en el campo de batalla[i, ii]. El Segundo Templo se salvó y se

---

[i] Yoma 61 A, *Babylonian Talmud*. The William Davidson Edition. Sefaria.

convirtió en un centro de peregrinación para los judíos dispersos por el norte de África, Oriente Próximo y el mundo griego.

La inesperada muerte de Alejandro en el 323 a. e. c. sumió en el caos a su nuevo y enorme imperio. Sus generales lo dividieron en reinos separados, y la provincia de Coele-Siria, que incluía Judea, pasó a formar parte del Imperio seléucida. Los judíos gozaban de cierto autogobierno, siguiendo las leyes de la Torá. Algunos judíos de Jerusalén obtuvieron la ciudadanía griega después del 175 a. e. c., tras la petición del sumo sacerdote Jasón[i].

La lengua oficial del antiguo imperio de Alejandro era el griego koiné, que permitía a los habitantes de Asia, el norte de África y Europa comunicarse con eficacia. Los eruditos se reunían en centros intelectuales —especialmente en Alejandría (Egipto)— para debatir sobre ciencia, filosofía y religión. El faraón macedonio de Egipto, Ptolomeo II, recluyó a 72 eruditos judíos en una isla para traducir el Tanaj del hebreo al griego.

La nueva versión griega del Tanaj (Antiguo Testamento), que incluía los libros apócrifos, se conoció como la Septuaginta y se guardó en la Biblioteca de Alejandra. La mayoría de los judíos ya no hablaban hebreo, pero conocían el griego koiné, por lo que la Septuaginta pronto empezó a utilizarse en las sinagogas (lugares locales de culto judío). Jesús leyó la Septuaginta en la sinagoga de Nazaret (Lucas 4:17-21).

¿Sabían leer y escribir los antiguos judíos? El libro de Devarim (Deuteronomio) ordenaba a los padres que enseñaran diligentemente la Torá a sus hijos y escribieran sus versículos en las jambas y puertas de sus casas[ii]. El análisis caligráfico de unas tablillas halladas en un remoto fuerte judío al sur de Jerusalén indica que la alfabetización estaba muy extendida a finales del siglo VII a. e. c.. En estas tablillas, doce autores escribieron dieciocho textos sobre asuntos administrativos mundanos. Los textos revelan que los oficiales del fuerte, el intendente Eliashib y su ayudante Nahum sabían leer y escribir[iii]. En el periodo del Segundo Templo, Esdras

---

https://www.sefaria.org/texts/Talmud.

[ii] Josefo, Antigüedades de los Judíos, Libro XI, Capítulo 8.

[i] John van Maaren, *The Boundaries of Jewishness in the Southern Levant 200 BCE-132 CE* (Boston: De Gruyter, 2022), 43-108. https://doi.org/10.1515/9783110787450-002.

[ii] Devarim (Deuteronomio) 6:7-9, Torá, *Tanaj*.

[iii] Arie Shaus, et al, "Forensic Document Examination and Algorithmic Handwriting Analysis of Judahite Biblical Period Inscriptions Reveal Significant Literacy Level,"

---

el escriba organizó una escuela en Jerusalén para niños que no tenían padre que les enseñara a leer la Torá. Y, en el año 64 de la era cristiana, el sumo sacerdote Josué ben Gamla abrió escuelas para niños varones en todas las ciudades[i].

En el año 246 a. e. c., Ptolomeo III de Egipto arrebató al Imperio seléucida Coele-Siria, incluida Judea. En 200 a. e. c., Antíoco III (el Grande) del Imperio seléucida conspiró con Filipo V de Macedonia para derrocar a Egipto, que estaba en crisis. El nuevo faraón solo tenía seis años y los miembros de su familia se enfrentaban por quién debía ser el regente. Antíoco el Grande consiguió arrebatarle a Egipto la ciudad de Siria y los judíos abrieron de par en par las puertas de Jerusalén para darle la bienvenida. Poco sabían de los horrores que se avecinaban.

Roma era una potencia emergente en la región cuando Antíoco IV Epífanes usurpó el trono a su sobrino a la muerte de Antíoco el Grande. Antíoco IV quería imponer una cultura y religión helenista (griega) totalitaria. Vendió el cargo de sumo sacerdote a Menelao, que estaba dispuesto a sincretizar el judaísmo con las costumbres griegas. Antíoco utilizó el tesoro del templo para financiar su guerra contra Egipto. Mientras tanto, Egipto trató de recuperar Coele-Siria, pero Antíoco Epífanes sofocó su esfuerzo inicial. Marchó sobre Egipto de nuevo en 168 a. e. c..

Pero el enviado romano Popilio bloqueó su camino, con órdenes del Senado romano. «Abandonad Egipto inmediatamente, o estaréis en guerra con Roma». El anciano procónsul dibujó un círculo en la arena alrededor de Antíoco. « Quedaos en ese círculo hasta que me deis una respuesta para el Senado».

Balbuceando de rabia, el humillado Antíoco Epífanes abandonó Egipto. A su paso por Judea, descargó su furia contenida sobre Jerusalén tras descubrir que los judíos habían sustituido a Menelao por su anterior sumo sacerdote. Mató a cuarenta mil hombres, mujeres y niños en tres días y reinstauró a Menelao. Cuando estalló una segunda revuelta, Antíoco proscribió el judaísmo. Instaló una estatua de Zeus en el templo y sacrificó un cerdo, animal impuro para los judíos.

Este ultraje desencadenó la revuelta de los macabeos en 167 a. e. c., dirigida por un sacerdote llamado Matatías y sus militares, llamados los

---

PLOS One (9 de septiembre de 2020). https://doi.org/10.1371/journal.pone.0237962.

[i] Bava Batra 21a, *Babylonian Talmud.*

---

macabeos (que significa martillo). Lanzaron una guerra de guerrillas contra los griegos y los judíos helenizados, destruyendo ídolos por toda Judea. A pesar de ser superados en número por al menos cinco a uno, derrotaron al ejército seléucida, retomaron Jerusalén y purificaron el templo, consagrándolo de nuevo a Di-s. En diciembre del 164 a. e. c. celebraron la primera Fiesta de las Luces (Janucá o Hannuká).

Judea era ahora esencialmente independiente del desmoronado Imperio seléucida. Los líderes judíos de la nueva dinastía asmonea desempeñaban las funciones de sumo sacerdote y rey. La dinastía asmonea quintuplicó su territorio, recuperando Galilea y otras provincias del antiguo reino de Israel. Pero todo se vino abajo en el año 67 a. e. c. cuando Aristóbulo II robó el trono y el sacerdocio a su hermano, el rey Hircano. El consejero de Hircano, Antípatro el Idumeo, recomendó aliarse con Aretas III de Arabia y recuperar el trono.

Mientras tanto, el cónsul romano Pompeyo se encontraba en Asia occidental, conquistando los territorios del derruido Imperio seléucida. Llegó a Judea justo cuando los ejércitos de Hircano y los árabes rodeaban Jerusalén. Pompeyo puso en fuga a los árabes, irrumpió en el templo y capturó a Aristóbulo. Reinstaló a Hircano como sumo sacerdote, pero no como rey. Poco después, Julio César nombró a Antípatro el Idumeo procurador romano (gobernador) de Judea, aunque no era étnicamente judío.

Maqueta del Segundo Templo [9]

En el año 37 a. e. c., el Senado romano nombró al hijo de Antípatro, Herodes el Grande, rey de Judea, ahora reino vasallo de Roma. Los asmoneos habían ampliado el templo, y Herodes lo reformó y amplió aún más con columnas corintias de estilo griego. Herodes ejecutó a los miembros supervivientes de la dinastía asmonea, incluida su esposa Mariamme y sus dos hijos. Herodes el Grande es el rey que, según el Nuevo Testamento, mató a todos los niños de Belén en un intento de matar al niño Jesús (Mateo 2).

El historiador judío Josefo escribió sobre Jesús, aunque algunos historiadores sospechan que su texto pudo haber sido editado posteriormente:

> «Por aquel tiempo estaba Jesús, un hombre sabio, si es lícito llamarlo hombre; porque era hacedor de obras maravillosas, maestro de hombres que reciben la verdad con agrado. Atrajo hacia sí a muchos judíos y a muchos gentiles. Él era [el] Cristo. Y cuando Pilato, a sugerencia de los principales de entre nosotros, lo condenó a la cruz, los que lo amaron al principio no lo abandonaron, pues al tercer día se les apareció vivo de nuevo, como los profetas divinos habían predicho estas y otras diez mil cosas maravillosas acerca de él. Y la tribu de los cristianos, así llamada por él, no se ha extinguido hasta el día de hoy»[i].

El Segundo Templo, construido por los exiliados que regresaron de Babilonia, fue el centro de culto de Judea durante cuatro siglos. A lo largo de este período, los judíos experimentaron conflictos internos entre varias facciones. Los fariseos seguían cuidadosamente los rituales religiosos, separándose de los judíos helenistas y de otros que no seguían estrictamente la Torá. Los saduceos se aliaron con los romanos, comprando a menudo altos cargos como el de sumo sacerdote. No creían en el cielo ni en el infierno, ni tampoco en la vida después de la muerte. Los zelotes eran nacionalistas fanáticos que querían derrocar el dominio romano.

En el año 66 e. c., los judíos se amotinaron contra su cruel gobernador romano Floro, que tomó represalias matando a 3.600 judíos en Jerusalén, lo que desencadenó una revuelta en toda Judea dirigida por los zelotes. El emperador romano envió al general Vespasiano para sofocar el levantamiento y aplastó brutalmente a los resistentes en las regiones septentrionales de Judea. Mientras tanto, Jerusalén estalló en una guerra civil entre los zelotes y otras facciones. En medio de este caos, murió el emperador Nerón y el Senado nombró a Vespasiano nuevo emperador

---

[i] Josefo, *Antigüedades de los judíos*, Libro XVIII, Capítulo 3.

de Roma. Vespasiano regresó a Roma en el 69 e. c., dejando a su hijo Tito para que terminara el sometimiento de Judea. Tito marchó sobre Jerusalén con ochenta mil hombres justo cuando miles de judíos habían viajado a la ciudad para la Pascua.

Los zelotes se habían dividido en dos grupos enfrentados: los extremistas y los moderados. Los extremistas atacaron a los moderados y a otros fieles que celebraban la Pascua en el patio del templo, matando a la mayoría de los moderados. Fuera de las murallas de Jerusalén, Tito lanzó su ataque. Superados en número cuatro a uno, las facciones judías finalmente dejaron de matarse entre sí para enfrentarse a su enemigo común.

Con sus arietes y catapultas, los romanos derribaron el muro norte de Jerusalén al cabo de dos semanas. Mientras se abrían paso hacia el centro de la ciudad y el monte del templo, los judíos cavaron un túnel bajo su equipo de asedio y quemaron sus catapultas y arietes. Tito construyó un muro alrededor de la parte no conquistada de la ciudad para matar de hambre a los judíos. Josefo, que había sido capturado por los romanos y actuaba como negociador, escribió:

> «Entonces el hambre amplió su avance y devoró al pueblo por casas y familias enteras; las habitaciones superiores estaban llenas de mujeres y niños que morían de hambre, y las callejuelas de la ciudad estaban llenas de los cadáveres de los ancianos; también los niños y los jóvenes vagaban por las plazas del mercado como sombras, todos hinchados por el hambre, y caían muertos, dondequiera que los sorprendía su miseria»[i].

Tito siguió presionando hacia el templo, donde se apiñaba la mayoría de los supervivientes. Sus hombres le prendieron fuego, y durante dos días, ardió, con muchos judíos todavía dentro. Todo lo que quedó del templo fue el muro de contención en el monte occidental del templo. Los judíos supervivientes fueron esclavizados o enviados a luchar contra animales salvajes para entretener al pueblo de Roma.

La diáspora, o dispersión de los judíos, a otras regiones fuera de Judea había comenzado con los exilios asirio y babilónico. Aunque miles de judíos regresaron de Babilonia cuando fueron liberados por Ciro el

---

[i] Flavio Josefo, *Las guerras de los judíos*, trad. William Whiston (Proyecto Gutenberg EBook), Libro V, Capítulo 12. https://www.gutenberg.org/files/2850/2850-h/2850-h.htm.

Grande, muchos permanecieron en Asiria, Babilonia y Persia. Durante la época helenística, miles de intelectuales judíos emigraron a Egipto, donde Alejandría era el centro científico y filosófico. Tras la caída de Jerusalén en el año 70 e. c., los judíos se marcharon a lugares como Egipto, Babilonia o Persia, que ya contaban con una numerosa población judía. Como hablaban griego koiné, otros judíos emigraron por todo el mundo griego que rodeaba el Mediterráneo oriental.

En el siglo II a. e. c., los judíos ya habían llegado a Roma. A finales del siglo I a. e. c., al menos dos millones vivían en el Imperio romano mientras la diáspora se extendía por el sur de Europa y el norte de África. Como escribió Josefo: «Este pueblo ya se ha abierto camino en todas las ciudades, y no es fácil encontrar ningún lugar en el mundo habitable que no haya recibido a la nación y en el que no haya hecho sentir su poder»[i].

Puntos clave:

➢ Dominio babilónico y persa:
  o tribus de Judá y Benjamín en Babilonia,
  o Ciro el Grande derroca Babilonia.

➢ Regreso a Jerusalén y al Segundo Templo:
  o orden de Ciro de reconstruir el Templo,
  o el Segundo Templo se completa en el 516 a. e. c.

➢ Alejandro Magno y el periodo helenístico:
  o traducción del Tanaj al griego koiné,
  o se crean escuelas para que los niños aprendan la Torá.

➢ Revuelta macabea, autonomía judía, dinastía asmonea:
  o profanación del templo,
  o expansión a la mayor parte del antiguo Israel.

➢ Dominio romano:
  o conquista de Pompeyo,
  o Templo de Herodes,
  o Jesús,
  o revuelta y destrucción de Jerusalén y el templo.

➢ Movimientos de la diáspora.

---

[i] Josefo, *Antigüedades de los Judíos.* Libro XIV, Capítulo 7.

Capítulo 4: El judaísmo bizantino (324-640 e. c.)

La escritura de la Mishná, la ley oral, estuvo prohibida en una época. ¿Qué es la ley oral? Es la ley no escrita que los rabinos creen que Moisés recibió de Di-s cuando recibió la Torá escrita. La Mishná ayuda a interpretar la Torá. ¿Por qué no se pudo escribir? Los rabinos explicaron que un estudiante de medicina no podía aprender su profesión simplemente leyendo libros de texto. Debe observar a un médico maestro y luego hacer que ese maestro lo guíe a través de sus primeras cirugías. ¿Cómo podría uno entender la Mishná simplemente leyendo y sin interactuar con un maestro? ¿Cómo saber cómo aplicar sus enseñanzas a un mundo en rápida evolución?

Pero el problema de aprender la Mishná de un maestro era la rapidez con que cambiaba el mundo. Los judíos estaban dispersos a los cuatro vientos, y no todos tenían acceso a un maestro.

El rabino Yehudah HaNasí de Galilea era amigo íntimo del emperador romano, pero sabía que el trato benigno del imperio hacia los judíos podía cambiar en un abrir y cerrar de ojos. ¿Cuánto faltaba para que un nuevo emperador llegara al poder y los judíos volvieran a ser dispersados? Así que el rabino Yehudah reunió a los principales eruditos de la Torá. Pasaron años analizando la ley oral y escribiéndola con comentarios que explicaban las enseñanzas. Intentaron resolver las disputas entre los principales sabios sobre cómo interpretar la ley oral. La Mishná, terminada hacia el año 200 e. c., contiene instrucciones sobre la oración, los rituales religiosos, el *sabbat*, los días festivos especiales y la forma de guardar luto. También regula la agricultura, el matrimonio y el divorcio, los asuntos financieros y los tribunales.

Alrededor del año 350 e. c., los eruditos rabínicos completaron la Guemará de Jerusalén, una colección de discusiones de los rabinos. Seguían repasándola y revisándola, pero los romanos clausuraron todo trabajo académico en Jerusalén. La Guemará, junto con la Misná, formaron el Talmud de Jerusalén. Muchos rabinos escaparon a Babilonia, donde los eruditos judíos también estaban desarrollando un Talmud escrito. Los rabinos continuaron revisando y ampliando el Talmud durante décadas. En algún momento de la década de 400, completaron el Talmud de Babilonia, que suele considerarse más autorizado.

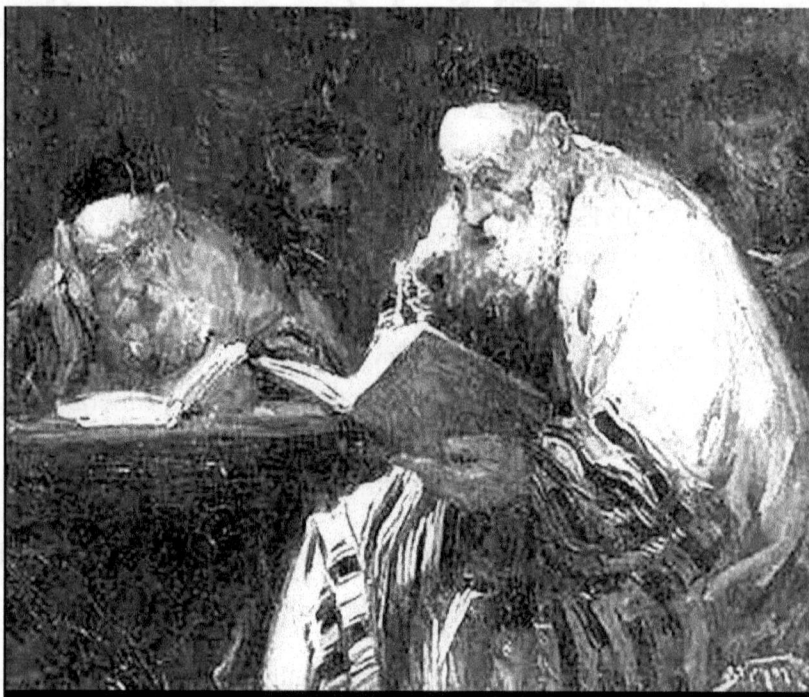

Los lectores del Talmud de Adolf Behrman, asesinado por los nazis en 1943 en el gueto polaco de Białystok[10]

El judaísmo en el Imperio romano

La necesidad de escribir la Mishná puso de relieve la turbulenta relación que los judíos mantenían con el Imperio romano. A veces gozaban del favor del emperador, y a veces recibían crueldad y opresión. Todo dependía de quién fuera el emperador y de cuánto se resistieran los judíos al dominio romano. Por ejemplo, cuando el emperador Adriano reconstruyó Jerusalén en el año 132 e. c., construyó un templo a Júpiter donde antes estaban el Primer y el Segundo Templos, lo que desencadenó una revuelta liderada por Simón bar Kojba. Las fuerzas de Adriano mataron a 580.000 judíos, esclavizaron o exiliaron a miles más y demolieron 1.000 ciudades. Adriano proscribió el judaísmo, prohibió la circuncisión y quemó la Torá. Fusionó la provincia de Judea con Galilea y la llamó Siria Palestina.

Sin embargo, el sucesor de Adriano, Antonino Pío, revocó muchas de las duras políticas de Adriano contra los judíos. Les permitió seguir el judaísmo, pero no convertir a otros a su religión. Los judíos seguían teniendo prohibida la entrada en Jerusalén. En 193 e. c., Severo se convirtió en el dictador militar de Roma. Un norteafricano de ascendencia semita-fenicia, inició una nueva dinastía. Durante el reinado de Severo, los judíos podían ocupar cargos públicos, pero seguía estando prohibido convertir a otros al judaísmo. El hijo de Severo, Caracalla, incluso permitió que los judíos libres obtuvieran la plena ciudadanía romana. Otro emperador severo, Alejandro, permitió a los judíos visitar Jerusalén.

No obstante, durante la dinastía de los Severos (191-235 e. c.), los judíos y cristianos del imperio sufrieron persecuciones esporádicas en algunas provincias, aunque no directamente por parte de los emperadores. La razón era que ser un súbdito leal del Imperio romano significaba aceptar a los dioses romanos. Como la mayoría de los habitantes del imperio ya eran politeístas antes de ser conquistados, simplemente se encogían de hombros y añadían los dioses romanos a su panteón. A veces rebautizaban a sus propios dioses con los nombres de los principales dioses romanos. Sin embargo, los judíos y los cristianos se negaban a ofrecer sacrificios a cualquier otro dios o a observar festivales religiosos paganos, lo que los hacía parecer desleales al gobierno.

En 313 e. c., Constantino y su coemperador Licinio aprobaron el Edicto de Milán, que protegía de la persecución a todas las religiones (incluidos el cristianismo y el judaísmo). En el 315 e. c., Constantino promulgó una ley que prohibía a los judíos lapidar a un compañero judío que se convirtiera al cristianismo. El castigo por desobedecer era la muerte en las llamas. Constantino también prohibió a los no judíos asistir a la sinagoga o convertirse al judaísmo.

Influido por su madre cristiana, Constantino estudió la fe cristiana, aunque no recibió el bautismo hasta su lecho de muerte. Su madre,

Helena, llamó la atención sobre Jerusalén y Palaestina, y la localización de acontecimientos específicos en la vida de Jesús. Helena y Constantino construyeron varias catedrales en Jerusalén mientras Palaestina pasaba de ser una oscura provincia romana a un centro de peregrinación. Los monasterios para ermitaños ascetas pronto salpicaron el paisaje judaico.

El judaísmo en la época bizantina

En 324 EC, Constantino I se convirtió en el único emperador del Imperio romano. Roma se convirtió en un remanso y dejó de ser la capital del imperio. Constantino construyó su nueva capital, Constantinopla, donde Europa se encuentra con Asia en el estrecho del Bósforo. El Imperio romano de Occidente se desmoronó durante los dos siglos siguientes y acabó por hundirse, mientras que el Imperio romano de Oriente, conocido hoy como Imperio bizantino, floreció.

En 325 e. c., Constantino I convocó el Primer Concilio Ecuménico de Nicea, en el que se resolvieron algunas cuestiones doctrinales cristianas y se cambió la fecha de la Pascua, que antes se celebraba en Pascua de los judíos. A Constantino no le gustaba que una fiesta cristiana estuviera relacionada con una judía.

En 339 e. c., Constancio II, hijo de Constantino, promulgó una ley que disolvía los matrimonios entre hombres judíos y mujeres no judías empleadas en la fábrica imperial de tejidos. Si los hombres judíos se casaban con mujeres no judías en el futuro, serían ejecutados. La ley prohibía a los judíos poseer esclavos no judíos, y circuncidar a un varón esclavizado conllevaba la pena de muerte. Teodosio I (347-395 e. c.) promovió la actividad misionera cristiana entre los judíos y prohibió a los padres judíos desheredar a sus hijos convertidos al cristianismo. Sin embargo, cuando los cristianos quemaron una sinagoga en Calinico, Siria, en el año 388, Teodosio ordenó que se castigara a los autores y les obligó a devolver todos los bienes robados. En 439 e. c., Teodosio II prohibió la construcción de nuevas sinagogas, aunque las antiguas podían ser reparadas y reformadas. Si un judío influía en un cristiano para que se convirtiera al judaísmo, perdía sus propiedades y su vida[i].

A pesar de la opresión, el judaísmo creció durante el periodo bizantino.

---

[i] Jacob Marcus, *The Jew in the Medieval World: A Sourcebook, 315-1791* (New York: Jewish Publication Society, 1938), 3-7.

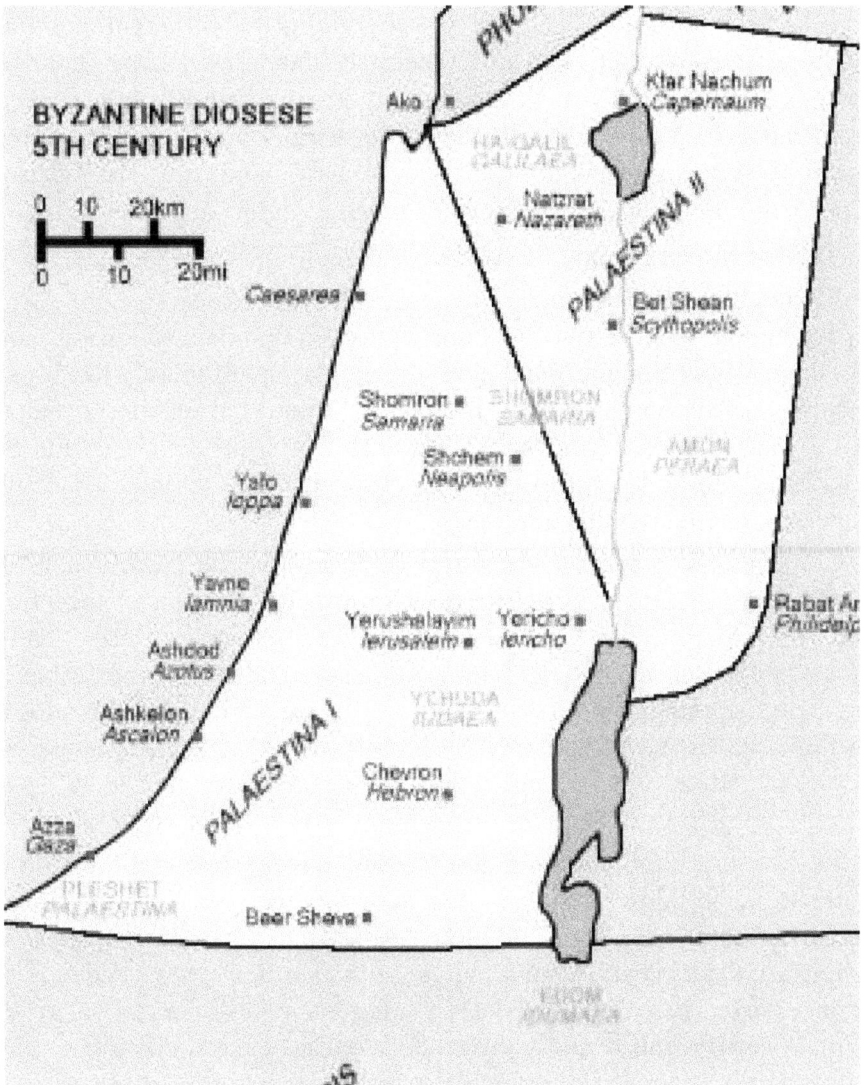

BYZANTINE DIOSESE 5TH CENTURY

0 10 20km

0 10 20mi

Ako

Kfar Nachum
Capernaum

HAGALIL
GALILAEA

Natzrat
Nazareth

PALAESTINA II

Caesarea

Bet Shean
Scythopolis

Shomron
Samaria

SHOMRON
SAMARIA

AMON
PERAEA

Shchem
Neapolis

Yafo
Ioppa

Yavne
Iamnia

Yerushalayim
Ierusalem

Yericho
Iericho

Rabat Ar
Philadelp

Ashdod
Azotus

YEHUDA
IUDAEA

Ashkelon
Ascalon

PALAESTINA I

Chevron
Hebron

Azza
Gaza

PLESHET
PALAESTINA

Beer Sheva

EDOM
IDUMAEA

Provincia bizantina de Palaestina[11]

El liderazgo del judaísmo se descentralizó en la época bizantina, centrándose en el gobierno local. Las comunidades judías de todo el imperio tenían sus propios dirigentes: eruditos elegidos entre familias influyentes y ricas. Los mercaderes judíos ejercían su comercio por tierra y mar, y el teñido de telas se convirtió en una notable ocupación judía. La provincia que abarcaba aproximadamente los antiguos reinos de Israel y Judá se dividió en dos. Jerusalén estaba en la Palaestina I, al sur, y Galilea en la Palaestina II, al norte.

Palaestina continuó siendo el centro cultural judío, con importantes esfuerzos creativos en poesía litúrgica hebrea. Los poetas judíos o *payṭanim*, como Yose ben Yose, Yannai y Eleazar ha-Kalir, se hacían eco de los antiguos salmistas con ferviente devoción y un apasionado anhelo por el Mesías. Romanos, un monje que se había convertido del judaísmo al cristianismo, empleó el estilo *payṭanim* en la liturgia del culto bizantino.

El judaísmo en el norte de África

El pueblo judío siempre tuvo una fuerte conexión con África, especialmente con Egipto y Etiopía (Cus). La Torá menciona que Abraham e Isaac emigraron a Egipto durante las hambrunas, y Jacob y sus hijos se trasladaron allí cuando José era el segundo al mando de Egipto. Los profetas judíos, como Sofonías, hablaban con frecuencia de Etiopía: «Del otro lado de los ríos de Cus, mis suplicantes, la comunidad de mis dispersos, me traerán una ofrenda»[i].

Los artesanos y agricultores judíos de Beta Israel de las montañas del norte de Etiopía, a lo largo del río Gerzeman, formaron el misterioso reino de Simen. Cómo y cuándo llegaron a Etiopía no está claro. Debió de ser antes del año 70 de la era cristiana, ya que aún practicaban el sacrificio de animales y no conocían la Mishná ni el Talmud. Aislados de los demás judíos hasta el siglo XIX, desarrollaron una cultura distinta. Sus sumos sacerdotes ascetas, los *meloksewoch*, recuerdan a la secta de los esenios del siglo I e. c., autores de los Manuscritos del mar Muerto.

En la época bizantina, los judíos de Beta Israel entraron a menudo en conflicto con los etíopes, mayoritariamente cristianos, aunque mantuvieron su autonomía política. Acabaron perdiendo sus tierras de labranza cuando la monarquía etíope solo permitió a los cristianos ser terratenientes. Pero eran hábiles en artesanía y albañilería, con lo que ayudaron a construir la nueva capital de Etiopía, Gondor, en 1632[ii].

Los judíos magrebíes también vivieron en el norte de África al menos desde el siglo I de nuestra era; sin embargo, mantuvieron contacto con Jerusalén y el resto del mundo judío. Presentes en Marruecos, Argelia, Túnez y Libia, algunos de estos judíos eran descendientes de los 30.000 deportados por Tito tras la caída de Jerusalén en el año 70 de la era

---

[i] Tzefanías (Sofonías) 3:10, Nevi'im, *Tanaj*.

[ii] Sara Toth Stub, "Letter from Ethiopia: Exploring a Forgotten Jewish Land", *Archaeology*. Enero/febrero de 2023. https://www.archaeology.org/issues/498-2301/letter-from/11057-ethiopia-beta-israel.

cristiana. Sin embargo, ya existía un asentamiento judío en Cirene (en Libia), pues el Nuevo Testamento menciona que los soldados romanos obligaron a Simón de Cirene a llevar la cruz de Jesús. La sinagoga original de la Ghriba, en la isla de Yerba (Túnez), se construyó supuestamente con una puerta y una piedra del templo destruido de Jerusalén. Una versión de la leyenda dice que procedían del Segundo Templo, pero otra insiste en que estas reliquias procedían del Templo de Salomón, destruido por Nabucodonosor en 586 a. e. c.

El judaísmo en Oriente Próximo

Como ya se ha mencionado, después de que Ciro el Grande conquistara Babilonia, concedió la ciudadanía a los judíos y permiso para regresar a Jerusalén. Mientras que decenas de miles regresaron a su patria, otros miles optaron por quedarse en Babilonia. Se dice que el rey exiliado Joaquín construyó una antigua sinagoga en Nehardea, a orillas del Éufrates. Tras la caída de Jerusalén en el año 70 c. c., muchos judíos se marcharon a Babilonia (en el actual Irak), que se convirtió en el centro académico del judaísmo. Las escuelas rabínicas florecieron y la *kallah* (asamblea general) se reunía dos veces al año para que los eruditos debatieran cuestiones teológicas.

La cristianización del Imperio bizantino provocó otro éxodo de judíos a Babilonia, que ahora formaba parte del Imperio persa sasánida. En 512 e. c., Mar Zutra II, el *exilarca* (líder) de la comunidad judía, desafió a los sasánidas, que habían matado a su padre y a otros miembros de su familia. Sus cuatrocientos guerreros judíos derrotaron a los persas de la zona, y Mar Zutra estableció un estado judío independiente en Mahoza, a orillas del Tigris. Al cabo de siete años, el rey persa Kavadh I derrotó a Mar Zutra y lo crucificó.

Entre 484 y 573 e. c., los samaritanos del norte de Jerusalén lanzaron una serie de insurrecciones contra el dominio bizantino en Palaestina I (actual sur de Israel). La mayoría de los judíos habían abandonado Palaestina I tras la revuelta de Bar Kojba, excepto Cesarea, en la costa norte. Los judíos seguían siendo mayoría en Palaestina II, en Galilea y el Golán, mientras que los samaritanos y los cristianos bizantinos dominaban Palaestina I. Los samaritanos tenían su templo en el monte Gerizim y practicaban una forma híbrida de judaísmo.

El emperador bizantino Zenón persiguió a los samaritanos para obligarlos a convertirse al cristianismo. Cuando se negaron, convirtió una de sus sinagogas en una iglesia, y en el monte Gerizim construyó una tumba para su hijo con una cruz. En 484 e. c., los samaritanos tomaron represalias asaltando la catedral de Neápolis y matando a los cristianos que rendían culto en su interior. Zenón marchó a Samaria y sofocó la rebelión. Prohibió a los samaritanos pisar el monte Gerizim y construyó allí una iglesia. Los samaritanos se rebelaron durante casi un siglo y perdieron decenas de miles de vidas en su lucha contra el Imperio bizantino.

En 556 e. c., los judíos se involucraron. Junto con los samaritanos, atacaron a los cristianos de Cesarea, asaltaron las iglesias y mataron al gobernador. La rebelión se extendió a Belén, donde la coalición judeo-samaritana incendió la iglesia de la Natividad. En 572 e. c., los judíos volvieron a unirse a los samaritanos en otra insurrección en el monte Carmelo. Después de esto, los bizantinos proscribieron la religión samaritana, y la población samaritana casi se extinguió.

Aunque también debieron sufrir la ira del Imperio bizantino tras las revueltas samaritanas, en Cesarea continuó habiendo una considerable población judía. En el año 615 e. c., Sharvaraz, sah del Imperio sasánida, conquistó Cesarea, que pasó a ser la capital de Palaestina I. Los judíos de Palaestina I y II se aliaron con las fuerzas persas contra los bizantinos y tomaron Jerusalén, pero no consiguieron tomar Tiro. En el año 622, el emperador bizantino Heraclio contraatacó y recuperó Jerusalén.

Mientras tanto, en Arabia, Mahoma recibía revelaciones en una cueva e iniciaba una nueva religión. Murió en el 632 e. c., pero sus seguidores continuaron su misión de difundir el islam. En el 638 e. c., Jerusalén se rindió a los musulmanes dirigidos por el califa Umar con un tratado que protegía la vida y los bienes de los ciudadanos de la ciudad. Heraclio había prohibido a los judíos entrar en Jerusalén, pero Umar les permitió regresar con ciertas restricciones. Por ejemplo, ni judíos ni cristianos podían ocupar cargos en el gobierno; los judíos no podían construir nuevas sinagogas y los cristianos no podían erigir nuevas iglesias. Pero el momento, los judíos podían rezar en el Monte del Templo y en el «muro occidental» (Muro de las Lamentaciones) de Jerusalén.

Puntos clave:

➤ Se completa la codificación de la Mishná y el Talmud de Jerusalén y Babilonia.

➤ La turbulenta vida de los judíos en el Imperio romano:

    o Relación mixta según quién fuera el emperador.

    o Impacto de Constantino y la legalización del cristianismo.

➤ El crecimiento del judaísmo durante el periodo bizantino (320-640 e. c.):

    o Declive inicial; intentos de conversión por parte de los cristianos.

    o El judaísmo en el norte de África.

➤ Judíos en Oriente Medio:

    o Babilonia, centro erudito del judaísmo.

    o Insurrecciones samaritanas y participación judía.

    o 615 e. c. Invasión sasánida.

    o 636 e. c. Comienzo del dominio árabe.

Capítulo 5: Judaísmo medieval I: El islam y el Siglo de Oro español

Tras las devastadoras guerras judeo-romanas, una tribu judía llamada Banu Qurayza se trasladó al oeste de Arabia, a la región que más tarde se llamaría Medina. Introdujeron el cultivo de palmeras datileras, cereales y viñedos, elevando a los judíos a una elevada posición social entre los árabes beduinos, que eran principalmente pastores de ovejas y camellos. Estos judíos seguían la Torá, pero se casaban con árabes y se aliaban con las tribus árabes locales en la guerra contra otras tribus. Los árabes llamaban a los judíos Banu Qurayza la «kahinan», o tribu sacerdotal. Cuando los sasánidas se hicieron con el poder en Arabia, los judíos Banu Qurayza sirvieron como recaudadores de impuestos para los persas.

Otras tribus judías, como los Banu Qainuqa y los Banu Nadir, también se trasladaron a Medina. Las tribus árabes de los alrededores de Medina estaban constantemente en guerra, y las tribus judías se unieron a la contienda. El profeta Mahoma y sus seguidores emigraron a Medina en el año 622 e. c. y mediaron en la paz entre las tribus con la Constitución de Medina. En ella se garantizaba la libertad de credo religioso a todos los que cumplieran la ley. Los judíos tendrían igualdad y no serían oprimidos ni acosados.

Cinco años después, la tribu de Mahoma, los Coraichitas de La Meca, que no habían aceptado el islam, se alió con la tribu judía Banu Nadir y atacó Medina. En la batalla de las Trincheras, los judíos Banu Qurayza no participaron en la lucha, pero dieron herramientas a los hombres de

Muhammad para cavar una trinchera defensiva. De hecho, negociaron con los judíos que luchaban con los mecanos, quienes convencieron a los judíos de Medina de que Muhammad perdería la guerra. En realidad, las negociaciones entre las dos tribus judías fracasaron, y los judíos de Medina no hicieron nada para apoyar a las tribus atacantes.

Sin embargo, una vez que los mecanos abandonaron la guerra, Muhammad atacó a los judíos Banu Qurayza, ofendido porque habían negociado con los atacantes. Unos dos mil hombres, mujeres y niños judíos se rindieron ante él. Se les invitó a convertirse al islam y se negaron. Los musulmanes decapitaron a todos los hombres judíos, esclavizaron a todas las mujeres y niños, y confiscaron sus propiedades.

Confiscación de los Banu Qurayza por Muhammad Rafi' Bāzil[12]

Tras la muerte de Muhammad llegó al poder del califa Umar, quien expulsó a todos los judíos de Arabia y confiscó sus tierras. Estos judíos emigraron a Siria y Babilonia (Irak). Sin embargo, cuando Umar invadió y conquistó Palaestina, el trato musulmán hacia los judíos fue inicialmente benigno, sobre todo porque los judíos le ayudaron en la conquista de Cesarea. Los judíos establecieron una academia rabínica en la Galilea de Tiberio. Galilea había alcanzado la supremacía espiritual tras la caída de Jerusalén en el año 70 e. c., y el Sanedrín (Asamblea de Ancianos) se había trasladado a Usher en Galilea. Las conquistas musulmanas dejaron Anatolia (Turquía occidental) como único territorio asiático del Imperio bizantino.

En 686 e. c., la dinastía omeya gobernaba el norte de África y Siria, que ahora incluía Palestina. Los musulmanes chiíes se habían escindido y gobernaban lo que hoy es Irak y el norte de Irán. Los jariyíes eran otro grupo disidente que controlaba amplias zonas de Persia (sur de Irán) y Arabia. Dado que solo los musulmanes podían servir en el ejército, los tres grupos musulmanes obligaban a los varones no musulmanes sanos en edad militar a pagar el impuesto de la *yizia*. Bajo el gobierno de Umar, la cuantía del impuesto dependía de si uno era rico, de clase media o pobre.

Otro impuesto establecido por los musulmanes era el *jarach*, que gravaba las cosechas de los terratenientes no musulmanes. Los terratenientes musulmanes tenían que pagar un diezmo del 10% sobre sus tierras, que era mucho menor que el impuesto *jarach*. Hacia el 750 e. c., los no musulmanes pagaban hasta un tercio de su cosecha en impuestos. Los exorbitantes impuestos del *jarach* obligaron a los judíos propietarios de tierras de Babilonia y otros lugares a emigrar de las granjas rurales a las ciudades. Esta migración masiva hizo que la mayoría de los judíos se convirtieran en habitantes urbanos durante los siguientes milenios. Estos judíos urbanizados se enriquecieron con la manufactura y el comercio, involucrándose cada vez más en los asuntos mundiales y en la filosofía occidental.

Mientras tanto, los musulmanes de Jerusalén se decidieron por el Monte del Templo como lugar de oración. Unos pocos judíos pudieron volver a vivir en Jerusalén, pero la mayoría de la población seguía siendo cristiana. El califa omeya Abd al-Malik amplió Jerusalén y reconstruyó sus murallas y calzadas. En el lugar donde se alzaban el Primer y el Segundo Templos, el califa el-Malik construyó la Cúpula de la Roca en 693 e. c. y la mezquita de Al-Aqsa en 705 e. c. Bajo el reinado de Umar II (717-720), los judíos se vieron obligados a identificarse con estrellas amarillas y los cristianos, con distintivos azules.

En Europa oriental, un pueblo nómada conocido como los jázaros vagaba por las estepas de las actuales Rusia y Ucrania; se asentaron a lo largo del Danubio a mediados del siglo XVI hasta el sur del mar Negro. Alrededor del año 740 e. c., el rey Bulán y la nobleza jázara se convirtieron al judaísmo, seguidos por gran parte de la población jázara. Los descendientes del rey Bulán construyeron sinagogas e importaron eruditos judíos para enseñar el Tanaj y el Talmud. Los maestros judíos instruyeron al pueblo en la lectura del hebreo y en la celebración de las fiestas judías. Este reino judío perduró durante cinco siglos hasta que cayó en manos de Gengis Kan y los mongoles.

Tchufute Kalei, Fortaleza de los Judíos, en Crimea[18]

Los judíos vivían en Europa occidental desde la época romana. Por ejemplo, el apóstol Pablo del siglo I mencionó haber visitado España (Romanos 15:24). Los judíos de Francia y otros estados de Europa occidental monopolizaban el comercio de seda, incienso, vino y especias, pero algunos también poseían tierras y eran agricultores. Parte de la legislación de la región era antisemita, como el tercer Concilio de Orleans (538 e. c.), que prohibía a los judíos aparecer en público desde el Jueves Santo hasta el Domingo de Resurrección.

En Europa occidental, Carlomagno ascendió al poder como rey de los francos. Finalmente, en el año 800, unió y gobernó el Imperio romano de Occidente, que se había derrumbado tres siglos antes. Carlomagno protegió firmemente a los judíos de Europa Occidental y fomentó el desarrollo de la cultura judía. Nombró a un judío embajador en Bagdad.

Su hijo Luis el Pío continuó la política benévola de su padre y concedió privilegios a los mercaderes judíos. En ese momento, los judíos sirvieron de intermediarios entre el Occidente cristiano y el Oriente islámico[i].

El califato abasí derrocó a la dinastía omeya en 750 e. c. y gobernó el mundo musulmán oriental hasta que fue conquistado por los mongoles en 1258. En 762 e. c., los abasíes establecieron su nueva capital en Bagdad, a unos cincuenta kilómetros al norte de Babilonia. Adoptaron el sistema de gobierno sasánida (persa) y promovieron las artes y las ciencias en esta «edad de oro» de la cultura islámica.

La mayoría de los califas abasíes toleraron a los judíos, pero unos pocos los persiguieron con impuestos opresivos y normas estrictas para su vestimenta y comercio. Por ejemplo, el califa al-Mutawakkil (847-861 e. c.) obligó a los judíos a llevar una capucha o parche amarillo en el pecho o la espalda. No obstante, los judíos se distinguieron bajo el califato abasí como administradores, comerciantes, médicos y escritores.

Desde la época helenística, algunos judíos habían cuestionado la validez de la ley oral (Mishná). Alrededor del año 767 e. c., un judío persa llamado Anan ben David organizó la secta caraíta, que reconoce el Tanaj (Antiguo Testamento) como la máxima autoridad para la teología y la ley. Los caraítas creen que Di-s solo entregó a Moisés la Torá escrita, no la Mishná oral. Por lo tanto, no consideran que el Talmud tenga autoridad. Podían consultar el Talmud, pero en última instancia, cada persona era responsable de decidir cómo interpretar la Torá.

En esta época, aumentaron las tensiones entre Saadia Gaon (882-942 e. c.), un importante sabio rabínico judío de Babilonia durante el califato abasí, y Aaron ben Meir, el principal erudito judío de Palestina, por el cambio de las fechas de la Pascua judía y Rosh Hashaná. Saadia ganó la batalla de los calendarios, manteniendo las fechas tradicionales de las fiestas y resaltando la autoridad babilónica en el mundo judío.

Saadia tradujo el Tanaj (Antiguo Testamento) al árabe, versión que aún se utiliza. También escribió un libro de gramática hebrea y un diccionario para ayudar a los judíos a leer la Torá en hebreo. Saadia escribió su *Libro de creencias y opiniones* en árabe clásico, defendiendo el judaísmo y atrayendo a los judíos de vuelta a la Torá. Sin embargo, señaló que las enseñanzas de Aristóteles y Platón podían encajar racionalmente con la

---

[i] Michael G. Minsky, *Agobard and His Relations with the Jews* (Amherst: University of Massachusetts, 1971), 1-18.

teología y la filosofía judías tradicionales.

En 969 e. c., el califato fatimí subió al poder en el norte de África, Siria y Palestina (aproximadamente el actual Israel). Los fatimíes eran musulmanes chiíes, más tolerantes con los no musulmanes, e incluso nombraron a judíos y cristianos para puestos administrativos. Los judíos de Asia y el norte de África gozaban ahora de mayor libertad religiosa y ocupaban cargos como el de médico de la corte y empleado militar.

Los judíos participaban activamente en la economía fatimí y se relacionaban libremente con musulmanes y cristianos. Los judíos siguieron desempeñando sus lucrativas funciones en la fabricación textil y el comercio, e incluso abastecieron a la corte. Prosperaron en esta época, que duró hasta 1171, mientras seguían pagando el impuesto de la *jizya* que gravaba a todos los no musulmanes. Aunque adoptaron la vestimenta musulmana y la lengua árabe, los judíos mantuvieron su cultura y sus prácticas religiosas. Normalmente resolvían los asuntos legales entre ellos siguiendo la ley de la Torá, y rara vez llevaban los asuntos a los tribunales musulmanes.

En el califato fatimí, los judíos eligieron a uno de los suyos como «jefe de los judíos» que el califato aprobó y reconoció con una carta de nombramiento. Mahoma había prometido esto para judíos y cristianos, pero no siempre había sucedido bajo otros califatos. El poder conferido al jefe de los judíos incluía la supervisión de los asuntos legales de la comunidad judía y el nombramiento de funcionarios a sus órdenes. Gestionaba las dotaciones religiosas, supervisaba la recaudación de impuestos entre los judíos y se aseguraba de que la comunidad judía respetara las normas para los no musulmanes. Los judíos elegían a uno de sus hombres más acaudalados, y este líder presidía a judíos y samaritanos[i].

Mientras tanto, al fracturarse la dinastía abasí en el siglo X, muchos judíos de Oriente Próximo emigraron a regiones próximas al Mediterráneo. El califato omeya había conquistado Andalucía (España) en el año 711 de la era cristiana, y el dominio musulmán prevaleció hasta mediados del siglo XIII. Estos líderes musulmanes fueron tolerantes con judíos y cristianos, lo que abrió las puertas a unos logros culturales sin precedentes en la Edad Media. Los judíos disfrutaron de una época

---

[i] Elinoar Bareket, "The Head of the Jews (Ra'is al-Yahud) in Fatimid Egypt: A Re-Evaluation", *Bulletin of the School of Oriental and African Studies*, University of London 67, no. 2 (2004): 185-6. http://www.jstor.org/stable/4145978.

dorada de esplendor económico, espiritual y cultural entre 950 y 1150 e. c., cuando España se convirtió en la mayor comunidad judía del mundo.

Los dirigentes musulmanes de España nombraron a judíos para puestos administrativos y fomentaron sus actividades comerciales. Los eruditos musulmanes y judíos avanzaron en astronomía, matemáticas, medicina, filosofía y poesía, mientras el resto de Europa se sumía en la Edad Media. Surgieron ciudades cosmopolitas, con acueductos, alcantarillas, carreteras pavimentadas, espléndidos palacios e impresionantes jardines. Las bibliotecas de Córdoba, Granada y Toledo atrajeron a eruditos de las ciencias y las matemáticas.

El judaísmo español lideraba a los judíos sefardíes del norte de África, Palestina y Oriente Próximo, mientras que los judíos asquenazíes se centraban en Francia, Alemania e Italia. Estos dos grupos diferían en su servicio de oración, teología y búsqueda del conocimiento secular. Los asquenazíes abordaban el Talmud de forma analítica; los sefardíes estaban influidos por la filosofía árabe y occidental, pues creían que los ayudaba a comprender la Torá. Los sefardíes se sumergían en el mundo no judío, mientras que los asquenazíes evitaban los estudios seculares de filosofía, ciencias y matemáticas, prestando toda su atención a la Torá.

En 1027, el poeta Samuel ha-Nagid se convirtió en primer ministro de Granada, en el sur de España, y marcó el camino de los judíos españoles en los campos literario y político. Salomón Ibn Gabirol (1021-

Grabado en madera de Rabí Salomón ben Isaac (Rashi) por Guillaume de Paris [14]

1058) fue un poeta y filósofo judío de España que escribió el *Mekor Jaim* (*El origen de la vida*) sobre la intersección del mundo terrenal y el espiritual. Advirtió que, puesto que Di-s es la verdadera fuente de la vida, buscar satisfacción en las cosas terrenales es idolatría.

Rabí Salomón ben Isaac (1040-1105), conocido como Rashi, fue un célebre erudito francés cuyos comentarios sobre el Tanaj y el Talmud siguen siendo estudiados hoy en día por niños y adultos judíos. Analizaba meticulosamente el significado del texto hebreo, prestando especial atención al estudio de las palabras y su significado literal. Los eruditos bíblicos apreciaban cómo explicaba textos complejos con sencillez y claridad, y su comentario se incluye en las ediciones actuales del Talmud.

La edad de oro de los judíos en España terminó en 1147, cuando los musulmanes bereberes almohades de Marruecos atacaron la península ibérica. Los judíos habían prosperado sobre todo bajo el liderazgo musulmán anterior en España, pero los almohades radicales eran fanáticos de la imposición del islam. Los judíos y cristianos tenían tres opciones: convertirse al islam, abandonar el país o ser ejecutados. La mayoría de los judíos huyeron al norte de África o al norte de España, que estaba bajo control cristiano.

Mientras tanto, en Jerusalén se preparaba el terreno para las cruzadas. En 1071, el gobernador musulmán fatimí de al-Sham (Siria-Palestina) pidió ayuda a los turcos para defenderse de las tribus árabes beduinas que invadían la región. Los selyúcidas turcos bajaron a luchar como mercenarios, pero luego los fatimíes no pudieron pagarles debido a una guerra civil en sus dominios egipcios. Así que los selyúcidas cambiaron de bando. Lucharon con los beduinos, capturaron Jerusalén y la convirtieron en parte del Imperio selyúcida. Los turcos musulmanes suníes gobernaron Jerusalén hasta 1098, cuando los guerreros fatimíes retomaron la ciudad.

Puntos clave:

➢ El Imperio bizantino pierde el control ante el califa Umar.
   o Migración de los judíos babilonios a las ciudades debido al impuesto sobre la tierra *jarach*.
   o Construcción de la Cúpula de la Roca (693 e. c.) y la mezquita de al-Aqsa (705 e. c.) en el Monte del Templo.
   o Los judíos en el califato abasí.
      ▪ Anan Ben David y la secta caraíta;
      ▪ Saadia Gaon y el liderazgo babilónico en el mundo judío.
➢ La vida judía en el Califato fatimí.
   o Más libertad religiosa y oportunidades de prosperidad económica.

- Los judíos elegían a su líder y seguían principalmente sus propias leyes.

➤ Edad de oro de la cultura judía en España (950-1150).

- Los eruditos judíos avanzan en ciencia, matemáticas, filosofía y teología.
- Judíos sefardíes y asquenazíes.
- Comentario de Rashi.

➤ El califato almohade proscribe el judaísmo y el cristianismo en el sur de España.

➤ Los turcos selyúcidas musulmanes capturan Jerusalén en 1071.

Capítulo 6: El judaísmo medieval II: Las cruzadas y el periodo mameluco

Los turcos selyúcidas musulmanes no solo capturaron Jerusalén en 1071, sino también al emperador bizantino Romanos IV Diógenes en Anatolia (Turquía occidental). Los bizantinos habían luchado encarnizadamente por su territorio en Turquía occidental y sufrieron una aplastante derrota. El sultán turco Alp Arslan envió a Romanos de vuelta a Constantinopla después de que el emperador prometiera pagar un rescate de 1,5 millones de piezas de oro y entregar a su hija en matrimonio al hijo del sultán. Pero Romanos regresó a casa y se encontró con un golpe de estado dirigido por la familia Dukas, que cegó al emperador y usurpó el poder.

El Imperio bizantino pasó los años siguientes sumido en el caos de un liderazgo inestable, sin poder recuperar su territorio en Asia. Tampoco podían hacer nada por Jerusalén, que de todos modos no era una prioridad. Varios califatos musulmanes habían ocupado Jerusalén durante los últimos cuatro siglos, pero permitían la visita de peregrinos y autorizaban a cristianos y judíos a vivir allí con ciertas restricciones.

Los bizantinos querían recuperar toda Anatolia. Su capital, Constantinopla, estaba situada en el estrecho del Bósforo, que dividía Europa de Asia y formaba un canal entre el mar Negro y el Egeo. Mientras controlaron ambos lados del estrecho, controlaron el lucrativo comercio marítimo. Pero ahora, los turcos selyúcidas tenían territorio a pocos kilómetros del canal, demasiado cerca para su comodidad, y casi habían aniquilado al ejército bizantino.

El emperador Alejo Comneno esperaba conseguir la ayuda de Europa Occidental, que estaba saliendo de la Edad Media cultural y económica. Pidió ayuda al papa Urbano II para expulsar a los turcos. Habían pasado cuarenta años desde que el Gran Cisma dividió a la Iglesia católica romana de la Iglesia ortodoxa oriental. Al papa le gustaba la idea de que los dos bandos lucharan juntos por una causa común en lo que esperaba fuera el primer paso hacia la reunificación. Así que reprendió a los estados cristianos de Europa por luchar entre sí cuando lo que necesitaban era luchar juntos para liberar Jerusalén. Adornó las historias de atrocidades que los musulmanes habían cometido contra los cristianos en Tierra Santa y prometió la remisión de los pecados a quien muriera luchando contra los turcos infieles.

En 1095, los cruzados se reunieron en Francia y Alemania. Algunos creían que antes de marchar a Jerusalén para luchar contra los infieles musulmanes, debían ocuparse de los infieles judíos en casa. Godofredo de Bouillon, uno de los líderes de la primera cruzada, juró que antes de partir vengaría la sangre de Cristo erradicando a todos los judíos de Francia. Otros europeos medievales recomendaron que todos los judíos se convirtieran o fueran asesinados y sus propiedades confiscadas.

Una ilustración de 1234 de la violencia contra los judíos[15]

En el verano de 1095, turbas frenéticas de campesinos franceses y alemanes atacaron las comunidades judías de Renania, masacrando a miles de personas. En Ratisbona, Baviera, una turba acorraló a la comunidad judía y la obligó a arrojarse al río Danubio en un bautismo involuntario. El conde Emicho condujo a diez mil cruzados a través del valle del Rin en Alemania el verano siguiente. A pesar de las órdenes del emperador del Sacro Imperio Romano Germánico, Enrique IV, de proteger a los judíos, el ejército de Emicho mató al menos a 800 judíos en Worms y a 1.100 en Maguncia que se negaron al bautismo cristiano[i].

Mientras tanto, oleadas de ejércitos profesionales y ciudadanos de a pie marchaban hacia Constantinopla para dirigirse a Jerusalén. Se calcula que unos 100.000 cruzados atravesaron el estrecho del Bósforo hacia Asia, mientras reconquistaban Nicea y Edesa en Anatolia y Antioquía en Siria. Los cruzados llegaron a Jerusalén en 1099 y sitiaron la ciudad, dirigidos por Godofredo de Bouillon. Los cristianos de Jerusalén habían sido expulsados antes de la llegada de los cruzados, ya que los musulmanes temían que lucharan del lado de los cruzados. Pero los judíos lucharon junto a los musulmanes para defender su antigua ciudad.

Una muralla defensiva de quince metros de altura rodeaba Jerusalén, pero los cruzados utilizaron dos torres de asedio sobre ruedas, un ariete y escaleras para escalar la muralla. Los europeos irrumpieron en la ciudad el 15 de julio de 1099, tras cinco semanas de asedio. Los cruzados corrieron por las calles, matando a decenas de miles de musulmanes y judíos hasta que la sangre llegó a las rodillas de sus caballos. Muchos judíos se escondieron en la sinagoga central, que los cruzados quemaron sobre sus cabezas[ii].

---

[i] Iris Shagrir y Netta Amir, "The Persecution of the Jews in the First Crusade: Liturgy, Memory, and Nineteenth-Century Visual Culture", *Speculum* 92, no. 2 (2017): 405–28. http://www.jstor.org/stable/26340194.

[ii] H. A. R. Gibb, *The Damascus Chronicle of the Crusades: Extracted and Translated from the Chronicle of Ibn Al-Qalanisi* (Mineola, New York: Dover Publications, 2003), 48.

Los cruzados toman Jerusalén en 1099, por Émile Signol[16]

Otros judíos huyeron al Monte del Templo, donde miles de musulmanes se habían refugiado en la Cúpula de la Roca o en la mezquita de Al-Aqsa. Los cruzados masacraron a diez mil hombres, mujeres y niños en el Monte del Templo. El hedor de los cadáveres llenó la ciudad y los europeos ordenaron a los supervivientes que arrastraran los cuerpos fuera de las puertas de la ciudad, donde los apilaron en pirámides para quemarlos. Jerusalén permaneció en manos de gobernantes cristianos durante casi un siglo. Como afirma el historiador Salo Baron:

«En muchos sentidos, 1096 marcó un punto de inflexión en la historia judía. El rastro de sangre y las ruinas humeantes que quedaron en las comunidades judías desde Francia hasta Palestina... por primera vez hicieron comprender al pueblo judío, a sus enemigos y amigos, la total inestabilidad de la posición judía en el mundo occidental... a partir de la primera cruzada, las persecuciones antijudías ejercieron un atractivo peligrosamente contagioso, que en períodos de gran tensión emocional degeneró en una psicosis de masas que trascendió las fronteras nacionales»[i].

Yehudah Halevi fue un biblista y poeta judío que vivió en Córdoba (España) durante la primera cruzada. También estudió metafísica, filosofía

---

[i] Salo W. Baron, *A Social and Religious History of the Jews* (New York: Columbia University Press, 1957), Vol. 4:89.

y ciencias, pero sus aportaciones más destacadas fueron sus poemas nacionalistas y la liturgia para el culto en la sinagoga. Mientras su pueblo sufría las violentas turbas desencadenadas por las cruzadas, su poesía y sus canciones aludían al sionismo: el retorno de los judíos a Israel con la creación de un Estado judío.

En 1144, los selyúcidas reconquistaron Edesa y mataron o esclavizaron a los cristianos europeos, pero perdonaron a los cristianos turcos y sirios. El temor a que los turcos retomaran Jerusalén desencadenó la segunda cruzada en 1146, avivada por la predicación de Bernardo de Claraval. Un monje francés llamado Radulphe declaró que los judíos merecían morir porque eran enemigos del cristianismo, lo que volvió a impulsar la violencia contra los judíos de Alemania, Bohemia y Francia. Dos arzobispos dieron refugio a los judíos en sus castillos, pero una turba asaltó uno de los castillos y mató a los judíos delante del arzobispo de Maguncia.

La segunda cruzada fue un fiasco para los europeos en Oriente Próximo. Los reyes Conrado III de Alemania y Luis VII de Francia fracasaron en su intento de retomar Edesa. Los europeos estaban desorganizados y las fuerzas musulmanas mejor entrenadas y equipadas. Cuarenta años después, Jerusalén cayó en manos de Saladino, sultán musulmán suní de Siria y Egipto. Saladino permitió a los judíos reasentarse en Jerusalén; muchos se trasladaron allí desde Ascalón, en la costa.

Con los musulmanes de nuevo en Jerusalén, el papa León III convocó la tercera cruzada, que se inició en 1189. Esta cruzada afectó a los judíos de Inglaterra, la mayoría de los cuales habían llegado en 1066 desde Normandía con Guillermo el Conquistador. Una vez más, la retórica de la cruzada provocó acciones antisemitas. Por ejemplo, los judíos de Londres fueron gravados con una cuarta parte de sus bienes muebles en 1188, y las multitudes atacaron a los judíos que asistieron a la coronación de Ricardo Corazón de León en 1189. En York, un grupo de judíos se escondió en la torre de Clifford de una turba desenfrenada, pero más de 150 acabaron suicidándose en masa al darse cuenta de la desesperación de sobrevivir.

El emperador del Sacro Imperio Romano Germánico, Federico I Barbarroja, fue el primero en dirigir sus tropas a Asia en la tercera cruzada en 1190, pero se ahogó al cruzar un río en Turquía. El rey Ricardo Corazón de León de Inglaterra y el rey Felipe II de Francia navegaron a Oriente Próximo en 1191. Ganaron una batalla contra

Saladino en la ciudad septentrional israelí de Acre, donde capturaron a tres mil prisioneros musulmanes. Saladino también tenía prisioneros cristianos. Los términos de la rendición incluían la liberación de los prisioneros de cada bando y el acuerdo de Saladino de pagar un cuantioso rescate por sus hombres.

Mientras proseguían las negociaciones, Ricardo y Felipe discutieron y Felipe regresó a Francia con sus hombres. Saladino liberó a algunos de sus prisioneros, pero retrasó la liberación del resto. Ricardo perdió la paciencia y llevó a 2.700 de sus prisioneros musulmanes ante las murallas de Acre, cortándoles la cabeza. Saladino tomó represalias matando al resto de sus prisioneros ingleses y franceses.

Saladino continuó luchando contra Ricardo durante otro año por tierras de Palestina, pero sin el ejército francés de Felipe, Ricardo no pudo imponerse. Finalmente, hicieron una tregua. El rey Ricardo obtuvo una franja de costa desde Jafa hasta Tiro, y Saladino se quedó con Jerusalén. Saladino permitió que los judíos de Jerusalén se quedaran y que los peregrinos cristianos visitaran los lugares santos de Jerusalén. En 1210, trescientos rabinos de Francia e Inglaterra hicieron *aliyah* (subida a Tierra Santa) y se reasentaron en Palestina.

Como en épocas anteriores, algunos gobernantes musulmanes habían obligado a los judíos (y cristianos) a llevar prendas de vestir distintivas, como una estrella, un cinturón o una capucha amarillos (los cristianos vestían de azul). En 1215, la Iglesia católica romana decretó que los judíos debían llevar una insignia o un sombrero puntiagudo. En 1229, el rey Enrique III gravó a los judíos de Inglaterra con el 50% del valor de sus propiedades.

Incitados por la Inquisición, el sábado 3 de marzo de 1240, los funcionarios franceses confiscaron todos los ejemplares del Talmud que encontraron en Francia. Veinticuatro vagones transportaron los pergaminos a París, donde fueron quemados. En 1254, el rey Luis IX expulsó a todos los judíos de Francia, y el rey Eduardo I hizo lo mismo en Inglaterra en 1290. Cuando Alemania, España e Italia siguieron su ejemplo, estas expulsiones crearon una migración de judíos hacia el este, a Europa Central y Oriental, especialmente a Polonia.

A partir del siglo IX, los musulmanes capturaron adolescentes de la estepa euroasiática, los convirtieron al islam y los entrenaron para el servicio militar. Conocidos como mamelucos (esclavos), estos rudos jóvenes habían adquirido excepcionales habilidades de tiro con arco y equitación antes de ser esclavizados. Combinados con el entrenamiento militar musulmán, los mamelucos eran fieros e indomables arqueros a caballo, que infundían miedo a cualquiera que luchara contra ellos. Los mamelucos desempeñaron un papel fundamental en la lucha con Saladino contra los cruzados.

Con el tiempo, los mamelucos crecieron en poder a pesar de ser técnicamente esclavos, alcanzando altos cargos en el ejército. En 1250, los mamelucos tomaron el trono de Egipto en el caos que siguió a la muerte del sultán egipcio. Diez años más tarde, derrotaron a los mongoles que merodeaban por el norte de Palestina y conquistaron Siria hasta el río Éufrates. El cuarto sultán mameluco de Egipto fue Baibars I. Al tiempo que luchaba contra los cruzados y los mongoles, organizó el Estado, reformó su sistema jurídico y amplió el ejército. En 1291 conquistó Acre, que estaba en poder de los cruzados desde que Ricardo Corazón de León la había capturado un siglo antes.

Guerrero mameluco[17]

Aunque cristianos y judíos eran «personas protegidas» por la ley musulmana, los mamelucos estaban nerviosos por los altos cargos administrativos que ocupaban algunos de ellos. ¿Serían más leales a los cruzados o a Egipto? Los mamelucos empezaron a fomentar enérgicamente la conversión al islam, especialmente entre los cristianos coptos que se ocupaban de los impuestos y otros asuntos financieros. Los mamelucos a veces arrastraron a los judíos en sus esfuerzos de conversión. Los que se negaban a convertirse perdían sus puestos. En lugar de convertirse, muchos cristianos egipcios y unos pocos judíos egipcios abandonaron el país.

En 1293 estallaron disturbios en El Cairo contra los cristianos, y el sultán Malik al-Ashraf Jalil destituyó a todos los judíos y cristianos de sus cargos administrativos. En 1301 estallaron nuevos disturbios, esta vez contra judíos y cristianos, a los que se obligó a convertirse al islam y cerraron todas las sinagogas e iglesias de El Cairo. Los judíos tuvieron que llevar turbantes amarillos y los cristianos azules.

Originada en el norte de Asia, la peste negra arrasó la costa mediterránea de 1347 a 1349. Se extendió por Europa y mató a la mitad de la población. La peste y sus ramificaciones desestabilizaron la economía egipcia, lo que provocó más ira contra los no musulmanes. Los alborotadores agarraban a judíos y cristianos, arrojándolos al fuego si se negaban a recitar la *shahada* (el credo musulmán). Los judíos también sufrían económicamente. Antes gozaban de un estatus de clase media en Egipto, y algunos eran ricos. El propio sultanato sufría económicamente debido a la peste y a otros factores. Ahora, los judíos que ocupaban puestos más altos habían perdido sus empleos, y la mayoría de los judíos se debatían en la pobreza.

En 1442, las autoridades egipcias encontraron en una sinagoga judía lo que consideraban escritos blasfemos contra el islam. El nombre «Mahoma» estaba débilmente inscrito en una plataforma elevada sobre la que el rabino se colocaba para leer las escrituras; así, estaba «de pie sobre Mahoma». Los mamelucos destruyeron la plataforma y luego inspeccionaron otras sinagogas e iglesias. Hablaron de cortar los pies o las manos a los rabinos que se habían puesto de pie sobre el nombre de Mahoma, pero los rabinos negaron con vehemencia saber que estaba allí. Bajo tortura, tres rabinos confesaron. Dos murieron y el tercero se convirtió al islam.

La inspección de otras sinagogas e iglesias reveló que algunas habían construido nuevas estructuras en contra del pacto de Umar. Otras habían renovado su interior tras un incendio. A pesar de que los judíos y cristianos mostraron certificados de aprobación de las autoridades para las renovaciones, los mamelucos insistieron en que estaban rompiendo el pacto hecho en 632 en Jerusalén. Muchos de los judíos y cristianos desconocían el antiguo pacto, por lo que se les informó de su contenido y se les advirtió de que cualquier otra infracción supondría la destrucción de su sinagoga o iglesia[i].

Aunque los judíos fueron acosados bajo el dominio mameluco, su difícil situación palidecía en comparación con lo que les ocurrió a los judíos en Europa. Culpando de la peste negra a los judíos que envenenaban los pozos, las turbas europeas destruyeron cientos de comunidades judías. Una campaña antisemita en Barcelona, Castilla y Valencia mató a miles de judíos en 1391. El papa Benedicto XIII prohibió el Talmud en 1415, y los judíos se vieron obligados a vivir en guetos por toda Europa.

Puntos clave:

➢ Las cruzadas (1095-1291).

  o El Imperio bizantino solicita la ayuda del papa para expulsar a los turcos selyúcidas.

  o La retórica de las cruzadas estimula la violencia contra los judíos en Francia, Bohemia y España.

  o Los cruzados toman Jerusalén en 1099 y cometen terribles atrocidades contra judíos y musulmanes.

  o Saladino, sultán de Siria y Egipto, retoma Jerusalén en 1187 y permite el regreso de los judíos.

  o Tercera cruzada: Saladino conserva Jerusalén y los judíos pueden permanecer en ella.

➢ La persecución y el exilio de los judíos en Europa occidental crean una migración hacia el este.

---

[i] Mark R. Cohen, "Jews in the Mamlūk Environment: The Crisis of 1442 (A Geniza Study)", *Bulletin of the School of Oriental and African Studies, University of London* 47, no. 3 (1984): 425-48. http://www.jstor.org/stable/618879.

> El periodo mameluco (1250-1517).

- o Antiguos esclavos que ascendieron al poder como fuerza militar de Egipto.

- o Persecución de judíos y cristianos, aunque no tan severa como en Europa occidental.

Capítulo 7: El Holocausto

La «solución final al problema judío» de los nazis entre 1941 y 1945 fue la etapa final de la evolución de sus políticas antisemitas. El plan original consistía en segregar a los judíos, quitarles sus propiedades y enviarlos a otro lugar, como Madagascar. La «solución final» fue el genocidio sistemático de todos los judíos de Europa. ¿Cómo se llegó a este punto? ¿Qué acontecimientos y filosofías subyacentes condujeron a un intento organizado de aniquilar a la raza judía?

Un siglo antes, las circunstancias estaban mejorando gradualmente para los judíos europeos a medida que los países avanzaban hacia la concesión a los judíos de la ciudadanía y los derechos civiles. A mediados del siglo XIX, los judíos de toda Alemania, excepto los de Baviera, tenían los mismos derechos que el resto de la población, al menos sobre el papel. El abogado judío Gabriel Riesser llegó incluso a ser vicepresidente de la Asamblea Nacional de Alemania en 1848.

Sin embargo, muchos alemanes equiparaban a los judíos con la modernidad y el Partido Progresista de izquierdas, que consideraban una amenaza para los valores tradicionales alemanes. Profesores universitarios y clérigos avivaron esta animadversión hacia los judíos. En 1878, el capellán de la corte Adolf Stoecker fundó el Partido Socialcristiano Alemán, exigiendo que todos los judíos se convirtieran al cristianismo y llamándolos «parásitos» y una «nación aparte».

El káiser Guillermo II se convirtió en el último emperador de Alemania en 1888 y gobernó hasta su abdicación en 1918. Tenía varios amigos personales judíos y apoyaba el movimiento sionista, aunque por motivos racistas: prefería que no vivieran en Alemania. Sin embargo, con el tiempo, su actitud degeneró en antisemitismo «eliminatorio». Al final de su vida, pidió la extinción de la raza judía:

> «Mantienen a mi pueblo pobre y en sus garras. En cada pequeño pueblo de Alemania hay un sucio judío, como una araña que atrae a la gente a la red de la usura. Presta dinero a los pequeños campesinos con la garantía de sus tierras y así adquiere poco a poco el control de todo. Los judíos son los parásitos de mi imperio. El problema judío es uno de los grandes problemas con los que tengo que lidiar, ¡y sin embargo no se puede hacer nada para hacerle frente!»[i].

Mientras tanto, en 1866, los judíos se habían convertido en la población mayoritaria de Jerusalén y habían construido un suburbio extramuros para eliminar el hacinamiento. Tras los terribles pogromos (masacres organizadas) en Rusia, la primera *Aliá* llevó a casi 35.000 judíos a Palestina entre 1882 y 1903. Su objetivo era «la resurrección política, nacional y espiritual del pueblo judío en Palestina»[ii] bajo el patrocinio del barón Edmond de Rothschild de Francia.

Foto de la década de 1930 de Degania, el primer *kibbutz* de Israel[iii]

[i] John C. G. Rohl, *The Kaiser and His Court: Wilhelm II and the Government of Germany* (Cambridge: Cambridge University Press,1995), 190-212.

[ii] "Immigration to Israel: The First Aliyah (1882-1903)", *Jewish Virtual Library* https://www.jewishvirtuallibrary.org/the-first-aliyah-1882-1903.

Tras la Revolución de Octubre rusa liderada por el Partido Bolchevique de Vladimir Lenin, los judíos que huían del antisemitismo marxista formaron la segunda *Aliá* en 1904. En 1906, los judíos fundaron la primera escuela secundaria hebrea en Jafa y la Academia Bezalel de Arte y Diseño en Jerusalén. En 1909, los judíos construyeron Tel Aviv en las afueras de la ciudad portuaria de Jafa como urbanización para judíos de habla hebrea. Los pioneros sionistas fundaron Degania Alef en 1910, el primer *kibbutz* (comuna agrícola) al sur del mar de Galilea.

Entre 1914 y 1919 estalló la Primera Guerra Mundial, en la que los Aliados (Francia, Italia, Japón, Rusia, Reino Unido y Estados Unidos) se enfrentaron a las Potencias Centrales (Austria-Hungría, Bulgaria, Alemania y el Imperio otomano). Aunque 100.000 judíos lucharon por Alemania, fueron acusados injustamente de eludir el servicio activo. Los británicos arrebataron Palestina al Imperio otomano y anunciaron su plan de establecer un «hogar nacional para el pueblo judío» en la Declaración Balfour de 1917.

De 1919 a 1923, la tercera *Aliá* de 40.000 jóvenes judíos de Europa del Este aumentó la población judía de Palestina a 90.000 pioneros que construyeron carreteras y ciudades alrededor de Palestina. La cuarta *Aliá* de 1924 a 1929 trajo 82.000 judíos de clase media de Polonia, que establecieron fábricas y pequeños negocios. Los judíos europeos no solo construyeron la infraestructura y la economía de Palestina, sino también la educación superior. La Universidad Hebrea de Jerusalén abrió sus puertas en 1925. Cuando Hitler se convirtió en canciller de Alemania en 1933, 250.000 profesionales judíos alemanes huyeron a Palestina en la quinta *Aliá*. Establecieron empresas industriales y construyeron el puerto de Haifa y refinerías de petróleo. Casi medio millón de judíos vivían en Palestina en 1939.

De joven, Adolf Hitler alimentó un odio patológico hacia los marxistas y los judíos. Culpaba a los judíos del caos cultural, económico y político de Alemania, proclamando que estaban corrompiendo a Alemania y a la raza «aria». Justo antes del final de la Primera Guerra Mundial, quedó ciego tras ser gasificado y pasó meses en recuperación, donde recuperó gradualmente la vista. Pasó ese tiempo enfurecido por haber perdido la guerra y fantaseando con rescatar a Alemania y Austria de los judíos y los bolcheviques (marxistas rusos).

Hitler se afilió al Partido del Trabajo y se convirtió en su presidente en 1921. Aunque era de estatura media y moreno, Hitler promovió la imagen ideal de rubios altos y musculosos con ojos azules o verdes. Hitler pronunció discursos dramáticos y encendidos en los que afirmaba que los alemanes «arios» eran una raza superior y que los judíos eran la causa de los problemas internos de Alemania. Anunció la «Plataforma del Partido Nacionalsocialista Obrero Alemán», que exigía la unificación de todas las etnias alemanas en un «Reich» o «Gran Alemania». Solo los de sangre alemana podían ser ciudadanos; todos los judíos quedaban explícitamente excluidos. La plataforma afirmaba que el Partido «lucha contra el espíritu judío-materialista dentro y alrededor de nosotros»[i].

En este punto, Hitler hablaba de eliminar los privilegios de los judíos y exiliarlos, no de exterminarlos. Un fallido golpe de Estado en 1923 lo llevó a prisión durante nueve meses. Aprovechó ese tiempo para escribir *Mein Kampf* (*Mi lucha*), donde esbozaba sus ideas sobre la raza aria, la amenaza judía, el darwinismo social y su plan de *Lebensraum* (espacio vital): su concepto de conquistar toda Europa y deportar a los no alemanes a Siberia para que la gente de sangre alemana pudiera extenderse y multiplicarse.

Tras su humillante derrota en la Primera Guerra Mundial, que paralizó su economía, muchos alemanes fueron susceptibles a la propaganda de Hitler. La Gran Depresión aplastó aún más la economía alemana, lo que atrajo al Partido Nazi a personas de todas las clases, incluidos industriales y líderes militares. En 1932, los nazis controlaban el parlamento y Hitler se convirtió en canciller del *Reich* en 1933.

Hitler eliminó inmediatamente a los judíos, marxistas y socialdemócratas de cualquier papel político. En dos meses estableció Dachau, el primer campo de concentración alemán para prisioneros políticos. Estos prisioneros no estaban acusados ni condenados por ningún delito; no se seguía el sistema judicial. Este primer campo de concentración estaba destinado a silenciar e intimidar a cualquiera que fuera considerado una amenaza para el *Reich*.

---

[i] "The Program of the National-Socialist German Workers' Party, February 24, 1920", *Jewish Virtual Library* https://www.jewishvirtuallibrary.org/platform-of-the-national-socialist-german-workers-rsquo-party.

Campo de concentración Dachau tras su liberación por el ejército estadounidense el 29 de abril de 1945. Un prisionero ruso señala a un guardia que maltrataba brutalmente a los prisioneros[19]

En 1934, Hitler era el líder indiscutible del «Tercer Reich», el tercer imperio alemán. Mientras rejuvenecía con éxito el ejército y la economía de Alemania, los alemanes estaban tan entusiasmados con su regreso que la mayoría no se preocupó por las Leyes de Nuremberg de 1935. Estas leyes despojaban a los judíos de la ciudadanía, lo que significaba que perdían sus empleos en la administración pública. Incluso los médicos y los profesores se vieron obligados a ir al paro cuando los hospitales y las escuelas cayeron bajo la regulación del gobierno. Los judíos que emigraron tuvieron que pagar un impuesto del 90% sobre sus bienes.

En abril de 1934, Heinrich Himmler tomó el mando de la Gestapo de Berlín (la policía secreta del Estado) y de los campos de concentración. Con una metodología meticulosa, organizó un terrorismo sistemático contra los opositores al régimen. Himmler y Hitler ampliaron los criterios para los campos de concentración a cualquier persona que consideraran inferior. Las personas con hidrocefalia, deformidades, ascendencia judía y cualquier otra cosa considerada «infrahumana» fueron llevadas en manada a los campos.

El 9 y 10 de noviembre de 1938, Hitler coordinó la violencia contra los judíos en la *Kristallnacht*: «la noche de los cristales rotos». Turbas que incluían soldados nazis y Juventudes Hitlerianas disfrazados de civiles saquearon y quemaron hogares, negocios y sinagogas judías en Alemania,

Austria y Checoslovaquia. Los bomberos solo intervinieron para preservar las propiedades vecinas. La policía detuvo a 30.000 jóvenes judíos varones y los envió a los campos de concentración de Dachau, Sachsenhausen y Buchenwald.

La Segunda Guerra Mundial comenzó el 1 de septiembre de 1939, cuando Hitler invadió Polonia. Utilizó tácticas de *blitzkrieg* (guerra relámpago): asaltos de choque con bombarderos y aviones de combate para inmovilizar bases militares, aeródromos y centros de comunicaciones, seguidos de una invasión de infantería. Polonia cayó en un mes, y después Noruega, Dinamarca, Holanda, Bélgica, Luxemburgo y Francia en rápida sucesión. Toda Europa Occidental, excepto Gran Bretaña, cayó en manos de los nazis en nueve meses.

Al comenzar la guerra, Hitler puso en marcha su Programa de Eutanasia T-4, en el que detenía a hombres, mujeres y niños con enfermedades psicológicas, así como discapacitados físicos y mentales. En los centros de exterminio de Bernburg, Brandenburg, Grafeneck, Hadamar y Hartheim, los nazis asesinaban a los niños con sedantes y a los adultos por inanición. Más tarde, empezaron a utilizar gases contra las víctimas. Los alemanes también utilizaron los campos de concentración para realizar trabajos forzados en la fabricación de material militar y caucho artificial. Estos prisioneros vivían una media de nueve meses debido a la escasez de alimentos, el trabajo agotador y el hacinamiento que provocaba tifus y otras enfermedades.

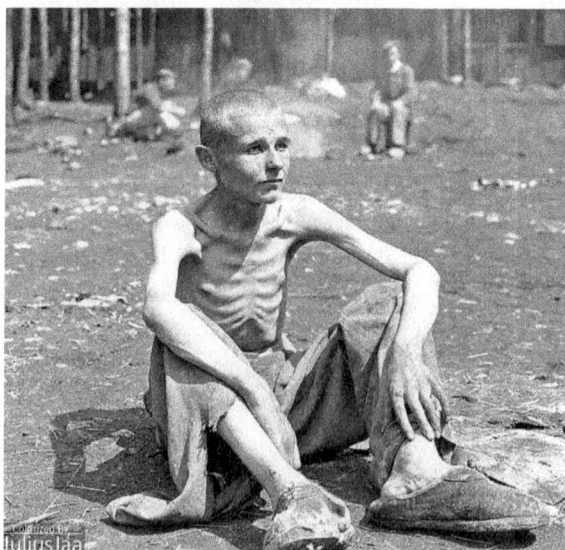

Un adolescente demacrado rescatado del campo de concentración de Ebensee[20]

En el frente de guerra, la Fuerza Aérea Británica mantuvo a raya el control nazi del canal de la Mancha, por lo que Hitler dirigió su maquinaria militar contra Europa del Este y el norte de África. Tomó Grecia, Yugoslavia y Creta e invadió la Unión Soviética en junio de 1941. Aunque los ejércitos de Hitler arrollaron a las fuerzas comunistas en los Estados Bálticos y Ucrania, sobrepasó su capacidad militar. No pudo conquistar Moscú antes de que llegara el mortífero invierno ruso.

En diciembre, Estados Unidos se unió a la guerra del lado de Gran Bretaña y la Unión Soviética, las potencias aliadas, a las que Hitler llamaba «la judería internacional». Anteriormente, los nazis habían planeado exiliar a un millón de judíos a Madagascar, gobernada por los nazis, cada año durante cuatro años. Sin embargo, el bloqueo británico impidió que eso sucediera, por lo que Hitler recurrió a su «solución final al problema judío», el asesinato en masa de todos los judíos bajo el dominio nazi.

En Rusia, Hitler fusiló o mató de hambre a más de tres millones de prisioneros de guerra: Comunistas, intelectuales y judíos. En septiembre de 1941, Himmler planeó la masacre de Babi Yar. Los nazis publicaron avisos en Kiev, ordenando a todos los judíos que se presentaran en el barranco de Babi Yar con ropa de abrigo, documentación y objetos de valor. Como Babi Yar estaba cerca de la estación de tren, los judíos supusieron que serían evacuados en tren, y más de 33.000 se reunieron a primera hora de la mañana. Para su horror, todos los hombres, mujeres y niños fueron desnudados, obligados a caer al barranco y fusilados.

Debido a la angustia que experimentaron los soldados alemanes al fusilar a mujeres y niños, Himmler decidió utilizar «furgones de gas». Judíos, gitanos y enfermos mentales fueron hacinados en la parte trasera de camiones sellados, creyendo que estaban siendo transportados a algún lugar. En lugar de eso, el escape del motor se desviaba hacia la parte trasera del camión, matando a la gente. En 1941, se instalaron «duchas» de gas en los campos de concentración polacos de Belzec, Sobibor y Treblinka.

A medida que las personas desprevenidas eran descargadas de los vagones de ganado en los trenes que llegaban a los campos, los ancianos, los niños, las mujeres embarazadas y cualquier persona demasiado enferma o débil para trabajar eran separados. Se les decía que necesitaban una ducha «desinfectante», pero en lugar de eso morían por el gas monóxido de carbono que se introducía en las duchas. Himmler organizó el asesinato de casi 2,7 millones de judíos, gitanos, homosexuales, presos políticos e inadaptados sociales en los campos de concentración.

En el campo de concentración de Auschwitz, en Polonia, científicos nazis realizaron experimentos con Zyklon B, un insecticida venenoso y matarratas, en prisioneros de guerra soviéticos. El Zyklon B se convirtió en el método de gasificado preferido en Auschwitz por su acción rápida y eficaz. Quinientos judíos eran conducidos diariamente a las «duchas» para ser gasificados. El 10 de octubre de 1944, los nazis gasificaban a ochocientos niños en Auschwitz.

Judíos húngaros que acaban de bajar del tren en el campo de concentración de Auschwitz. Los sanos son separados para el trabajo. La anciana del centro y la señora con el bebé en brazos probablemente fueron enviadas inmediatamente a las cámaras de gas[21]

Cuando los judíos y otros prisioneros llegaban por primera vez a Auschwitz, los que no eran gasificados inmediatamente eran designados para la mano de obra. Los guardias les afeitaban la cabeza, les tatuaban un número de registro en el brazo y les daban uniformes a rayas. Vivían hacinados en dormitorios con literas. En los meses siguientes, un médico determinaba quién estaba aún lo bastante sano para trabajar y quién sería enviado a las cámaras de gas. Los prisioneros que trabajaban en las cámaras de gas contaron más tarde que, entre los gritos, podían oír el *Sh'ma Yisrael*: «Escucha, oh Israel, el Señor es nuestro Di-s, el Señor es Uno».

Los que no fueron gasificados en los campos de concentración se enfrentaron a veces a horrores peores. Para evitar que los judíos tuvieran más hijos, los médicos irradiaban los sistemas reproductivos de hombres y mujeres o inyectaban sustancias químicas que quemaban los úteros de las mujeres. Los médicos nazis infectaban a los prisioneros con enfermedades para probar nuevos medicamentos, y algunos prisioneros eran congelados para experimentar con tratamientos de hipertermia.

Las tornas empezaron a cambiar en 1943, cuando los nazis perdieron el norte de África y Sicilia a manos de los Aliados. Los Aliados tomaron Italia y Normandía en junio de 1944, interponiendo las fuerzas alemanas entre ellos y las tropas soviéticas. Ese verano, las fuerzas soviéticas liberaron a los prisioneros del campo de concentración de Majdanek, en Polonia, y compartieron con los periodistas las pruebas de las matanzas cometidas allí. Los soviéticos liberaron a seis mil prisioneros hambrientos de Auschwitz en enero de 1945. Los nazis ya se habían marchado semanas antes, obligando a la mayoría de los prisioneros a emprender una marcha de la muerte. Cuando las fuerzas aliadas continuaron liberando los campos, se encontraron con horrores indescriptibles. Los cadáveres insepultos se apilaban como leña. Los supervivientes habían perdido la grasa corporal y los músculos, quedando solo piel y huesos.

El ejército alemán se desmoronó a medida que sus generales se consumían bajo el liderazgo desconfiado y trastornado de Hitler. Un intento fallido de asesinar a Hitler acabó con las horripilantes ejecuciones de los generales, filmadas para placer de Hitler. Mientras los Aliados se acercaban a Berlín, Hitler estudiaba sus mapas y ordenaba ataques con ejércitos que no tenía. El 30 de abril de 1945, Hitler se suicidó, y el Tercer Reich alemán se rindió el 7 de mayo de 1945. La Segunda Guerra Mundial terminó el 2 de septiembre de 1945, tras la rendición de Japón.

Dos tercios de los judíos europeos murieron en el Holocausto: unos seis millones. Polonia tenía tres millones de judíos en 1933; el Holocausto redujo esa cifra a 45.000. Grecia perdió el 90 por ciento de su población judía. La mayoría de los supervivientes emigraron a Palestina, Estados Unidos, Australia o Sudáfrica. En 1950, más de la mitad de la población judía mundial vivía en el hemisferio occidental.

Para los supervivientes judíos, había llegado el momento de recoger los pedazos de sus vidas destrozadas y seguir adelante con la tenacidad que los llevó a través de la pesadilla inimaginable del Holocausto. Sin embargo, el antisemitismo no murió con el régimen nazi. Los judíos seguían sin estar seguros en Europa; más de quinientos judíos fueron asesinados en Polonia el año siguiente a la liberación por sus antiguos vecinos o por bandas itinerantes. ¿Sería posible volver a vivir una vida normal? ¿Y dónde?

Mujeres en los barracones de Auschwitz[22]

Puntos clave:

➢ Circunstancias para los judíos en el siglo anterior al Holocausto.

  o Ciudadanía y derechos civiles en la mayoría de los países europeos.

  o Continúan las actitudes antisemitas; se culpa a los judíos de los problemas económicos.

➢ Los judíos se vuelven a asentar en Palestina.

  o Población mayoritaria en Jerusalén en 1866.

  o Medio millón de judíos se asientan en Palestina de 1882 a 1933.

  o Construyen Tel Aviv, universidades, escuelas, carreteras, granjas, el primer *kibutz*.

  o 1917 Declaración Balfour británica: un «hogar nacional para el pueblo judío».

- Hitler se convierte en canciller del *Reich* alemán en 1933.
  - Establece Dachau, el primer campo de concentración alemán, en 1933.
  - Las Leyes de Nuremberg de 1935 privan a los judíos de la ciudadanía.
  - En 1938, Hitler coordina la violencia contra los judíos en la *Kristallnacht.*
- La Segunda Guerra Mundial comienza el 1 de septiembre de 1939, cuando Hitler invade Polonia.
  - Toda Europa Occidental, excepto Gran Bretaña, cae en manos de los nazis en nueve meses.
  - La mayoría de los judíos son forzados a trabajar o morir en campos de concentración.
- En 1941, se inicia la Operación Reinhard para matar a todos los judíos de Europa.
  - Masacre de Babi Yar: 33.000 hombres, mujeres y niños judíos fusilados en Kiev.
  - Furgones de gas y cámaras de gas matan a más de un millón de judíos.
  - Ochocientos niños gasificados en un día en Auschwitz.
- Las fuerzas aliadas se imponen en la guerra en 1944.
  - Los soviéticos comienzan a liberar judíos de algunos campos de concentración.
  - 1945: Hitler se suicida, el Tercer Reich se rinde y termina la guerra.
- Impacto del Holocausto en los judíos de Europa.
  - Dos tercios de los judíos europeos asesinados: seis millones.
  - La mayoría de los supervivientes emigran a Palestina, Estados Unidos, Australia o Sudáfrica.
  - La violencia antisemita sigue matando judíos en Europa.

Capítulo 8: El Israel moderno

Inmediatamente después de la Segunda Guerra Mundial, mientras la administración aliada seguía en funciones, unos 250.000 judíos vivían en Alemania. Algunos estaban casados con alemanas y habían escapado al régimen nazi. Otros eran niños acogidos por vecinos alemanes de buen corazón que los hacían pasar por suyos, salvados de ser arrastrados con sus padres a los campos de concentración. Un tercer grupo eran judíos alemanes que habían regresado del exilio.

El cuarto y más numeroso era el de los miles de judíos que habían sobrevivido a las «marchas de la muerte» hacia Alemania desde los campos de concentración de Europa del Este en las últimas semanas de la guerra. Tras la «liberación», tres cuartas partes de los judíos de Alemania seguían viviendo hacinados en los campos, luchando contra el tifus y la fiebre tifoidea mientras los Aliados debatían qué hacer con ellos. El ochenta por ciento procedía de Polonia; el resto, de Rusia, Rumanía, Hungría y Checoslovaquia.

Cuando el general Patton quiso transportarlos de vuelta a su lugar de origen, se negaron. Sus comunidades de Europa del Este habían sido aniquiladas y sus propiedades confiscadas. Allí no tenían familia, ni hogar, ni empleo. Los pogromos (masacres organizadas) contra los judíos continuaban en Polonia, y los judíos del bloque soviético descubrieron rápidamente que el alarde de Stalin de eliminar el antisemitismo era ficción[i].

---

[i] Michael Brenner, *After the Holocaust: Rebuilding Jewish Lives in Postwar Germany*,

Los presos exigieron ser enviados a Palestina, donde una próspera comunidad judía comprendía alrededor del 30 por ciento de la población. Los judíos de toda Europa se hicieron eco de las demandas de los judíos de Alemania. Necesitaban un lugar seguro para curarse y reconstruir sus vidas. Necesitaban recuperar la cultura que los definía: sus observancias religiosas, las lenguas yiddish y hebrea, las tradiciones, la música, el arte y la literatura.

Los judíos de los campos de «desplazados» iniciaron un renacimiento de la cultura judía, creando periódicos, escuelas judías y comités históricos entre 1945 y 1951. Publicaron periódicos en yidis, hebreo, polaco, alemán, húngaro, lituano y rumano con imprentas llevadas a los campos[i]. Compartieron sus historias, angustias y sueños a través de la palabra escrita en sus propios idiomas, dando a los judíos europeos una voz unida.

Jóvenes judíos en la quinta Aliá a Palestina, 19 de febrero de 1934[23]

Pero, ¿era Palestina una opción viable para el reasentamiento judío? Un remanente judío había vivido allí durante las ocupaciones griega, romana, cristiana y musulmana. Y, desde la década de 1880, los judíos

trad. Barbara Harshav. (Princeton: Princeton University Press, 1997), 3-16.

[i] Brenner, *After the Holocaust*, 16-19.

había regresado a Palestina en números cada vez mayores. Otros palestinos tenían una historia mucho más larga en la tierra. Alrededor del 70% de la población de Palestina en 1946 era no judía, principalmente árabes musulmanes cuyos antepasados llegaron en los siglos posteriores a que el califa Umar invadiera Palestina en el año 638 de la era cristiana.

Estudios genéticos recientes han revelado que judíos y palestinos están emparentados y comparten el 18% de sus cromosomas. Ambos tienen un elevado número de repeticiones de alelos DYS388 y comparten una única rama en el haplogrupo 1. Los genetistas creen que este vínculo se remonta a la época romana o antes y consideran notable que los dos grupos mantuvieran una continuidad genética a pesar de que la mayoría de los judíos habían vivido fuera de Israel durante dos mil años[i]. Algunos palestinos cuentan antecedentes familiares de antepasados judíos que se convirtieron al islam, mientras que otros afirman ser descendientes de los antiguos cananeos.

A pesar de su ascendencia común, los judíos y los palestinos estaban divididos por la religión y la cultura. Los palestinos consideraban a los judíos como intrusos recientes en su tierra natal. Al final de la Primera Guerra Mundial, en 1918, los Aliados habían asignado Palestina a Gran Bretaña en el Mandato británico de 1920. El mandato incorporaba la Declaración Balfour que apoyaba Palestina como hogar nacional para el pueblo judío.

Los palestinos exigieron la independencia del dominio británico y el fin de la inmigración judía, ya que judíos y palestinos se enfrentaron violentamente por sus reivindicaciones sobre la tierra. Los británicos entregaron el problema a las Naciones Unidas en 1947. La ONU propuso poner fin al Mandato británico sobre Palestina y establecer Estados palestinos y judíos separados en el territorio, con Jerusalén bajo administración fiduciaria internacional.

---

[i] Almut Nebel et al, "High-resolution Y Chromosome Haplotypes of Israeli and Palestinian Arabs Reveal Geographic Substructure and Substantial Overlap with Haplotypes of Jews", *Human Genetics* 107, no. 6 (diciembre 2000): 630-641. doi:10.1007/s004390000426.

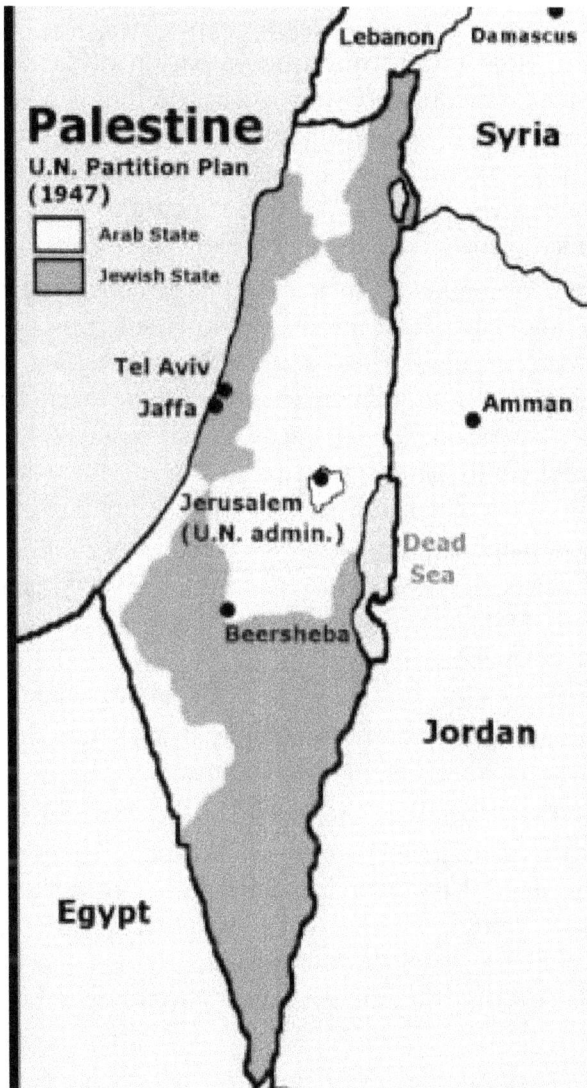

En 1947, el Plan de Partición de las Naciones Unidas situaba a los árabes en las zonas claras, a los judíos en las zonas oscuras y Jerusalén bajo el control de la ONU[34]

El Mandato británico para Palestina terminó el 14 de mayo de 1948, y David Ben-Gurión, primer primer ministro de Israel, declaró a Israel Estado independiente y democrático. Proclamó que Israel era la patria histórica y espiritual de los judíos, pero que sus ciudadanos árabes recibirían un trato igualitario y no discriminatorio. Ese mismo día se crearon oficialmente las Fuerzas de Defensa de Israel (IDF) a partir de fuerzas clandestinas ya en funcionamiento.

Al día siguiente, cinco naciones árabes (Egipto, Líbano, Irak, Transjordania y Siria) invadieron la nueva nación de Israel, declarando: «Será una guerra de aniquilación». La guerra de Independencia de Israel duró desde mayo de 1948 hasta julio de 1949. La «Ciudad Vieja» de Jerusalén (la parte intramuros) cayó en manos de los árabes el 30 de mayo. Por primera vez en siglos, los judíos perdieron el acceso al Muro Occidental, único vestigio del antiguo templo.

Sin embargo, la pequeña e incipiente fuerza aérea israelí detuvo a la columna blindada egipcia que invadía desde el sur. En otoño, la Fuerza Aérea israelí logró la superioridad aérea al llegar diecisiete bombarderos de Checoslovaquia con experimentados pilotos de caza. Israel también disponía de tres barcos que los británicos habían incautado por haber sido utilizados para el contrabando de refugiados desde Europa. Los israelíes se colaron a bordo de los barcos, los llevaron a Tel Aviv, los equiparon con cañones y armamento antiaéreo, mismos que utilizaron contra Egipto.

Israel ganó la guerra en julio de 1949. Mantuvo el territorio asignado por las Naciones Unidas y se hizo con el 60% de la tierra asignada a los palestinos. Israel firmó acuerdos de armisticio con Egipto, Jordania, Líbano y Siria, acordando la «Línea Verde», la nueva frontera entre Israel y Palestina. Jordania pasó a controlar Cisjordania a orillas del río Jordán y Egipto la Franja de Gaza en el mar Mediterráneo.

Unos 700.000 palestinos desplazados se trasladaron a Cisjordania, la Franja de Gaza o las naciones árabes circundantes. Mientras tanto, unos 700.000 judíos se trasladaron a Israel desde los países árabes que los habían expulsado y desde Europa. El 16 de febrero de 1949, los israelíes eligieron su primera Knesset (parlamento), y las Naciones Unidas admitieron a Israel como su quincuagésimo noveno miembro en mayo de 1949.

A pesar de su acuerdo de armisticio con Israel, Egipto cerró el canal de Suez a la navegación israelí. En 1951, el Consejo de Seguridad de las Naciones Unidas ordenó a Egipto que reabriera el canal, insistiendo en que un bloqueo era incompatible con el acuerdo de armisticio. Egipto se negó y su ministro de Asuntos Exteriores, Muhammad Salah al-Din, declaró: «Solo nos daremos por satisfechos con la desaparición definitiva de Israel del mapa de Oriente Próximo».

Egipto importó armas de la Unión Soviética y envió terroristas fedayines para atacar a Israel, principalmente desde las bases jordanas. Jordania se llevó la peor parte de las represalias israelíes y el Consejo de

Seguridad reprendió a Israel por sus actos hostiles. Egipto nacionalizó entonces la Compañía del Canal de Suez, lo que enfureció a Francia y Gran Bretaña. Francia había pagado el 52% de la construcción del canal en 1869, y Gran Bretaña había comprado las acciones de Egipto en la Compañía del Canal de Suez en 1875.

Francia y Gran Bretaña conspiraron en secreto con Israel, e Israel invadió la península del Sinaí en 1956, avanzando a menos de diez millas del canal. Varios días después, Gran Bretaña y Francia enviaron tropas a la zona del canal, lo que Estados Unidos condenó por considerarlo un acto continuado de colonización europea[i]. Las Naciones Unidas ordenaron a Gran Bretaña, Francia e Israel que retiraran sus tropas de Egipto, y Egipto pagó a Gran Bretaña y Francia por sus acciones en la Compañía del Canal de Suez.

En 1964, la Liga Árabe formó la Organización para la Liberación de Palestina (OLP), dirigida finalmente por Yasser Arafat, que llevó a cabo operaciones terroristas contra ciudadanos israelíes. El rey Hussein de Jordania condenó los atentados por temor a represalias israelíes contra Jordania. El rey Hassan II de Marruecos advirtió a Israel de que los dirigentes árabes planeaban una guerra contra Israel.

Mientras tanto, a Siria y Jordania les molestaba que Israel estuviera drenando agua del mar de Galilea en su canal de Transporte Nacional de Agua, el cual transportaba agua al árido sur de Israel, reduciendo los niveles de agua en el río Jordán que desemboca en él y en el mar Muerto, punto en el que desemboca. Siria se encontraba en la orilla oriental de Galilea y Jordania en la orilla oriental del río Jordán.

Siria empezó a bombardear aldeas y *kibbutzim* israelíes desde los Altos del Golán, una meseta que se eleva tres mil pies sobre la orilla oriental del mar de Galilea. Israel tomó represalias derribando seis cazas MiG sirios en 1967, por lo que Siria pidió ayuda a Egipto. Las fuerzas egipcias se alinearon en la frontera israelí del Sinaí, mientras las tropas sirias se acumulaban en los Altos del Golán. Egipto cortó el estrecho de Tirán, que fluye desde el golfo de Aqaba, en el extremo sur de Israel, hasta el mar Rojo. La pérdida del tráfico marítimo a través del estrecho de Tirán

---

[i] "The Suez Crisis, 1956", *Office of the Historian. Foreign Service Institute: United States Department of State.* https://history.state.gov/milestones/1953-1960/suez#:~:text=On%20July%2026%2C%201956%2C%20Egyptian,since%20its%20construction%20in%201869.

impidió a Israel importar petróleo de Irán. Jordania, Líbano, Irak, Argelia, Kuwait y Sudán se aliaron con Egipto y Siria para borrar a Israel del mapa.

Utilizando el elemento sorpresa, Israel lanzó un ataque preventivo contra Egipto el 5 de junio de 1967, haciendo volar a casi toda su fuerza aérea sobre Egipto y destruyendo 180 aviones de combate. A continuación, Israel y Egipto se enfrentaron en batallas de tanques en el abrasador desierto del Sinaí. Siria tomó represalias atacando Tiberíades y Megido, y Jordania bombardeó Jerusalén Occidental. La aviación israelí atacó los aeródromos sirio y jordano, destruyendo la mitad de la aviación siria y veinte aviones jordanos.

Tres batallones israelíes se dirigieron a Jerusalén para rescatar a una pequeña comunidad judía en Jerusalén Occidental, de mayoría árabe. También tenían que repeler los bombardeos sobre Jerusalén Oriental. Los israelíes tomaron el búnker de mando jordano en una brutal batalla, pero 249 de sus 260 soldados resultaron heridos o muertos. Los jordanos también sufrieron pérdidas devastadoras.

Los comandantes israelíes decidieron atacar Jerusalén por la Puerta del León oriental. (El único general que conquistó Jerusalén por el este fue el rey David cuando era una ciudad jebusea). La mayoría de las tropas jordanas habían evacuado la ciudad, por lo que las fuerzas judías llegaron al Monte del Templo sin obstáculos. Un rabino hizo sonar el *shofar* en el Muro Occidental para celebrarlo. La guerra de los Seis Días terminó con la conquista de Jerusalén, la triplicación del territorio israelí y la toma de la península del Sinaí.

Pero la paz no llegó. En tres meses, la Liga Árabe formuló los «tres no»: ni paz, ni negociaciones, ni reconocimiento de Israel como nación. Egipto comenzó a bombardear a las fuerzas israelíes cerca del canal de Suez, iniciando la guerra de Desgaste. Con misiles soviéticos, Egipto hundió el destructor israelí *Eilat* en octubre de 1967.

Israel tenía un pequeño ejército de tiempo completo y dependía de sus fuerzas de reserva en tiempos de guerra. (Aún hoy, todos los hombres sanos prestan servicio activo durante tres años y luego en la reserva hasta los cuarenta. Todas las mujeres hacen dos años de servicio activo, y las solteras sin hijos sirven en las reservas hasta los 38. Las mujeres sirvieron en combate activo en la guerra de la Independencia, pero después desempeñaron funciones ajenas al combate hasta el siglo XXI).

El presidente egipcio Nasser creía que Israel no podría mantener una guerra prolongada porque sus fuerzas de reserva tendrían que volver a sus puestos de trabajo. La economía de Israel se desmoronaría si los hombres y mujeres más jóvenes no se ocupaban de los negocios, las fábricas y las granjas. Egipto estaba en esta guerra a largo plazo. La ONU intentó negociar conversaciones de paz, pero Egipto y Jordania se negaron a sentarse a la mesa hasta que Israel se retirara del territorio que había ganado en la guerra de los Seis Días.

Golda Meir y Richard Nixon en la Casa Blanca, septiembre de 1969[25]

La nueva primera ministra de Israel, Golda Meir, visitó Estados Unidos y prometió que Israel estaba dispuesto a negociar un armisticio. El presidente Nixon envió al secretario de Estado William Rogers a Oriente Medio para negociar un alto el fuego en 1970. Las condiciones eran que Israel se retiraría del Sinaí, Egipto permitiría el paso a través del estrecho de Tirán y los dos países se comprometerían a la paz. El primer acuerdo de alto el fuego fracasó, pero Rogers consiguió finalmente que Israel y Egipto acordaran un alto el fuego «in situ» en junio de 1970, manteniendo el *statu quo* territorial, pero poniendo fin a tres años de guerra.

Al año siguiente, el nuevo presidente egipcio, Anwar Sadat, dio a entender que estaría dispuesto a reconocer a Israel como Estado si le devolvía la península del Sinaí y la franja de Gaza. Golda Meir señaló que Israel estaba dispuesto a realizar algunas retiradas, pero no al punto en el que se encontraba antes de la guerra de los Seis Días de 1967. En 1973,

Sadat amenazó con ir a la guerra contra Israel, pero llevaba tres años amenazando y nunca había hecho nada.

Pero, de repente, Sadat lo hizo: en Yom Kippur, el día más sagrado del año para Israel. También era Ramadán, la fiesta más sagrada del islam. El 6 de octubre de 1973, Egipto y Siria lanzaron un asalto coordinado por sorpresa, dando comienzo a la guerra de Yom Kippur. En los Altos del Golán, 1.400 tanques sirios se enfrentaron a 180 tanques israelíes. En el canal de Suez, 2.000 tanques egipcios, 550 aviones egipcios y 600.000 soldados egipcios se enfrentaron a 500 soldados israelíes con tres tanques.

Argelia, Irak, Jordania, Kuwait, Líbano, Libia, Marruecos, Arabia Saudí, Sudán y Túnez apoyaron a Egipto y Siria con financiación, aviones de combate, soldados, tanques y unidades de radar. Como Estados Unidos, Holanda, Gran Bretaña, Japón y Portugal apoyaban a Israel, los árabes impusieron un embargo de petróleo a estas naciones. Los precios de la gasolina se cuadruplicaron y el presidente Nixon redujo el límite de velocidad en Estados Unidos a 55 millas por hora para reducir el consumo de combustible.

Después de que la Unión Soviética transfiriera ocho mil toneladas de armas a los árabes, Nixon envió tanques, bombas y helicópteros a Israel. Esta afluencia permitió a las fuerzas israelíes derrotar a los egipcios en el Sinaí, cruzar el canal de Suez y marchar hacia El Cairo. En el norte, los israelíes reconquistaron los Altos del Golán y marcharon hacia Damasco, la capital de Siria. El 22 de octubre, el Consejo de Seguridad de la ONU pidió un alto el fuego, e Israel lo acató bajo la presión de Estados Unidos. Como el ataque inicial del presidente Sadat tuvo éxito (hasta que EE. UU. intervino con armamento), sintió que había «recuperado el honor árabe». Firmó un tratado de paz con Israel en 1979, e Israel devolvió la península del Sinaí a Egipto. La paz con Egipto perdura hoy, más de cuarenta años después.

A un ritmo angustiosamente lento, Israel y sus vecinos árabes empezaron a hacer las paces. En 1994, se firmó el Tratado de Paz entre Israel y Jordania. En 2020, Israel normalizó sus relaciones diplomáticas con Bahréin, Marruecos, Sudán y Emiratos Árabes Unidos. En 2022, Israel firmó un acuerdo marítimo con Líbano, aunque ambos países siguen técnicamente en guerra. Siria e Irak siguen sin reconocer a Israel como Estado legítimo.

La paz entre Israel y los palestinos sigue siendo esquiva y complicada. En 1993, Israel y la Organización para la Liberación de Palestina firmaron los Acuerdos de Oslo, por los que se concedía a los palestinos un autogobierno provisional en Jericó y la Franja de Gaza. En 1995 se eligió un Consejo Palestino. En 1997, Israel firmó el Protocolo de Hebrón, prometiendo retirar las tropas israelíes de Hebrón y transferir el poder a los palestinos.

En 2006, Hamás (Movimiento de Resistencia Islámica) fue elegido jefe del gobierno palestino. Hamás arrebató la Franja de Gaza a Al Fatah (antiguo Movimiento Palestino de Liberación Nacional), dividiendo en 2007 a los palestinos en la Franja de Gaza, dirigida por Hamás, y Cisjordania, dirigida por Al Fatah. Hamás se ha negado a negociar con Israel, mientras que Fatah se ha mostrado abierto. Tanto Hamás como Fatah quieren reconstruir un Estado palestino en las antiguas fronteras de 1967.

¿Cuál es la composición política del actual Estado de Israel? Es un Estado democrático con libertad de prensa y elecciones nacionales cada cuatro años. Israel es una república parlamentaria con tres poderes gubernamentales separados: el legislativo (elaboración de leyes), el ejecutivo (administrativo) y el judicial (jueces y tribunales). La Knesset, o Cámara de Representantes, es el poder legislativo, con 120 miembros.

El pueblo de Israel vota a un partido, no al presidente o al primer ministro. Cada partido recibe un número de escaños en la Knesset en función del número de votos que obtenga. La Knesset elige al presidente de Israel, que desempeña un papel ceremonial al nombrar a un miembro de la Knesset para primer ministro tras consultar con los miembros del partido. El candidato a primer ministro dispone de veintiocho días para formar una plataforma de gobierno. Si la Knesset lo aprueba, se convierte en primer ministro, jefe del poder ejecutivo. El moderno Estado de Israel cumplió 75 años en 2023.

Puntos clave:

> ➢ Reconstruir la cultura y la civilización judías tras la Segunda Guerra Mundial:
>> o El regreso a los antiguos hogares no es una opción: familias, casas y empleos desaparecidos.
>> o Los judíos de los campos de desplazados lanzan periódicos y escuelas judías (1945-51).

- ➢ Creación de Israel:
  - o Los británicos ponen fin a su control y establecen los Estados judío y palestino.
  - o David Ben Gurion se convierte en primer ministro del nuevo Estado de Israel en 1948.
  - o Guerra de Independencia mayo de 1948-julio de 1949.
- ➢ Conflictos en los que ha participado Israel:
  - o Guerra de los Seis Días, junio de 1967.
  - o Guerra de Desgaste con Egipto y Jordania, 1967-1970.
  - o Guerra del Yom Kippur, 1973.
- ➢ Pequeños pasos hacia la paz en Oriente Medio:
  - o Paz duradera con Egipto tras el Tratado de 1979.
  - o Israel firma la paz con Jordania en 1994.
  - o Paz con Bahréin, Marruecos, Sudán y los Emiratos Árabes Unidos en 2020 .
- ➢ Controversia sobre Palestina:
  - o Los Acuerdos de Oslo de 1993 conceden a los palestinos el autogobierno.
  - o Protocolo de Hebrón de 1997: Las tropas israelíes se retiran de Hebrón.
  - o 2006: Hamás toma el control de los palestinos en la Franja de Gaza, Fatah toma el control de Cisjordania.
- ➢ Estado actual de Israel:
  - o Estado democrático con libertad de prensa y elecciones nacionales cada cuatro años.
  - o República parlamentaria con poderes legislativo, ejecutivo y judicial.
  - o El poder legislativo es la Knesset o Cámara de Representantes, con 120 miembros.
  - o Israel cumple 75 años en 2023.

Capítulo 9: Costumbres, tradiciones, símbolos y arte

Algunos judíos son ateos, otros ortodoxos y otros se encuentran en algún punto intermedio, pero las costumbres y tradiciones que conmemoran su historia común los unen. Cuando las familias judías celebran el *sabbat* y las fiestas anuales, absorben lo esencial de la cultura distintiva del judaísmo. A lo largo de los siglos han surgido nuevas costumbres, como los *bar* y *bat mitzvahs*, que siguen definiendo el judaísmo.

Las leyes dietéticas judías se llaman kosher (*kasher*), que significa «apto». Se basan en la Ley de Moisés dada hace más de tres milenios en Devarim (Deuteronomio) 14:2-21 y Vayikrá (Levítico) 11. Algunas familias judías guardan kosher estrictamente, otras solo lo observan en momentos especiales como la semana de Pascua (Pésaj), otras no guardan kosher en absoluto, y hay quienes siguen partes, pero no todas las leyes.

Di-s permitió a los israelitas comer mamíferos con pezuñas divididas que masticaban bolo alimenticio: vacas, ovejas, cabras y ciervos. Cualquier animal sin pezuña dividida o que no rumiara estaba prohibido; la Torá menciona específicamente a los camellos, conejos, tejones roqueros, murciélagos y cerdos como animales inmundos. Los judíos podían comer cualquier animal marino con aletas y escamas; el pescado estaba bien, pero no los mariscos, las anguilas ni los delfines. Podían comer la mayoría de las aves, excepto buitres y aves de rapiña. Los insectos voladores no podían comerse a menos que tuvieran articulaciones en las patas, como los saltamontes o las langostas. Las criaturas que se arrastraban, como ratones y lagartos, estaban prohibidas. Si los israelitas encontraban un animal muerto, no podían comerlo. Por último, no podían cocinar un cabrito en la leche de su madre. Este enigmático mandamiento se repite tres veces en la Torá[i]. Surgieron controversias sobre el significado de este mandamiento. Maimónides (Moisés ben Maimón) pensaba que se refería a un ritual pagano de sacrificio que los antiguos judíos debían evitar. En el Talmud, los rabinos ampliaron la ley de Moisés para decir que no se podía cocinar ni servir carne de ningún tipo con productos lácteos.

Algunos rabinos prohíben cocinar la carne en la misma cocina que los productos lácteos o mandan prepararlos en encimeras separadas utilizando platos distintos. Los judíos que practican el kosher estricto no pueden comer hamburguesas con queso ni lasaña porque mezclan carne y lácteos. Algunos judíos kosher esperan tres horas entre comer carne y lácteos. Otros no comen yogur ni beben leche en la misma mesa que alguien que come carne.

La Torá enseña a observar el *sabbat* (el sábado): «[Durante] seis días se puede trabajar, pero el séptimo día es un día de descanso completo, una ocasión sagrada; no realizarás ningún trabajo. Es un *sabbat* para el Señor en todas vuestras moradas»[ii]. Di-s instituyó el *sabbat* desde el momento de la creación como un día bendito y santificado: «Y Di-s bendijo el séptimo día, y lo santificó, porque en él se abstuvo de todo su trabajo que Di-s creó para hacer»[iii].

Los judíos religiosos guardan el *sabbat* descansando del trabajo desde la puesta del sol del viernes hasta la puesta del sol del sábado. El viernes limpian a fondo sus casas, se bañan y se ponen ropa bonita para celebrar este día sagrado. Al menos dieciocho minutos antes de la puesta del sol del viernes, la esposa enciende las velas en el lugar donde se disfrutará de la comida del *sabbat*. Se pronuncia una oración de santificación llamada *kiddush* sobre el vino, y luego todos disfrutan de una deliciosa comida. El sábado por la mañana, los fieles judíos asisten a los servicios religiosos del *sabbat*, a menudo seguidos de un almuerzo ligero en su sinagoga. La estricta observancia del *sabbat* entre los judíos ortodoxos incluye no conducir el sábado, no encender ni apagar las luces, no utilizar aparatos eléctricos y no cocinar.

---

[i] Shemot (Éxodo) 23:19, 34:26, Devarim (Deuteronomio) 14:21.

[ii] Vaikrá (Levítico) 23:3.

[iii] Bereshit (Génesis) 2:2.

En *sabbat* y en la mayoría de las festividades judías (salvo la Pascua judía), muchas esposas (especialmente las de judíos asquenazíes) preparan dos hogazas de pan jalá trenzado. Se separa un pequeño trozo de la masa y se consagra a Di-s, siguiendo el mandato de la Torá en Bamidbar (Números) 15:20-21. Tras la bendición del vino, todos se lavan las manos. A continuación, el cabeza de familia pronuncia el *Hamotzi*: «Bendito seas Di-s nuestro Di-s, Rey del Universo, que haces brotar pan de la tierra». Todos comen el pan con sal, símbolo de la alianza eterna de Di-s con Israel.

Las ceremonias de mayoría de edad son comunes para los adolescentes judíos (*bar mitzvá*) y las niñas (*bat mitzvah*). Esta costumbre comenzó en la Edad Media. A cierta edad, se esperaba que los chicos empezaran a participar en *mitzvot* (acciones) en la sinagoga, como leer la Torá a la asamblea o llevar *tefilín* (una funda de cuero con las escrituras de la Torá). Hoy en día, las ceremonias de *bar* y *bat mitzvah* difieren según si la sinagoga es ortodoxa, conservadora o reformada. Normalmente, el chico o la chica es llamado a subir a la tarima para cantar un pasaje de la Torá en hebreo utilizando la cantilación y discutir su significado. Antes de esto, los jóvenes asisten a la escuela hebrea con su rabino para aprender hebreo, estudiar la Torá y prepararse para su «llamada». La mayoría de los padres organizan elaboradas fiestas tras el *bar* y *bat mitzva* de sus hijos.

Los judíos celebran siete grandes fiestas anuales, aunque la mayoría de los judíos no religiosos solo observan Pésaj (Pascua judía) y Janucá (Hanukkah). La fiesta de Purim, que se celebra en marzo, recuerda a la reina Ester, la esposa judía de un rey persa del siglo IV, según se relata en el libro de Ester en los Ketuvim. Después de que los judíos persas ayunaran durante tres días, ella intercedió ante su marido para impedir las maquinaciones del malvado Amán para aniquilar a los judíos del Imperio persa. Para celebrar Purim se lee el libro de Ester en la sinagoga y, cuando se menciona el nombre de Amán, los niños hacen girar los *gragers* (especie de maracas) o patalean. Se da dinero o comida a los pobres, y la gente envía regalos de comida a sus amigos. Los niños y los adultos disfrutan de una fiesta y una mascarada (lo que demuestra la intervención de Di-s entre bastidores).

La reina Ester revela el diabólico complot de Amán[26]

La Pascua judía (Pésaj), que suele celebrarse en abril, conmemora la liberación de los israelitas de su esclavitud en Egipto. La primera noche de la fiesta, que dura una semana, las familias celebran un *séder*: una comida especial que conmemora cómo Di-s pasó por encima de cada casa con la sangre del cordero en la puerta. La comida incluye cuatro copas de vino, pan *matzá*, hierbas amargas como el rábano picante, que recuerdan la dura esclavitud, y platos y manjares favoritos.

Un niño pregunta: «¿Por qué esta noche es diferente de todas las demás?». Los alimentos son una lección objetiva que enseña la liberación de Di-s. Romper la crujiente *matzá* recuerda a la familia que el mar Rojo se abrió para que los israelitas pudieran cruzarlo. La familia da gracias a Di-s por haber liberado a sus antepasados y reza por la redención final, cuando llegue el Mesías. Al final de la comida, se sirve una copa de vino, se abre la puerta y se invita a unirse al profeta Elías. A continuación, todos cantan el Hallel, cántico basado en el de Moisés y Miriam tras cruzar el mar Rojo.

Shavuot (Pentecostés o Fiesta de las Semanas) es una festividad de dos días a finales de mayo o principios de junio que celebra la entrega de la Torá por Di-s. Los judíos religiosos celebran esta fiesta leyendo la Torá toda la noche, encendiendo velas, asistiendo a la sinagoga donde se leen los Diez Mandamientos y disfrutando de una comida con productos lácteos. Shavuot es la fiesta que celebraban los seguidores judíos de Jesús en Hechos 2 del Nuevo Testamento.

Rosh Hashaná, que cae en septiembre, es el Año Nuevo judío, cuando los judíos creen que Di-s creó a Adán y Eva. En los servicios de la sinagoga, el *shofar* (cuerno de carnero) se toca cien veces para honrar a Di-s como Rey del Universo, mientras los oyentes contemplan cómo Di-s llena todo el tiempo y el espacio. Los lamentos del *shofar* recuerdan a la congregación que debe reflexionar sobre sus actos y arrepentirse. El banquete incluye manzanas bañadas en miel y pan jalá con pasas para dar dulzura al nuevo año. Rosh Hashaná y Yom Kipur son las dos grandes fiestas judías.

Tocando el shofar cerca del antiguo Muro Occidental de Jerusalén[27]

Yom Kippur se celebra diez días después de Rosh Hashaná y es el Día de la Expiación, el día más sagrado del año judío. Di-s ordenó este día en la Torá:

> «Y [todo esto] será como un estatuto eterno para vosotros: en el séptimo mes, el día diez del mes, os afligiréis y no haréis ningún trabajo, ni el nativo ni el extranjero que habite entre

vosotros. Porque en este día, Él hará expiación por vosotros para purificaros. Ante el Señor, quedaréis limpios de todos vuestros pecados. Es un día de reposo para vosotros, y os afligiréis. Es un estatuto eterno»[i].

Los judíos religiosos se «afligen» ayunando desde la puesta del sol hasta la noche siguiente, después de que salen las estrellas. Pasan gran parte del tiempo en introspección en los cinco servicios de la sinagoga, rezando por el perdón. El *shofar* se toca cada mañana durante los cuarenta días anteriores al Yom Kippur, y se reza el Salmo 27: «Tu presencia, oh Señor, buscaré. No me ocultes tu presencia; no rechaces a tu siervo con ira. Tú fuiste mi ayuda; no me desampares ni me abandones, oh D-s de mi salvación»[ii].

Sucot, o Fiesta de los Tabernáculos, es una festividad que dura una semana, cinco días después de Yom Kippur. Celebra la cosecha y la protección de Di-s a los israelitas cuando salieron de Egipto. Las familias observantes levantan cabañas exteriores cubiertas con ramas de árbol o palmas, donde comen durante la semana. Las cabañas les recuerdan a los israelitas que vivieron en tiendas tras salir de Egipto. Los refugios al aire libre también recuerdan las peregrinaciones a Jerusalén y las viviendas temporales durante la cosecha. Cada mañana, los celebrantes toman una palma, una rama de mirto, una rama de sauce y un cidro, recitan una bendición y los agitan mientras dan vueltas alrededor de la sinagoga.

Janucá (Hanukkah) es la fiesta de las luces que se celebra ocho días en diciembre para recordar la nueva consagración del templo después de que los macabeos expulsaran a los griegos de Judea. Antíoco Epífanes IV había profanado el templo sacrificando un cerdo a un ídolo de Saturno, y era necesario purificarlo. El encendido de las ocho velas de la menorá en todos los hogares y sinagogas recuerda a los judíos esta época en la que se erradicaron las fuerzas del mal.

La primera noche se enciende una vela después de cantar las bendiciones sagradas. La segunda noche se encienden dos, y así sucesivamente. Una de las comidas favoritas son las *latke* (tortitas de patata), y a los judíos de Israel les encantan las *sufganiyot* (rosquillas rellenas de gelatina). Los niños se divierten haciendo girar el *dreidel*, un juego en el que se utiliza una peonza de cuatro caras con letras hebreas

---

[i] Vaikrá (Levítico) 16:29-31.

[ii] Tehillim (Psalms) 27:7-9.

que representan un acróstico: «Allí ocurrió un gran milagro». Los niños reciben regalos de dinero y donan parte de este a obras de caridad.

La estrella de David, dos triángulos superpuestos, representa el judaísmo e Israel. En el siglo XVII marcaba el barrio judío de Viena y decoraba las sinagogas. El movimiento sionista la utilizó en el siglo XIX, y los nazis obligaron a los judíos a llevarla en la ropa. Hoy, la estrella de David azul está centrada en la bandera blanca de Israel. El teólogo judío Franz Rosenzweig propuso que las seis puntas representan a Di-s, el hombre, el mundo, la creación, la revelación y la redención.

Estrella de David en la bandera de Israel[28]

Leones y águilas decoran con frecuencia las cubiertas de los rollos de la Torá o el Arca de la Torá, donde se guardan en la sinagoga. Los leones suelen estar junto a una corona, que representa a Judá, la tribu real de David y al Mesías. El águila representa a Di-s en el Cantar de Moisés:

> «Como un águila despierta su nido, se cierne sobre sus polluelos, extiende sus alas, los toma y los lleva en sus piñones, el Señor los guió solo, y no hubo deidad ajena con Él. Los hizo cabalgar sobre las alturas de la tierra»[i].

El arte judío incluye elegantes objetos ceremoniales, o judaica, utilizados en las sinagogas y los hogares para el *sabbat* y las fiestas sagradas. Algunos de estos exquisitos objetos rituales son las elaboradas menorás (candelabros), las cubiertas de la Torá, el chal de oración con flecos llamado *tallit*, o el puntero decorativo para leer la Torá llamado *yad*. Otra forma de arte popular son los recortes de papel judíos con significados religiosos o místicos que se remontan a la Edad Media.

---

[i] Devarim (Deuteronomio) 32:11-13.

Este fragmento de cuenco (300-350 e. c.) representa un Arca de la Torá, una menorá y un shofar[29]

Puntos clave:

> Religión y costumbres:

- o Kosher: Devarim (Deuteronomio) 14:2-21 y Vayikrá (Levítico) 11
- o Sabbat (sábado)
- o Jalá
- o Bar y bat mitzvah

> Festivales:

- o Purim: La reina Esther derrota al malvado Amán
- o Pascua (Pesach): liberación del ángel de la muerte y de la esclavitud egipcia
- o Shavuot/Pentecostés: celebra la entrega de la Torá a Di-s
- o Rosh Hashaná: el Año Nuevo judío
- o Yom Kippur: Día de la Expiación
- o Sukkot: Festival de las Cabañas
- o Hanukkah (Janucá o Festival de las Luces) celebra la rededicación del templo

- ➢ Símbolos:
  - o Estrella de David: representa el judaísmo e Israel
  - o León de Judá
  - o Águila que representa a Di-s del Cantar de Moisés
- ➢ Arte:
  - o Objetos religiosos como menorás y cubiertas de la Torá
  - o Recortes de papel

Capítulo 10: Judíos famosos: Una colección apasionante

La rica y colorida historia del pueblo judío se remonta a casi cuatro mil años. Algunos de los judíos más conocidos no solo contribuyeron a su propia cultura, sino que tuvieron un impacto positivo en el mundo a través de su fe, su literatura, sus avances científicos y su perspicacia política. Muchos sufrieron terriblemente en el Holocausto y otras persecuciones, pero su tenacidad y valentía siguen inspirando.

Abraham (hacia el siglo XX a. e. c.)

Abraham fue el bisabuelo de las doce tribus de Israel. Creció en Ur (en el actual sur de Irak) durante su tercera dinastía, la ciudad más grande del mundo en su época, con una población de unos 65.000 habitantes. Ur-Nammu, que probablemente gobernó durante la vida de Abraham, erigió la gran torre zigurat de Ur, construyó escuelas para enseñar la escritura cuneiforme y escribió el primer código legal conocido en el mundo.

Siguiendo la llamada de Di-s, Abraham viajó a Canaán (el actual Israel). Di-s prometió toda la tierra de Canaán a los descendientes de Abraham: "Y te daré a ti y a tu descendencia después de ti la tierra de tu peregrinación, toda la tierra de Canaán como posesión eterna»[i].

Sara, la esposa de Abraham, se sintió frustrada porque no podía concebir, así que le dio a Agar, su criada egipcia, como esposa. Existía la

---

[i] Bereshit (Génesis) 17:8.

costumbre de que si la criada de una mujer se convertía en esposa de su marido, el hijo nacido de la criada se consideraba hijo de la esposa mayor. Agar dio a luz a Ismael, y la Torá dice que se estableció en el norte de la península arábiga cuando ya era adulto. Los musulmanes de hoy consideran a Ismael un profeta y el antepasado de Mahoma.

Di-s prometió a Abraham que sería padre de naciones (en plural). Tras la muerte de Sara, Abraham se casó con Cetura y tuvieron seis hijos: Zimran, Jocsán, Medán, Madián, Ishbak y Shuah. Según el historiador judío Josefo, los descendientes de Zimran se asentaron en Arabia, entre La Meca y Medina, y los de Shuah vivieron en el norte de Siria, a orillas del río Éufrates. El nieto de Jocsán, Asshurim, pudo haber engendrado a los asirios semitas del norte de Irak. Los descendientes de Madián vivían en el noroeste de Arabia; la esposa de Moisés, Séfora, era hija de Jetro, un sacerdote madianita.

Maimónides (1138-1204 e. c.)

Moshe (Moisés) ben Maimon nació en Córdoba, España, al final de la edad de oro judía bajo el dominio de los estados taifas musulmanes. Descendiente del rey David, estudió la Torá con su padre, un juez. El califato almohade, una dinastía musulmana bereber, conquistó Córdoba cuando Maimónides tenía unos diez años, obligando a judíos y cristianos a convertirse o marcharse. La familia de Maimónides se exilió y él vivió en el sur de España, Palestina y el norte de África durante la década siguiente, estudiando medicina, filosofía y derecho judío. Se estableció en Marruecos, se casó y tuvo dos hijos. Tras trasladarse a El Cairo (Egipto), completó en 1168 su comentario a la Mishná, un resumen condensado del Talmud babilónico. Su obra más destacada fue el *Mishné Torá*, la codificación de la ley judía. Escribió *La guía de los perplejos*, en la que intentaba reconciliar el judaísmo con la filosofía de Aristóteles.

Otra obra importante fue su formulación de las trece creencias fundamentales de la fe judía. Estas doctrinas fundamentales incluían la creencia en un solo Di-s, que era todopoderoso y estaba en todas partes a la vez. Otra creencia esencial era la resurrección de entre los muertos cuando Moshiach (el Mesías) venga a renovar y restaurar la dinastía davídica. Maimónides defendía las enseñanzas inmutables de la Torá entregada a Moisés. Enseñó que los que siguen la Torá reciben una recompensa eterna, pero los malvados son apartados de la dicha perpetua.

Mientras escribía la *Mishné Torá*, Maimónides sirvió durante unos dos años como *nagid* (príncipe) de los judíos en Egipto. Más tarde, fue médico de la corte y médico personal del sultán Saladino. Además de sus obras sobre teología y filosofía, Maimónides escribió tratados médicos, entre ellos una guía sobre antídotos contra diversos venenos y otra sobre higiene y un estilo de vida sano y moderado. También escribió sobre enfermedades como la diabetes, la neumonía, el asma y la hepatitis, y ejerció como médico de judíos, musulmanes y cristianos.

Ana Frank (1929-45)

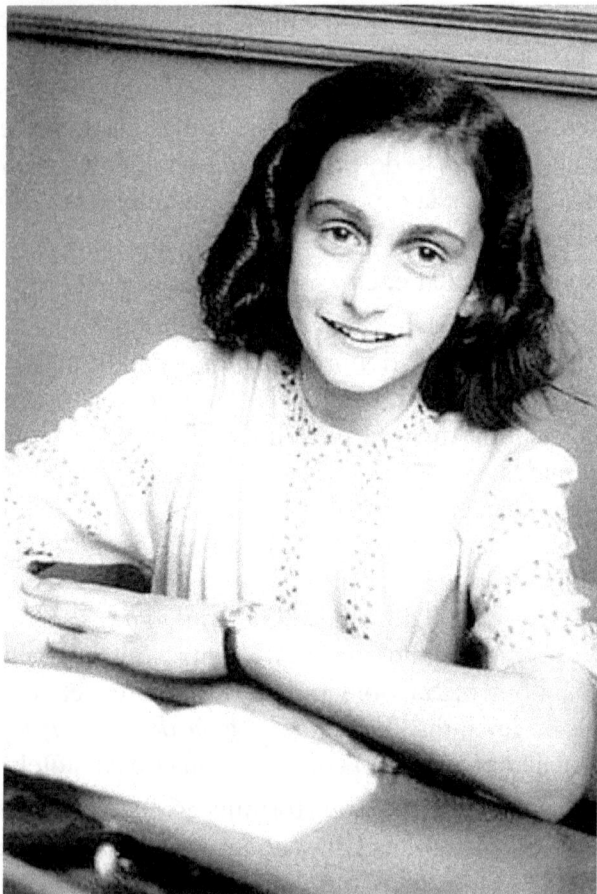

Ana Frank en su escuela de Ámsterdam[80]

Nacida de Otto y Edith Frank en Frankfurt, Alemania, la familia judía de Ana se trasladó a Ámsterdam para escapar del antisemitismo rampante y la mala situación económica de Alemania. Su padre fundó una empresa de venta de especias y pectina, pero cuando ella tenía diez años, Alemania invadió Polonia, dando comienzo a la Segunda Guerra Mundial. Al año siguiente, los nazis conquistaron Holanda.

Cuando Ana tenía trece años, su hermana Margot, de dieciséis, recibió un aviso de que debía presentarse en un campo de trabajo alemán, lo que obligó a su familia a esconderse inmediatamente. Su padre había estado construyendo un anexo secreto en la parte trasera del edificio de 300 años de antigüedad que albergaba su negocio. Tenía unos 450 pies cuadrados en los pisos segundo y tercero a los que solo se podía acceder por una entrada oculta por una estantería giratoria.

En julio de 1942, Ana y su familia se trasladaron al apartamento oculto, junto con su vecino Hermann van Pels, que había ayudado a construir el anexo, y su esposa e hijo. Los empleados de su padre siguieron regentando el negocio de la parte delantera de la casa y proporcionaron alimentos y otros artículos de primera necesidad a las familias escondidas. En noviembre, un hombre soltero, Fritz Pfeffer, se unió a las dos familias en sus estrechas dependencias secretas.

Justo antes de pasar a la clandestinidad, Ana había recibido un diario por su decimotercer cumpleaños. Durante los dos años que pasó en la casa de atrás, escribió sobre los acontecimientos, la gente con la que vivía, sus miedos y sus sueños. En agosto de 1944, la policía irrumpió en el edificio, descubrió el escondite secreto y detuvo a Ana y a los demás. Pero cuando la policía se marchó, el empleado de su padre encontró el diario de Ana y se lo quedó.

Los nazis trasladaron a la familia de Ana al campo de concentración de Auschwitz, en Polonia. Tres meses después, trasladaron a las adolescentes Ana y Margot al campo de concentración de Bergen-Belsen, en Alemania. La guerra llegaba a su fin, pero el tiempo se agotaba para Ana y Margot. Viviendo en condiciones casi de inanición, contrajeron el tifus y murieron en febrero de 1945, solo tres meses antes de que Alemania se rindiera.

Otto, el padre de Ana, fue el único superviviente de las ocho personas que se habían escondido en el anexo secreto. Regresó a Ámsterdam, donde su antiguo empleado le entregó el diario de Ana. Conmovido por el relato de la vida en la clandestinidad de su hija adolescente, lo publicó. El diario acabó traduciéndose a setenta idiomas, y el anexo secreto se convirtió en un museo. La trágica historia de Ana despertó la conciencia mundial sobre los horrores del Holocausto.

Albert Einstein (1879-1955)

Albert Einstein nació en Alemania en 1879 de padres judíos no religiosos. De niño sintió curiosidad por la fe judía y de adulto apoyó el movimiento sionista. Aunque era indudablemente brillante, Einstein no pronunció frases hasta los cinco años. Como no le gustaban los rígidos y pedantes métodos de enseñanza de su escuela secundaria alemana, abandonó los estudios, pero más tarde los completó en una escuela secundaria suiza. Se graduó en la Escuela Politécnica Federal de Zúrich a pesar de faltar con frecuencia a clase.

En 1902, Einstein encontró trabajo en una oficina de patentes suiza, examinando solicitudes de patentes en el campo de la mecánica mientras cursaba estudios de doctorado en la Universidad de Berlín. Describió 1905 como su «annus mirabilis» (año milagroso), al publicar su tratado sobre el efecto fotoeléctrico, que le valió el Premio Nobel en 1920. En 1905, Einstein también publicó «Sobre la electrodinámica de los cuerpos en movimiento», el comienzo de su teoría de la relatividad, que completó en 1915. Su fórmula $E=mc^2$ sugería que minúsculas partículas de materia podían generar enormes cantidades de energía, allanando el camino a la energía atómica. Su teoría de que la masa hace que el espacio se curve quedó demostrada por las mediciones realizadas durante el eclipse solar de 1919. Einstein siguió trabajando en la oficina de patentes hasta que en 1911 obtuvo una cátedra en la Universidad Alemana de Praga.

Albert Einstein[81]

Cuando Hitler se convirtió en canciller de Alemania en 1933, la prensa alemana atacó implacablemente a Einstein, y los nazis quemaron públicamente sus obras científicas y confiscaron sus cuentas bancarias. Ese mismo año se marchó a Estados Unidos, donde trabajó en el Instituto de Estudios Avanzados de Princeton (Nueva Jersey). Siguió trabajando en la teoría cuántica, los orígenes del universo y otros temas hasta su muerte en 1955.

Aunque Einstein no era religioso, veía a Di-s en la armonía y la precisión del universo, y decía: «Todo el que se dedica seriamente a la ciencia se convence de que hay un espíritu que se manifiesta en las leyes del Universo, un espíritu muy superior al del hombre y ante el que nosotros, con nuestros modestos poderes, debemos sentirnos humildes».

En cuanto a su herencia judía, Einstein comentó: «La búsqueda del conocimiento por sí mismo, un amor casi fanático por la justicia y el deseo de independencia personal —estos son los rasgos de la tradición judía que me hacen dar gracias a mis estrellas por pertenecer a ella»[i].

David Ben-Gurión: (1886-1973)

David Ben-Gurión fue el principal fundador del moderno Estado de Israel y su primer primer ministro. Nació como David Yosef Gruen en 1886 en Plonsk, Polonia, en el seno de una familia comprometida con el movimiento sionista. A los catorce años dirigía un grupo juvenil sionista en el que todos hablaban hebreo. Emigró a Palestina cuando tenía veinte años y se afilió rápidamente al Partido Obrero Socialdemócrata Judío, que aspiraba a la independencia política de los judíos de Palestina. En 1909 empezó a escribir para el periódico del partido, *Ha'ahdut*, y adoptó el nombre de Ben-Gurión.

Tras estallar la Primera Guerra Mundial, el Imperio otomano deportó a Ben-Gurión a Egipto en 1915 debido a sus actividades sionistas. Poco después, se fue de gira por Estados Unidos, donde entabló amistad con influyentes líderes judíos estadounidenses, además de conocer y casarse con Paula Monbesz, una compañera sionista nacida en Rusia. El Imperio otomano había gobernado Palestina durante cuatro siglos, pero en 1917 las tropas británicas capturaron Jerusalén. Ben-Gurión regresó a Palestina

[i] "Einstein's Deeply Held Political Beliefs", American Museum of Natural History. https://www.amnh.org/exhibitions/einstein/global-citizen#:~:text=Although%20Einstein%20did%20not%20observe,that%20I%20belong%20to%20it.%22

y se convirtió en secretario general de la Federación Sionista del Trabajo, ascendiendo al liderazgo de los judíos de Palestina.

Cuando comenzó la Segunda Guerra Mundial, Ben-Gurión abogó por apoyar el esfuerzo bélico británico a pesar del Libro Blanco de 1939 que declaraba la defensa británica de un único Estado palestino de mayoría árabe. También se opuso a las tácticas terroristas de los luchadores por la libertad clandestinos judíos. En 1942, pidió la rápida fundación de un Estado judío en la conferencia sionista de Nueva York. Mientras las Naciones Unidas lidiaban con las reivindicaciones de árabes y judíos sobre Palestina, Ben-Gurión comenzó a formular planes para un gobierno democrático.

El 14 de mayo de 1948, el Consejo Popular declaró el Estado de Israel y nombró a Ben-Gurión su primer primer ministro y ministro de Defensa mientras la gente bailaba en las calles de Jerusalén. Tras la guerra de la Independencia, Ben-Gurión desarrolló las instituciones del nuevo Estado y gestionó la inmigración de cientos de miles de judíos procedentes de Europa y tierras árabes. Supervisó la construcción de nuevos pueblos y ciudades en todo Israel.

Ben-Gurión se retiró de la política en 1953 para vivir en un *kibbutz*, pero volvió a ocupar el cargo de ministro de Defensa en 1955 y fue reelegido primer ministro ese mismo año. Encabezó la invasión de la península del Sinaí en 1956 y continuó como primer ministro hasta 1963. Se retiró de nuevo en 1970 y vivió el resto de su vida en un *kibbutz* del desierto del Néguev, donde falleció en 1973.

Elie Wiesel (1928-2016)

Eliezer Wiesel nació en el seno de una familia judía ortodoxa en 1928 en Transilvania, Rumanía. En 1944, los nazis alemanes ocuparon su pueblo, obligaron a los judíos a llevar estrellas amarillas y cerraron la tienda de comestibles de sus padres y otros negocios judíos. La criada cristiana de la familia, María, les rogó que fueran a su pueblo en las montañas, donde había preparado un escondite. El padre de Elie se negó, ignorante de los horrores que les esperaban.

A principios de junio de 1944, cuando Elie tenía quince años, los nazis reunieron a su familia y los obligaron a subir a un vagón de ganado con ochenta personas. El tren los llevó a Auschwitz, en Polonia, donde Elie y su padre trabajaban en el campo. Los nazis enviaron a su madre y a su hermana pequeña, Sarah, directamente a las cámaras de gas. Elie y su padre no sabían si sus hermanas mayores, Hilda y Bea, estaban vivas o muertas. En enero de 1945, los nazis evacuaron Auschwitz, obligando a los internos a una marcha de la muerte de diez días. Ya hambrientos, 14.000 prisioneros murieron en el camino.

Los seis mil prisioneros supervivientes fueron metidos en vagones de carga y llevados al campo de concentración de Buchenwald, en Alemania, pero el padre de Elie murió justo después de que llegaran. En abril, los guardias empezaron a fusilar sistemáticamente a miles de judíos y se preparaban para evacuar el resto del campo. Sin embargo, al acercarse las fuerzas aliadas, los nazis huyeron dejando atrás a los prisioneros. Las tropas estadounidenses entraron en el campo el 19 de abril de 1945 y liberaron a los demacrados prisioneros.

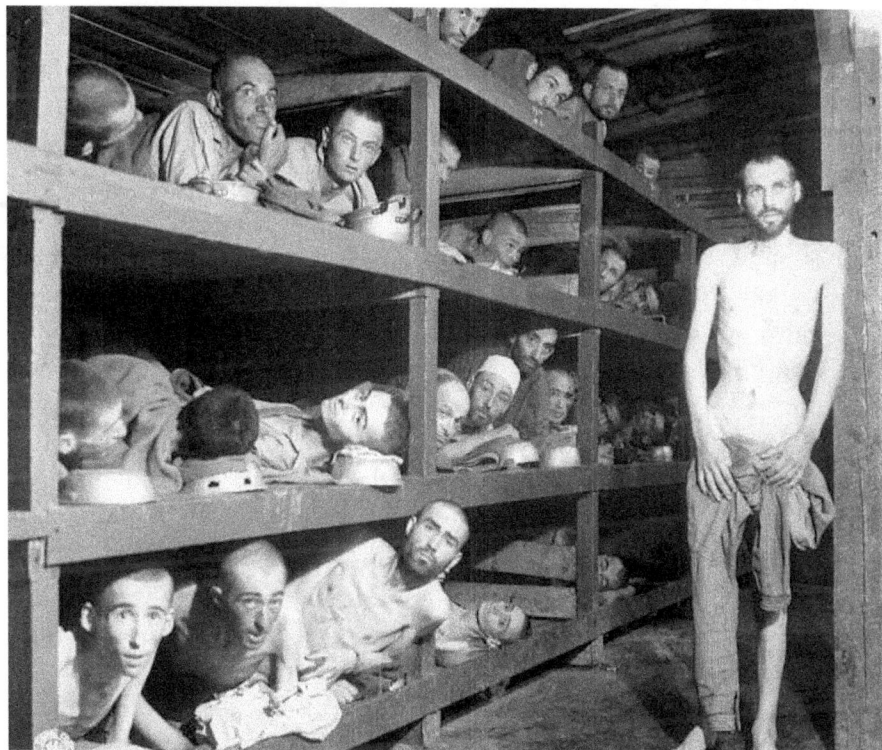

En esta foto tomada en el campo de concentración de Buchenwald cuando llegaron los aliados, Elie Wiesel está en la segunda fila, el séptimo prisionero por la izquierda[32]

Los Aliados enviaron a Elie y a otros prisioneros liberados menores de edad a Francia. Sus hermanas mayores habían sobrevivido, y todas se encontraron dos años después. Elie estudió artes liberales en la Universidad de la Sorbona, pero luchó contra su fe, angustiado por la aparente indiferencia de Di-s ante el sufrimiento de la guerra. Le resultaba catártico escribir sus experiencias, y su libro *La noche* narraba los horrores de Auschwitz y Buchenwald.

Elie escribió muchas más novelas y memorias con los mismos temas y se convirtió en activista de los derechos humanos de los judíos y otros grupos perseguidos por su raza o religión. Abogó por las víctimas del *apartheid* sudafricano y de las atrocidades de los Jemeres Rojos en Camboya. A petición del presidente Carter, dirigió el Consejo Conmemorativo del Holocausto de Estados Unidos durante seis años. En 1986 recibió el Premio Nobel de la Paz por sus esfuerzos humanitarios. Murió en su casa de Manhattan en 2016.

Benjamín Netanyahu (nacido en 1949)

Benjamín (Bibi) Netanyahu es el primer ministro israelí que más tiempo lleva en el cargo, al frente del país durante más de quince años en tres mandatos distintos. Nació en Tel Aviv en octubre de 1949, tres meses después de que Israel ganara la guerra de la Independencia. Su madre nació en Palestina y su padre era polaco, pero emigró a Palestina con su familia cuando él tenía diez años. Netanyahu pasó la mayor parte de su infancia en Jerusalén y parte de su adolescencia en Estados Unidos, cuando su padre enseñaba Historia en el Dropsie College de Filadelfia.

Netanyahu regresó a Israel a los dieciocho años para cumplir el servicio militar obligatorio en las Fuerzas de Defensa de Israel (FDI), luchando en sus fuerzas especiales. En la guerra de Desgaste, recibió un disparo en el hombro durante la Operación Regalo mientras liberaba a rehenes judíos de una aerolínea secuestrada en Beirut. Estudió en el MIT de Boston para licenciarse en Arquitectura, regresó a Israel para luchar en la guerra del Yom Kippur y volvió al MIT para obtener un máster en Estudios de Gestión.

Israel nombró a Netanyahu embajador ante las Naciones Unidas en 1984. Tras cuatro años en el cargo, regresó a Israel y fue elegido miembro de la Knesset por el partido derechista Likud y nombrado viceministro de Asuntos Exteriores. Representó a Israel en los medios de comunicación durante la guerra del Golfo de 1991.

Netanyahu ganó las primeras elecciones directas a primer ministro de Israel en 1996 y ocupó el cargo hasta 1999. Volvió a ser primer ministro en 2009, cargo que ocupará hasta 2021. Netanyahu se enfrentó al presidente estadounidense Obama por su insistencia en que Israel detuviera la construcción de asentamientos en Jerusalén Oriental y Cisjordania. Netanyahu apoyó un Estado palestino desmilitarizado formado mediante negociaciones directas entre los palestinos e Israel. Ocupó el cargo de forma interina tras la debacle electoral de 2019, cuando ninguno de los partidos obtuvo la mayoría de votos.

En marzo de 2021, las cuartas elecciones en dos años, el partido de Netanyahu obtuvo el mayor número de votos, pero no los suficientes para formar gobierno. Sus oponentes formaron un gobierno de coalición, poniendo fin a los doce años de mandato de Netanyahu, pero ese gobierno se derrumbó un año después. Cada vez más jóvenes israelíes se identifican como de derechas, lo que influye en la escena política de Israel. En 2021, cerca del 80% de la población israelí apoyaba a la derecha. En diciembre de 2022, Netanyahu juró de nuevo como primer ministro, con el gabinete más nacionalista y religiosamente conservador de la historia de Israel.

Puntos clave:

- ➢ Abraham (hacia el siglo XX a. e. c.)
  - o Di-s prometió Canaán (Israel) a sus descendientes como posesión eterna.
  - o Abraham engendró a Ismael, Isaac, Zimran, Jocsán, Medán, Madián, Ishbak y Shuah. Se asentaron en Canaán, el norte de Arabia, Siria y el este de Canaán.
- ➢ Maimónides (1138-1204 e. c.)
  - o Escribió un comentario sobre la Torá Oral, la Mishné Torá, La Guía de los perplejos y Trece principios de la fe judía.
  - o Fue médico de la corte y escribió tratados de medicina.
- ➢ Ana Frank (1929-45)
  - o Tras la toma de Holanda por los nazis, su familia se escondió en un anexo secreto durante dos años.
  - o Finalmente fue detenida y enviada a un campo de concentración, donde murió.
  - o Su padre publicó su diario, dando a conocer el Holocausto.
- ➢ Albert Einstein (1879-1955)
  - o Desarrolló la teoría de la relatividad.
  - o Recibió el Premio Nobel por su tratado sobre el efecto fotoeléctrico en 1930.

- Creía que Di-s podía verse en las leyes del universo.
- David Ben-Gurión: (1886-1973)
  - Ávido sionista que dirigió a los judíos en Palestina antes de la independencia.
  - Se convirtió en el primer primer ministro del nuevo Estado de Israel y ministro de Defensa.
- Elie Wiesel (1928-2016)
  - Adolescente superviviente de los campos de concentración de Auschwitz y Buchenwald.
  - Autor y activista humanitario en favor de los oprimidos.
  - Recibió el Premio Nobel de la Paz en 1986.
- Benjamín Netanyahu (nacido en 1949)
  - Nacido en Tel Aviv, criado en Jerusalén y Estados Unidos.
  - El primer ministro israelí que más tiempo ha ocupado el cargo: más de quince años en tres mandatos distintos.

Conclusión

El judaísmo y el pueblo judío han influido radicalmente en la historia del mundo durante miles de años. Con su contribución estelar a las ciencias, las humanidades y la economía, los judíos siguen desempeñando un papel ilustre en la escena mundial.

El judaísmo dio origen al cristianismo, la mayor religión del mundo en la actualidad. Jesús y su grupo inicial de discípulos eran todos judíos, y continuaron adorando en el templo de Jerusalén, asistiendo a la sinagoga en toda la diáspora judía y observando las fiestas tradicionales. Jesús apoyó explícitamente todo el Tanaj: «No penséis que he venido a destruir la ley o los profetas. No he venido a destruir, sino a cumplir»[i].

El apóstol Pablo, que estudió con Gamaliel el Viejo, construyó sus enseñanzas en torno al Tanaj. Los escritores judíos del Nuevo Testamento citaron directamente el Tanaj 283 veces y se refirieron a él más de 1.000 veces. La Iglesia cristiana incorporó todo el Tanaj al canon bíblico. El cristianismo se extendió inicialmente a través de las comunidades judías de la diáspora en torno al Mediterráneo.

El judaísmo también tuvo un fuerte impacto en el islam, la segunda religión más grande del mundo, que adoptó la creencia en un único Di-s. Los musulmanes creen que Abraham, Ismael, Moisés, Job, José y David fueron profetas que trajeron la revelación divina. El Corán hace referencia a la creación de Adán, Noé y el diluvio, la alianza de Abraham y Moisés, que recibió la revelación de Di-s en el monte Sinaí. El cristianismo y el

---

[i] Matthew 5:17, *World English Bible.*

islam también siguen las enseñanzas del judaísmo sobre el *sabbat,* o día de descanso (aunque en el cristianismo es el domingo y en el islam el viernes).

En la historia moderna, los judíos han tenido un éxito increíble. Los premios Nobel reconocen las contribuciones judías a la medicina, las ciencias, la literatura, la economía y la paz: a pesar de representar menos del 1% de la población mundial, el 22% de los galardonados con el Nobel han sido judíos.

En medicina, Gertrude Elion desarrolló un tratamiento para la leucemia infantil, y Bruce Beutler continúa sus brillantes investigaciones sobre inmunidad e inflamación. Ralph Steinman descubrió las células dendríticas y lanzó el primer ensayo clínico de una vacuna contra el VIH dirigida a las células. Paul Ehrlich descubrió una cura para la sífilis y Rosalind Franklin fue pionera en los trabajos sobre la estructura molecular de los virus y el ADN. Las investigaciones de Otto Loewi demostraron que las sustancias químicas transmiten señales nerviosas a los órganos. La neurobióloga Rita Levi-Montalcini descubrió el factor de crecimiento nervioso. Albert Einstein, Niels Bohr, Wolfgang Pauli y John von Neumann (un genio sabio) hicieron contribuciones asombrosas a las matemáticas, la física, la economía y la informática. Alexandre Friedmann desarrolló la teoría del Big Bang. Claude Levi-Strauss avanzó en la antropología estructural y la sociología.

En tecnología, Siegfried Marcus fabricó el primer vehículo de gasolina en 1864, y Paul Zoll desarrolló el marcapasos cardíaco y el desfibrilador. Gordon Gould inventó el láser e Isidor Isaac Rabi desarrolló la resonancia magnética nuclear utilizada en las Imagen por Resonancia Magnética (MRI). Zhores Alferov desarrolló las heteroestructuras semiconductoras e impulsó la tecnología de las células solares y los LED. El empresario israelí Dov Moran inventó la memoria USB. Bob Kahn nos dio Internet al desarrollar el IP (Protocolo de Internet) y el TCP (Protocolo de Control de Transmisión) que potencian la comunicación entre ordenadores. Mark Zuckerberg, Dustin Moskovitz y Eduardo Saverin inventaron Facebook en un dormitorio de Harvard.

En el comercio, Levi Strauss, inmigrante bávaro en San Francisco, inventó los vaqueros azules en la década de 1880 para satisfacer las necesidades de los mineros en la fiebre del oro. El empresario judío Emil Jellinek financió el desarrollo del Daimler-Mercedes (más tarde Mercedes-Benz), el coche más rápido en las carreras de Niza, Francia.

Charles Lazarus fundó Toys "R" Us en 1959. Entre las empresas judías de moda y cosmética figuran Calvin Klein, Donna Karan, Estée Lauder, Fabergé, Gap, Max Factor, Ralph Lauren y Revlon. En el sector de la alimentación y las bebidas, Howard Schultz lanzó Starbucks. Reuben y Rose Mattus inventaron el helado Häagen-Dazs, dándole un nombre que suena a danés por el amable trato que los daneses dispensaron a los judíos en la Segunda Guerra Mundial. El empresario William Rosenberg fundó Dunkin' Donuts.

Paul Rosenberg y Solomon Guggenheim impulsaron el mercado mundial del arte con sus colecciones de arte, el Museo Guggenheim y la ayuda financiera de Rosenberg a Picasso. Paul Rosenberg y su esposa huyeron de Francia en 1940 cuando los nazis invadieron el país, dejando atrás dos mil piezas de valor incalculable, que los nazis enviaron a Alemania. Tras la guerra consiguió recuperar o volver a comprar parte de las obras. El hermano de Paul, Léonce, también coleccionista y marchante de arte, permaneció en Francia, pero se escondió y perdió todo su inventario.

Autores como el escritor de ciencia ficción Isaac Asimov y los novelistas Franz Kafka y Marcel Proust han adornado el mundo de la literatura moderna. Directores de cine como Steven Spielberg y Woody Allen han cautivado la imaginación de millones de espectadores. Las composiciones de Felix Mendelssohn, los valses de Johann Strauss y la dirección de Leonard Bernstein han dejado huella en la música clásica.

Entre los artistas judíos de música pop más conocidos figuran Neil Diamond y su compañera de instituto Barbra Streisand, que cantaban juntos en el club coral de su colegio. Otro compañero judío de su instituto Erasmus Hall de Brooklyn fue Bobby Fischer, campeón mundial de ajedrez. (La mitad de los mejores grandes maestros de ajedrez del mundo entre 1851 y 2000 eran judíos.) Simon Garfunkel era cantor en su sinagoga y conoció a su futuro compañero musical Paul Simon (también judío) en sexto curso en Queens. Bob Dylan era originalmente Robert Zimmerman, de una familia judía rusa que se estableció en Minnesota. El padre judío de Billy Joel, pianista clásico, escapó del régimen nazi en Alemania cuando era niño.

En la actualidad, la población judía mundial es de 15,3 millones, de los cuales unos 7 millones viven en Israel, 6 millones en Estados Unidos y el resto en Francia, Canadá, Reino Unido o dispersos por todo el planeta. A pesar de las enormes dificultades, el moderno Estado de Israel nació tres años después del final de la «Shoah» (Holocausto). Sus vecinos juraron borrarlo del mapa de Oriente Próximo, pero la destreza militar y la perspicacia política de Israel se mantuvieron firmes.

Sin embargo, Israel no solo ha sobrevivido. Ha prosperado económicamente como la «nación start-up» del mundo, con más empresas nuevas per cápita que ningún otro país. Su Producto Interior Bruto per cápita está entre los veinte primeros del mundo, por delante de gran parte de Europa, Japón y Canadá. Es un faro de prosperidad, utiliza tecnología de talla mundial y tiene una democracia vibrante, aunque conflictiva. En todo el mundo, la historia judía ha revelado un pueblo indomable de grandes logros, hábil para adaptarse a innumerables retos.

Segunda Parte: Antiguo Israel

Una guía apasionante sobre los reinos judíos e israelitas

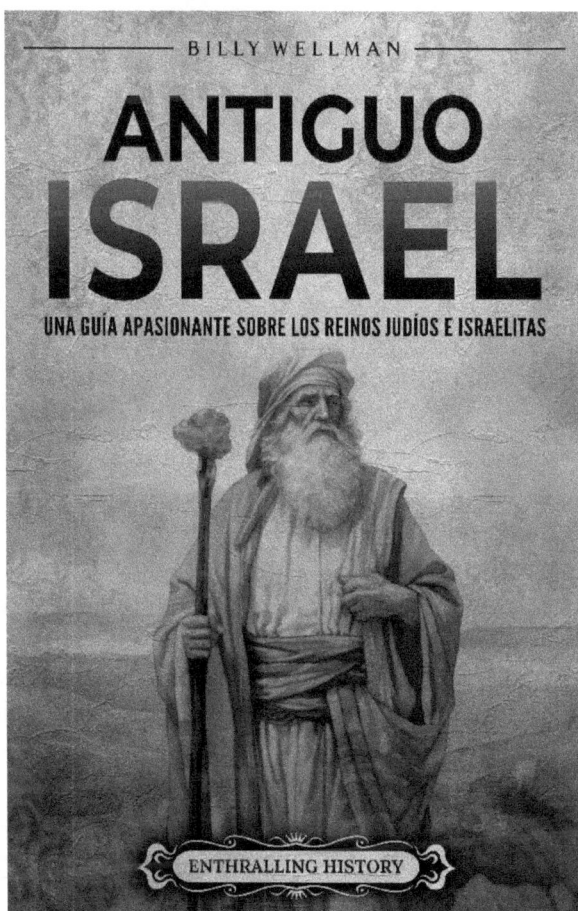

Introducción

La historia del antiguo Israel es un tema fascinante que ha intrigado a eruditos, teólogos y entusiastas durante siglos. Israel fue un pequeño pero influyente estado situado en la región oriental del Mediterráneo que existió desde alrededor del año 1200 a. C. hasta su destrucción por el Imperio babilónico en el año 586 a. C. Siguió existiendo bajo el dominio de varios imperios, como el persa, el griego y el romano. Esta región y sus gentes cuentan con una historia rica e interesante, marcada por una gran importancia religiosa, que sigue influyendo en la sociedad actual y en el mundo.

A partir de la Edad de Bronce, la región ocupada por los israelitas presumía de una identidad étnica más diversa, ya que estaba ocupada por varios pueblos y tribus. La historia de los israelitas no comenzó hasta la Edad de Hierro, cuando emergieron como un pueblo distinto con una cultura, tradición e identidad identificables. Comenzaron a formar su propio reino, lo que ocurrió con el traslado de los israelitas del monte Sinaí a Canaán, donde establecieron su propio gobierno bajo el rey Saúl, aunque fue Josué quien condujo a los israelitas a la tierra que les había prometido Yahvé.

El período inmediatamente posterior fue de gran prosperidad para los israelitas. Bajo el reinado del Rey Salomón, la región fue capaz de extender su influencia más allá de sus fronteras, convirtiéndose en un centro de cultura, comercio y aprendizaje religioso. Sin embargo, tras la muerte del Rey Salomón, el reino se dividió en dos: el Reino de Israel en el norte y el Reino de Judá en el sur. Aunque ambas regiones acabarían cayendo en manos de invasores extranjeros, ambas se hicieron mucho daño por medio de persistentes conflictos internos.

A pesar de su relativamente corta existencia, el antiguo Israel ha dejado una huella indeleble en la historia mundial. Las tradiciones y relatos bíblicos que surgieron de este periodo han influido no sólo en el judaísmo, sino también en el cristianismo y en el islam, y han tenido un impacto significativo en la cultura y la civilización occidentales. La historia del antiguo Israel es de gran interés para historiadores y arqueólogos, que llevan muchas décadas estudiando esta región y sus gentes.

Quizá lo más significativo sea que los israelitas crearon una religión monoteísta, algo inaudito en el antiguo Oriente Próximo, aparte del zoroastrismo (aunque algunos debaten si dicha religión se ajusta a la definición de religión monoteísta). La mayoría de las religiones practicadas en la época eran politeístas, por lo que la adoración de un único dios desafiaba a una visión del mundo ampliamente aceptada. La Biblia hebrea, también conocida como Antiguo Testamento, es una colección de textos sagrados que narra la historia de los israelitas y su relación con Dios. Estos textos contienen relatos históricos, poesía, sabiduría y escritos proféticos que han inspirado a generaciones de creyentes.

Los arqueólogos llevan mucho tiempo intentando establecer pruebas históricas de la historia narrada en la Biblia. El estudio del antiguo Israel también es importante para comprender la historia más amplia de la región del Mediterráneo oriental. Los israelitas formaban parte de una red cultural y económica más amplia, que incluía a fenicios, asirios, babilonios y persas. La región era una encrucijada de comercio e intercambio cultural, y su historia se caracteriza por una serie de conquistas, migraciones e interacciones entre distintos grupos.

Este libro sobre el antiguo Israel pretende ofrecer una visión global de la historia, la cultura y la religión de este fascinante periodo. Para ello explora los principales acontecimientos, personalidades y temas que configuraron el antiguo Israel y su legado. También examina las pruebas históricas y arqueológicas que se han descubierto en los últimos años, arrojando nueva luz sobre la vida y las creencias de los israelitas.

Este libro, ofreciendo una panorámica completa de la historia religiosa de los israelitas, sigue su periplo a través de la Edad de Hierro, cuando el pueblo comenzó a adquirir una identidad propia. Continúa con el exilio babilónico, cuando los israelitas se vieron obligados a abandonar sus hogares, hasta el periodo persa, cuando fueron liberados. También se analiza la aparición de los griegos en la región, así como el papel religioso y la importancia de los israelitas. El tema final del libro es la dinastía herodiana y su caída en manos de los romanos, que marcó el fin de la región israelita tal y como se conocía entonces.

Capítulo 1: ¿Quiénes fueron los antiguos israelitas?

Entre los siglos XII y VI a. C., la región de Oriente Próximo estuvo ocupada por un grupo de personas conocido como los israelitas. Se cree que este grupo de doce tribus de habla semítica descendía de Abraham, que se trasladó de Mesopotamia a Canaán alrededor del II milenio a. C. Por ello, se cree que su cultura, religión y modo de vida surgieron de la tradición cananea, aunque más tarde desarrollarían su propia identidad étnica y cultural.

En aquella época, Canaán era una región culturalmente diversa poblada por varias tribus. Entre ellas estaban los cananeos, los jebuseos y los filisteos. La primera mención registrada de los israelitas procede de un improbable relato de una victoria egipcia sobre los libios durante el reinado del faraón Merneptah. Esta mención parece estar fuera de lugar, ya que da la impresión de que consistían en un poder político establecido en lugar de un pueblo nómada. Esto ha llevado a especular con la posibilidad de que los israelitas formaran parte de la coalición libia.

Historia religiosa de los israelitas

Los israelitas tenían una gran importancia religiosa, ya que se consideraban el pueblo elegido de Dios. Aunque existen menciones extrabíblicas de los israelitas, los historiadores siguen basándose en los relatos bíblicos para navegar por la historia de los antiguos israelitas. Los relatos bíblicos narran la ascendencia de los israelitas, que descendían de Abraham. Éste siguió el mandato de Dios de abandonar su tierra natal de

Ur y trasladarse a Canaán. La historia religiosa y el viaje de los israelitas se encuentran en la Biblia hebrea. Sin embargo, dado que los hechos históricos se mezclan con leyendas y enseñanzas religiosas, puede resultar difícil determinar la secuencia real de los acontecimientos.

Entre los siglos X y VII, los israelitas practicaban una religión que se consideraba en gran medida politeísta por naturaleza. En realidad, se acercaba más al henoteísmo, lo que significa que, aunque adorasen a varias deidades, su culto principal giraba en torno a un único Dios. Yahvé era la deidad principal de culto para los judíos y los israelitas.

Los israelitas celebraban actos de culto en templos y sinagogas y practicaban rituales de sacrificio de animales, que eran un aspecto central de la vida tribal. Se creía que Canaán era la patria que Dios había designado para los israelitas, lo que marcaba su posición especial a sus ojos y les imponía un deber de sumisión y culto.

La historia según la Biblia

El relato bíblico de la Torá sitúa el origen de los israelitas en Jacob, cuya familia se vio obligada a huir a Egipto a causa de una hambruna. Al cabo de unos cuatrocientos años, la descendencia de Jacob había crecido hasta contar con más de 600.000 hombres, un número que alarmó al faraón de Egipto. Como medida de precaución ante posibles amenazas, esclavizó a los israelitas y ordenó matar al nacer a cualquier recién nacido.

Una mujer de la tribu de Leví escondió a su hijo y lo envió al Nilo en una cesta, donde fue rescatado por una mujer egipcia, que algunos relatos identifican como la hija del faraón. Ya adulto, huyó a Madián tras matar a un esclavista egipcio que golpeaba a un israelita. Cuando tenía ochenta años, este hombre, que recibió el nombre de Moisés, fue llamado por Yahvé para ir al monte Sinaí y recibió la orden de sacar al pueblo de Israel de Egipto.

Sin embargo, el faraón se negó a liberar a los israelitas. En respuesta, Yahvé castigó a los egipcios con una serie de calamidades, entre las que se encontraban plagas y hambre, que hicieron que el faraón cediera y expulsara a los israelitas de Egipto. Cuando iniciaron su viaje, al que se suele referir como el Éxodo, el faraón cambió de opinión e hizo que sus ejércitos siguieran a los israelitas hasta el Mar Rojo. Allí, Moisés realizó un milagro, abriendo el mar para que su pueblo pudiera cruzarlo. Los ejércitos del faraón se ahogaron.

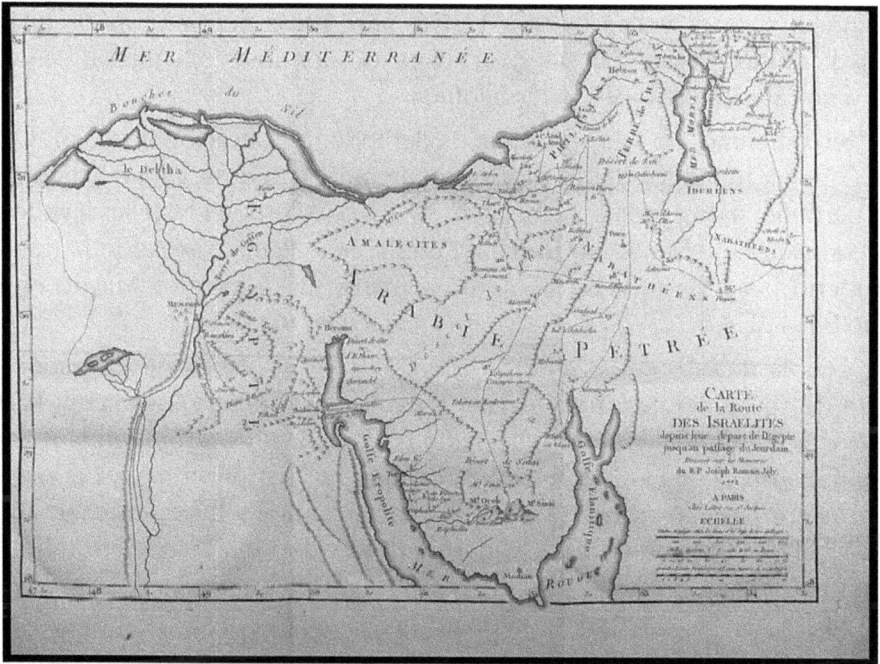

Éxodo de los israelitas de Egipto a Canaán[33]

Las doce tribus de Israel (Judá, Leví, Rubén, Simeón, Neftalí, Dan, Gad, Aser, Isacar, Zabulón, José y Benjamín) fueron conducidas al monte Sinaí, donde Yahvé les reveló los Diez Mandamientos, que Moisés registró junto con la Torá. Las doce tribus aceptaron ser el pueblo elegido de Yahvé y seguir los Diez Mandamientos. Sin embargo, se negaron a marcharse y a conquistar la tierra de Canaán como les había ordenado Yahvé. Como resultado, los israelitas fueron condenados al exilio y a la muerte en el Sinaí.

Según la tradición, cuarenta años más tarde, una nueva generación liderada por Josué entró en Canaán y le fueron asignadas partes de esta tierra. Yahvé nombró a Saúl rey de los israelitas, seguido de su hijo Eshbaal, que fue sustituido por David. Bajo su reinado y el de su hijo Salomón, los israelitas establecieron una monarquía y el Primer Templo de Jerusalén. Tras la muerte de Salomón, el reino se dividió en dos.

El relato que compartimos a continuación narra la caída de los dos reinos. En el norte, los israelitas se olvidaron de venerar a Dios, permitiendo en cambio la adoración de muchas deidades. Así, perdieron el favor de Yahvé. Más tarde, los israelitas fueron conquistados por extranjeros y se dispersaron por las tierras. En el sur, entre los judíos, algunos permanecieron fieles a Yahvé, pero otros permitieron el culto a otros dioses. También cayeron bajo el dominio extranjero, siendo llevados al cautiverio por los babilonios.

Sin embargo, no fueron olvidados del todo. Su salvación llegó con Ciro el Grande, fundador del Imperio aqueménida. Conquistó a los babilonios y permitió a los judíos regresar a su patria. Ciro incluso les ayudó a reconstruir su templo. No obstante, esta región siguió formando parte del Imperio persa hasta que éste cayó en manos de Alejandro Magno en el año 331 a. C.

Tras la muerte de Alejandro, la región pasó a manos de Ptolomeo I, uno de sus generales. Luego pasó a manos del Imperio seléucida hasta que Roma tomó la región hacia el año 63 a. C. Los disturbios en la región continuaron, y los judíos se rebelaron contra la supresión y el dominio extranjero hasta la revuelta de Bar Kokhba, que tuvo lugar entre los años 132 y 136. Los judíos fueron derrotados, y Jerusalén fue renombrada como Siria Palestina.

Ésta es la historia del antiguo Israel en pocas palabras, aunque a lo largo del libro profundizaremos en ella. También aportaremos pruebas históricas junto a la narración bíblica cuando proceda. Pero ahora que tenemos una idea básica de la historia israelita, echemos un vistazo a sus tradiciones y a la etimología del nombre, antes de sumergirnos más en el pasado.

Del henoteísmo al monoteísmo

La aparición de una forma de culto monoteísta a partir de prácticas henoteístas comenzó con el exilio de los israelitas a Babilonia. Durante el exilio, para mantener un sentido de identidad, los israelitas comenzaron a identificarse más con su religión, dedicándose a vivir sus vidas de acuerdo con los Diez Mandamientos.

Tras la liberación de los judíos por el Imperio persa y su posterior regreso a Jerusalén, mantuvieron esta práctica como fuente de identidad religiosa y unidad que los mantuvo juntos durante su cautiverio. De ahí que las costumbres judías abandonaran las prácticas más henoteístas por una forma de culto monoteísta.

Identidad cultural

La identidad israelita surgió de su historia religiosa y condicionaba todos los aspectos de la vida. Por ejemplo, el conocimiento y la educación se consideraban fundamentales para la sociedad. Gran parte de ella se basaba en el estudio y la comprensión de la Torá, con la que se enseñaba a leer y escribir a los niños. Además del lugar sagrado que ocupaba como texto de Dios, también tenía un gran valor como regalo de la sabiduría divina.

El sistema jurídico de la sociedad israelita también procedía de la religión. Los Diez Mandamientos eran las normas por las que un hebreo devoto o israelita, como se les llamaba tras la conquista de Canaán, debía regir su vida. La Torá proporcionaba un marco ético que delineaba un comportamiento justo y equitativo como miembros de la sociedad. Estas leyes permitían proteger a los débiles y vulnerables y hacían hincapié en la compasión y la misericordia.

Gran parte de la experiencia israelita estuvo marcada por la sumisión. Aunque las evidencias arqueológicas no prueban la idea de que los egipcios sometieran a los israelitas a la esclavitud, estos se enfrentaron a la subyugación a lo largo de su historia, y su pueblo fue conquistado por muchos imperios y gobernantes diferentes. A menudo fueron objeto de opresión debido a su práctica religiosa.

Uno de los retos más importantes a los que se enfrentaron los israelitas fue el cautiverio babilónico, cuando fueron expulsados de sus hogares y obligados al exilio. Las acciones de Ciro el Grande para liberar a los judíos le hicieron ganarse su mención en la Biblia.

La etimología de la palabra "israelita"

El término "israelita" no es de origen bíblico, sino que aparece por primera vez en las inscripciones de Merneptah. La propia inscripción habla de la destrucción de "Israel". Dado que en aquella época no existía tal tierra, se cree que el término se refería a un grupo de personas, tal vez las tribus israelitas que ofrecieron apoyo armado a los lidios en su conflicto con Egipto.

En la narración bíblica, el nombre "Israel" se le dio a Jacob, que luchó con Dios. El término procede de yisra ("luchar con") y el ("dios"). La Biblia hebrea utiliza el término "israelitas" para referirse a las doce tribus de Israel, y aunque este término se utiliza a menudo indistintamente relacionado con "hebreo" y "judío", este uso no siempre es apropiado. En concreto, el término "israelitas" se refiere a los descendientes inmediatos de Jacob y a los que se convirtieron a la fe. "Hebreos" se refiere a los descendientes que vivieron en Canaán, y "judíos" a los que surgieron de la tribu israelita de Judá y más tarde formaron el Reino de Judá.

Mientras duró la monarquía, el término "israelita" se utilizaba para designar a los habitantes de esa tierra y, más tarde, a los pertenecientes a

Judá a la luz del exilio babilónico de los israelitas. El término "Israel", que se refiere a la región y al grupo étnico identificado por su culto a Yahvé, surgió de la palabra "israelita".

Los esfuerzos arqueológicos por encontrar evidencias que confirmen los movimientos de los israelitas, tal y como se narran en la Biblia, han dado muy pocos resultados. La esclavitud de los israelitas a manos de los egipcios, por ejemplo, se menciona mucho en la Biblia, pero las pruebas arqueológicas no la confirman de una forma concluyente. Los hallazgos arqueológicos sugieren que los israelitas podrían haberse ramificado en Canaán en lugar de tomar la región por la fuerza, y que su religión monoteísta sustituyó poco a poco al politeísmo preexistente en Canaán.

Sean cuales sean los hechos reales, la antigua historia israelita ha tenido un profundo impacto en muchos aspectos de la sociedad y la religión actuales. Cuando los israelitas prosperaron, adquirieron una gran influencia y conocieron el éxito en las esferas social y económica. A partir de la Edad de Hierro, los israelitas se establecieron como un grupo étnico diferenciado en Oriente Próximo, y ahí es donde empezaremos nuestro siguiente análisis.

Capítulo 2: Henoteísmo y yahvismo

La ideología y la práctica religiosas forman parte integrante de la organización de una sociedad. El conocimiento de las antiguas prácticas religiosas permite comprender cómo se organizaban las regiones y qué papel desempeñaba la religión en la vida de las personas.

Henoteísmo

El culto henoteísta surgió en el pensamiento israelita entre los siglos X y VII a. C., evolucionando lentamente desde el politeísmo puro. El henoteísmo implica el culto a una única deidad suprema, pero no excluye la existencia y el culto a otros dioses. Aunque el culto a Yahvé era fundamental en las creencias israelitas, no excluía el culto a otros dioses.

El término henoteísmo surgió de la obra de Friedrich Schelling, que acuñó el término alemán *henotheismus,* que significa "un teísmo (dios)". El henoteísmo suele ir de la mano del concepto de equiteísmo, la idea de la existencia de múltiples dioses, todos ellos iguales. La creencia henoteísta se centra en la aceptación de la existencia de numerosos dioses de igual divinidad. Sin embargo, hay una deidad que reina por encima de todas las demás y es el punto focal principal de la religión.

Dado que el henoteísmo sostiene el culto a un dios por encima de los demás, muchos historiadores prefieren el término monolatrismo, una religión en la que un dios es central sin negar la existencia o el culto a otros dioses. El henoteísmo puede referirse al periodo de transición entre el politeísmo y el monoteísmo.

Las culturas grecorromanas

Un ejemplo de prácticas henoteístas lo encontramos en las culturas griega y romana. Ambas culturas evolucionaron de las creencias politeístas al culto henoteísta. Aunque la antigua cultura griega contaba con muchos dioses y deidades, cada uno de los cuales tenía funciones y personalidades distintas, las diferentes ciudades tenían dioses protectores que gozaban de mayor estima que otros. El Dios protector de Atenas era Atenea, y Poseidón, el de Corinto. Todos los dioses eran importantes, pero la mayoría de los griegos no los adoraban por igual.

El Dios supremo no siempre fue el mismo. En el caso de Zeus, por ejemplo, Urano actuó como deidad suprema antes que él hasta que fue derrocado por su hijo, Cronos. Zeus derrocaría a Cronos, que se había vuelto tiránico y se había tragado a sus otros hijos en un intento de mantener el poder supremo. Zeus, Dios del cielo y del trueno, se convirtió así en la deidad suprema de los griegos.

Aunque la cultura romana ya estaba estructurada en base a una configuración henoteísta, la asimilación de facetas griegas durante la toma de Grecia por Roma en 146 a. C. sin duda contribuyó a que se desarrollara en la misma línea. Los dioses romanos tenían funciones especializadas, siendo Saturno responsable de la siembra y Ceres del crecimiento del grano. Sin embargo, Júpiter contribuía a la supremacía sobre los demás dioses.

Cuando los romanos entraron en territorio griego y las dos culturas empezaron a mezclarse, los romanos identificaban a sus dioses con las deidades griegas, y muchos mitos griegos se introdujeron en la cultura y la práctica religiosa romanas. El modo de vida henoteísta continuó en esta región hasta la llegada del cristianismo.

Zoroastrismo

El zoroastrismo era la religión principal de la dinastía aqueménida, que era practicada por los gobernantes persas. Aunque esta religión nunca fue impuesta a los súbditos persas, cabe suponer que su existencia y práctica tuvieron algún impacto en ellos. La religión zoroástrica tenía a Ahura Mazda como Dios supremo, pero no ignoraba la presencia de otras deidades.

Ahura Mazda era un ser que se asociaba a la bondad. También tenía yazatas o agentes del bien, como Anahita y Mitra, que se encargaban de proveer diversos aspectos de la vida. También se les tenía en gran estima y eran venerados por los persas en la época preislámica.

Las creencias zoroástricas, anteriores a la aparición del judaísmo, probablemente influyeron en las creencias israelitas de diversas maneras. Lo más significativo es el concepto de lucha entre el bien y el mal y el concepto de cielo e infierno. En el zoroastrismo, este último era un lugar de purificación antes del encuentro con el creador y fue adoptado como tal en el judaísmo. El infierno, como lugar de condenación eterna, surgió más tarde en las creencias cristianas.

Hinduismo

El hinduismo ofrece uno de los mejores ejemplos de henoteísmo. Sus escrituras, los Vedas, relatan el culto a muchos dioses, por lo que muchos consideran que la religión es politeísta por naturaleza. Sin embargo, a pesar de la presencia de muchos dioses, hay uno que se considera supremo, aunque una sección diferente de los Vedas se refiere a diferentes dioses como supremos, como, por ejemplo, Agni, el Dios del fuego, o Vac, el Dios de la palabra.

Al igual que en la tradición griega, los dioses hindúes sufrieron una lucha por el poder, en la que el Dios supremo de las aguas celestiales, Varuna, fue derrocado por Indra, que fue suplantado por Vishnu y Shiva hasta que éstos también fueron derrocados. La mezcla de monoteísmo, monolatría, politeísmo e incluso ateísmo dentro de la tradición hindú condujo a la clasificación apropiada de henoteísmo con un marco teísta en constante evolución.

Cristianismo

Aunque el cristianismo se considera en gran medida monoteísta, muchas de sus características, sobre todo entre ciertas corrientes, sugieren que el henoteísmo podría ser una categorización más adecuada. Algunos expertos religiosos atribuyen estas categorizaciones a la Santísima Trinidad en la creencia cristiana, que afirma que Dios es la culminación de tres seres iguales con una única sustancia. Algunos de los primeros grupos cristianos establecieron claras diferencias en su culto, alabando a un Dios supremo y considerando a Jesús sólo como la aparición de un hombre perfecto.

Otras corrientes cristianas, como los mormones, ven tres seres distintos entre los que Dios reina supremo. La existencia de otros dioses y diosas también está implícita en las escrituras mormonas, dirigiéndose a una "Madre" Celestial además del "Padre Celestial". A pesar de ello, el culto mormón gira en torno a un único Dios verdadero. Aunque la Iglesia de los Santos de los Últimos Días no se considera henoteísta, algunos han sugerido que el término puede aplicarse a ellos.

Algunas ramas del cristianismo también dan mucha importancia a los santos, rezándoles a ellos en lugar de directamente a Dios. A veces, a estos santos, como la Madre María, se les atribuyen poderes sobrenaturales, haciéndolos aparecer como deidades, lo que sugiere un componente henoteísta.

Aunque en ocasiones se ha argumentado que el cristianismo podría considerarse de naturaleza henoteísta, hay que subrayar que la mayoría de las personas (incluso ajenas a la religión) lo consideran monoteísta.

Creencias cananeas, israelitas y judías

Muchas de las religiones de la Edad de Hierro eran de naturaleza henoteísta. En la práctica cananea, por ejemplo, se creía que las deidades principales, El y Asherah, tenían setenta hijos entre ambas, todos los cuales gobernaban regiones de la tierra y eran, por tanto, adorados como dioses.

La naturaleza henoteísta de la tradición israelita es motivo de controversia, ya que se pretendía que fuera una religión monoteísta según los Diez Mandamientos. Sin embargo, la evidencia sugiere la coexistencia y adoración de Yahvé y Asherah.

Las creencias religiosas de la cultura cananea y la cultura israelita se mezclaron hasta tal punto que el Dios cananeo El se convirtió en sinónimo de Yahvé, lo que llevó a algunos historiadores a creer que podrían haber sido el mismo dios desde el principio. Otro factor que apoya esta teoría es la existencia de numerosos restos de templos hallados en el Reino de Israel, incluido un altar que representa un toro de bronce que simboliza a Bull-El y que es anterior a la mención de Yahvé en el siglo XII a. C.

La religión israelita no llegó a ser verdaderamente monoteísta hasta el cautiverio babilónico, cuando los israelitas empezaron a identificarse fuertemente con su herencia cultural y a crear una separación entre ellos y los que les rodeaban.

Los que regresaron a Judá del exilio babilónico eran descendientes del pueblo de Judá que había sido exiliado originalmente. Como tales, nunca habían vivido en Judá antes de su regreso. Sin embargo, seguían considerándose verdaderos israelitas. Después de asegurarse posiciones de autoridad en Judá a través de conexiones persas, los retornados comenzaron a instituir su religión, que difería significativamente de los principios del yahvismo. Comenzó un nuevo concepto de sacerdocio, se elaboraron unas escrituras y la ley escrita se convirtió en un objetivo primordial. En un intento de proteger su pureza, los judíos prohibieron los matrimonios interculturales.

Yahvismo: La antigua religión israelita

Asherah[34]

Cuando se estudia la religión de los antiguos israelitas se puede observar un considerable solapamiento religioso. La religión no sólo se inspira en religiones anteriores y en las de las regiones circundantes, sino que también sufrió una metamorfosis, pasando de unos fundamentos monoteístas (los Diez Mandamientos) a un marco decididamente politeísta y henoteísta. Las religiones, tanto nuevas como antiguas, ejercieron una gran influencia en el desarrollo del yahvismo.

El término yahvismo proviene del culto a Yahvé, el Dios central del culto entre los reinos de Israel y Judá. Aunque sabemos que la historia de la religión la muestra como una creencia monoteísta, con el culto reservado únicamente a Yahvé, la religión adoptó temas politeístas. Aunque Yahvé era el Dios principal adorado por los israelitas, no era el único. Gobernaba junto a Asera, la Diosa cananea que era considerada como la Diosa madre. En la religión cananea e israelita se la asociaba con los árboles sagrados. De hecho, en muchos lugares, la Diosa cananea seguía siendo la deidad suprema, seguida de una cohorte de dioses secundarios, cada uno de los cuales tenía su propio grupo de profetas y devotos seguidores.

El yahvismo implicaba muchas fiestas religiosas, sacrificios y rituales, y desempeñaba un papel en la resolución de disputas legales. Aunque algunos relatos sugieren que el Templo de Jerusalén era el único templo para el culto a Yahvé, no fue así; existían muchos otros a lo largo de los dos reinos, con el rey como cabeza de la religión. Su papel se reflejaba en una ceremonia, presidida por él, en la que Yahvé era coronado en el Templo de Jerusalén.

A medida que el yahvismo evolucionó, retornó a sus raíces monoteístas. Este cambio se produjo entre el siglo X a. C. y el siglo VII a. C., y se generalizó con el exilio babilónico, cuando los antiguos israelitas luchaban por mantenerse fieles a sus raíces, rechazando la influencia de la cultura que los rodeaba. A finales del siglo IV a. C., el yahvismo había evolucionado hasta convertirse en el judaísmo y más tarde dio lugar al desarrollo y auge del samaritanismo, la religión mayoritariamente monoteísta practicada por los samaritanos.

Creencias del yahvismo

El yahvismo rara vez se clasifica como monoteísta, y la mayoría de los historiadores lo consideran una religión politeísta o henoteísta en el mejor de los casos. Los templos de Yahvé también incluían estatuas de la Diosa Asherah, lo que indica la alta estima que se le tenía. Un grupo de dioses y diosas de segundo nivel seguían a Yahvé y Asera, como Bal y Astarté, que contaban con sus propios grupos de sacerdotes.

Algunos relatos sugieren que también podría haber existido un tercer nivel de deidades, con figuras especializadas con funciones muy concretas y definidas, como Nehushtan, el Dios de la curación de las mordeduras de serpiente. El cuarto nivel estaría formado por seres divinos con un estatus ligeramente inferior al de los dioses. Actuaban como mensajeros de las deidades. En el judaísmo, estos seres pasarían a denominarse ángeles, una clasificación distinta de la de un Dios.

El culto en el yahvismo

El culto en la tradición yahvista implicaba sacrificios, rituales, festivales y la realización de votos, de forma muy parecida a otras religiones semíticas. Las tradiciones yahvistas, que existían en gran medida en una región rural, coincidieron con acontecimientos importantes que marcaron el modo de vida israelita, que más tarde también se arraigaron en la mitología israelita, aunque su relevancia cultural no se perdió del todo. Éstos fueron los acontecimientos:

- *Pascua*, con el alumbramiento de los corderos, que se asociaba con el Éxodo;

- *Shavuot*, con la época de la cosecha de cereales y la implantación de las leyes en el Sinaí;

- *Sucot*, con la época de la cosecha de frutas y el peregrinaje por el desierto, cuando los israelitas se liberaron de la esclavitud de los egipcios.

En esencia, todos estos festivales estaban destinados a celebrar las bendiciones de Yahvé sobre los israelitas, su salvación y su nombramiento como pueblo elegido. Si bien la oración no desempeñó un papel importante al principio, sí lo hicieron los sacrificios. Antes de que el Templo de Jerusalén fuera destruido, se realizaban sacrificios de animales en su altar, y la sangre del sacrificio se rociaba a su alrededor. Los sacrificios también se convirtieron en un símbolo de expiación y pureza, pero no fue hasta el final del exilio babilónico cuando una identidad religiosa monoteísta se hizo más central para los israelitas.

El papel de los profetas y sacerdotes era extremadamente importante en la práctica del yahvismo, ya que actuaban como mensajeros de Yahvé. Los talismanes y los terafines, pequeños objetos que representan deidades, eran componentes notables del culto entre los israelitas, y el culto propiamente dicho se concentraba en lugares elevados como el monte Sión.

Evolución del yahvismo hacia el judaísmo

Cuando los descendientes de los exiliados regresaron a Judá tras la caída de Babilonia, se encontraron con que la vida había continuado mientras ellos habían vivido en el sufrimiento. Aunque algunos relatos sugieren que los exiliados regresaron a Judá en gran número tras la conquista persa de Babilonia, lo cierto es que sólo un pequeño número volvió a casa. Mientras que ellos habían creado su propia identidad en una tierra extranjera, los retornados no tenían ninguna conexión con Judá, habiendo vivido toda su vida en Babilonia.

Entre los exiliados se encontraba la élite de Judea, y sus conexiones persas les ayudaron a establecer su versión de la sociedad y la religión. Es posible que la religión de los que retornaban no fuera totalmente monoteísta, pero más tarde adoptaría esas características una vez que el judaísmo se desarrolló y la Torá fue aceptada más ampliamente.

Capítulo 3: La Edad de Hierro

A finales de la Edad de Bronce, las catástrofes naturales, como los terremotos y las sequías, provocaron migraciones masivas que empujaron a la gente a buscar tierras más sostenibles. Y lo que es más importante, la introducción de un nuevo metal, el hierro, provocó cambios significativos en la organización de la vida. La época cambió, y la Edad de Bronce terminó con el comienzo de la Edad de Hierro hacia el año 1200 a. C.

El final de la Edad de Bronce también marcó el colapso de muchas civilizaciones, lo que provocó el desplazamiento de tribus nómadas hacia las regiones montañosas a ambos lados del río Jordán, en Canaán. Alrededor de esta época, los Pueblos del Mar invadieron muchos países a lo largo del Mediterráneo, lo que se menciona en tablillas egipcias. Estas tablillas también mencionan a los israelitas.

Asentamientos israelitas

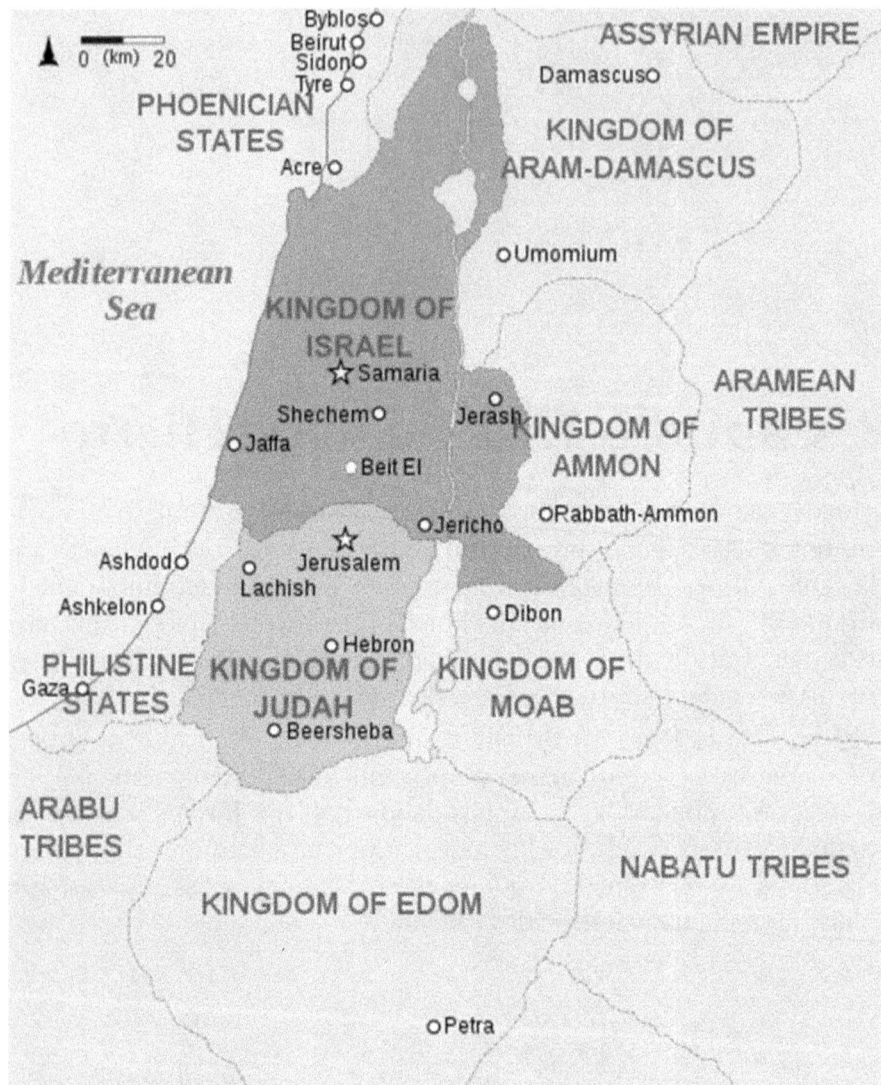

Asentamientos de la Edad de Hierro en el Reino de Israel y el Reino de Judá[35]

Los primeros asentamientos nómadas de la región eran más campamentos temporales que viviendas permanentes y consistían en una serie de casas de piedra alrededor de un espacio similar a un patio, donde se guardaba el ganado. A medida que los asentamientos fueron creciendo y evolucionando, ocupando mayores espacios y necesitando más recursos, pasaron a establecerse viviendas más permanentes. Las evidencias arqueológicas de estos yacimientos muestran restos de ovejas y cabras, así como más huesos de ganado según más tiempo ocupaba el asentamiento la región. Los asentamientos israelitas también presentaban una notable ausencia de huesos de cerdo, lo que refleja la formación de su identidad religiosa propia.

Al principio, cuando las tribus emigraron a Canaán, sólo contaban con unas cuarenta y cinco mil personas según las pruebas arqueológicas, un número muy alejado del que había durante el establecimiento de los reinos de Israel y Judá. La Edad de Hierro fue testigo del desarrollo y la evolución de los asentamientos, especialmente cuando la ciudad de Silo (la actual Khirbet Seilun) se convirtió en un centro religioso y político para las tribus israelitas. Su creciente influencia económica, política, social y religiosa dio lugar a un estado israelita independiente, que culminó con la formación de un reino unificado bajo el rey Saúl.

Antes del establecimiento de un reino, las doce tribus se asentaron en grupos separados en las tierras que les habían sido asignadas. Cuando se sintieron amenazadas por las civilizaciones vecinas, en particular los filisteos, las tribus se dieron cuenta de la necesidad de tener un frente unificado. Surgió la necesidad de un gobernante, y Saúl fue nombrado rey de Israel.

Cronología de la Edad de Hierro

La Edad del Hierro se extiende desde el siglo XII a. C. hasta principios del siglo VI a. C. Esta fase no se desarrolló como un único periodo, sino que divide en dos épocas cronológicas distintas.

- Edad de Hierro I: 1200-950 a. C.
- Edad de Hierro II: 950-586 a. C.

El primer periodo de la Edad de Hierro estuvo marcado por el declive de la civilización cananea tal y como había existido hasta entonces, un cambio propiciado por el final de la Edad de Bronce. Los movimientos de nuevas civilizaciones y tribus en la región introdujeron nuevas culturas y formas de vida en Canaán debido a la llegada de los israelitas, los filisteos, procedentes de la región del Egeo, y los pueblos del mar, procedentes del Mediterráneo occidental.

La segunda mitad de la Edad de Hierro comenzó cuando los israelitas establecieron la Monarquía Unida bajo el rey Saúl, y la dinastía continuó hasta que el reino se dividió en Israel y Judá. Durante esta época surgieron otros reinos, como Asiria y Babilonia, que establecieron sus propios imperios en la región. El final de la segunda mitad de la Edad de

Hierro fue seguido por la era neobabilónica, que marcó el ataque babilónico a los israelitas. Pero empecemos desde el principio.

Edad de Hierro I

A medida que la Edad de Bronce se acercaba a su fin, Canaán se convirtió en una región en rápido deterioro. Gran parte de la región había sido abandonada y los asentamientos se habían trasladado a zonas más desarrolladas. Las ciudades que aún conservaban población se redujeron considerablemente. En el momento de la llegada de los israelitas, toda la región probablemente no contaría con más de 100.000 habitantes. La mayor parte de esta población restante se concentraba en las llanuras costeras o en las vías de comunicación. La zona que los israelitas ocuparían más tarde era montañosa y estaba alejada de las rutas abiertas; por lo tanto, la zona estaba escasamente poblada en aquella época.

A medida que Canaán se desestabilizaba, también lo hacían sus sistemas culturales y políticos. Todos los sistemas existentes se abandonaron a finales de la Edad de Bronce, ya que la región estaba escasamente poblada. La llegada de civilizaciones a la región, como los israelitas, los filisteos y los fenicios, volvió a desarrollar estos sistemas. Sin embargo, durante la Edad del Bronce, la región sufrió la fuerte influencia política egipcia debido a las guerras e incursiones egipcias, que provocaron muchos disturbios y conflictos.

Estas nuevas civilizaciones, incluidos los israelitas, empezaron a asentarse en Canaán, y la composición social de la región se modificó. El número de aldeas en Canaán creció exponencialmente, pasando de veinticinco a más de trescientas al final de la primera mitad de la Edad de Hierro. Aunque la densidad de estas aldeas era mayor en el norte, donde se cree que acamparon los israelitas, no se ha descubierto ninguna prueba arqueológica que pueda establecer definitivamente la residencia israelita en esta zona. Aunque algunos historiadores intentan llegar a tales conclusiones basándose en los restos de animales o en los estilos de cerámica desenterrados en estos yacimientos, es difícil afirmar con certeza que las tribus israelitas se asentaran en esta región de Canaán.

Sin embargo, los intentos de determinar la identidad étnica han establecido algunos patrones que se encuentran de forma consistente en las zonas que se cree que fueron ocupadas por los israelitas. Algunos factores comunes que se han identificado son la falta de huesos de cerdo, la cerámica con diseños decorativos más significativos que otros encontrados en la región de Canaán, la práctica de la circuncisión y un periodo marcado por prácticas prohibitivas, la influencia de la religión y la importancia de la familia y la genealogía.

Los aspectos de la sociedad israelita descubiertos a través de excavaciones arqueológicas sugieren que las tribus vivían en centros aldeanos con poblaciones pequeñas, con apenas entre trescientas y cuatrocientas personas pertenecientes a cada aldea. Estas tribus se mantenían de la agricultura y la ganadería. Aunque vivían de recursos limitados, eran autosuficientes y el comercio económico entre ellas era frecuente. Los relatos también sugieren que las tribus aldeanas estaban dirigidas por jefes designados que proporcionaban liderazgo y seguridad a las aldeas no amuralladas.

Edad de Hierro II

La Biblia hebrea apunta a la formación de la Monarquía Unida ya en el siglo XI a. C., que se desarrolló bajo el gobierno de Saúl, David y Salomón. Cuando este reino unido se dividió, entregó las ciudades de Siquem y Samaria, que habían formado parte de los asentamientos de diez de las doce tribus del norte, al Reino de Israel. Las dos tribus restantes, junto con Jerusalén y el Templo judío del Reino de Judá, se establecieron al sur. Aunque se han descubierto suficientes indicios arqueológicos de la existencia de la Monarquía Unida, los historiadores están divididos en cuanto a su datación, aunque muchos coinciden en que los estados separados de Israel y Judá existían a más tardar en el siglo IX a. C.

Durante los dos primeros siglos de la Edad de Hierro II se produjo una expansión demográfica y de asentamientos en la región. El reino unificado hizo de Samaria su capital, existiendo en relativa paz y experimentando prosperidad económica. En algún momento entre los siglos XI y X a. C., Israel pasó de ser un asentamiento de tribus nómadas a un estado independiente y a menudo se vio envuelto en disputas territoriales con naciones vecinas, como los egipcios.

El surgimiento de Judá como entidad independiente se produjo más tarde e inicialmente consistía sólo en pequeños asentamientos sin protección. Durante el reinado de Ezequías, en el siglo VIII a. C., Judá creció hasta convertirse en una gran potencia; mientras tanto, Israel caía ante los ataques extranjeros. Sin embargo, antes de este periodo, Israel había sido el más próspero de los dos, con mejores infraestructuras y un gran desarrollo urbano. La economía de Judá estaba menos desarrollada y era mucho más pequeña. No alcanzó un estatus más avanzado o dominante hasta el siglo VII, posiblemente como estado vasallo asirio.

Gran parte del desarrollo de Judá puede atribuirse a los esfuerzos del rey Josías a mediados del siglo VII. Se introdujeron reformas religiosas, siendo el objetivo de Josías centralizar el culto en el Templo de Jerusalén, extinguiendo otras formas de culto dentro de Judá. Josías buscaba una religión verdaderamente monoteísta con el culto a Yahvé. Mientras se construía un nuevo templo en Judá, se destruían otros lugares de culto religioso.

Algunos historiadores sugieren que pudo tratarse, al menos en parte, de un movimiento político, en el que los judíos trataban de establecer una armonía con los babilonios imitando su estilo de culto en el templo, ya que Babilonia era la potencia central de la región en aquella época. Estos esfuerzos resultaron inútiles, ya que Judá fue invadida por el rey babilonio Nabucodonosor II a principios del siglo VI a. C. Esta invasión condujo a la destrucción del Primer Templo (el Templo de Jerusalén) y a la deportación forzosa en masa de los judíos en un periodo conocido como el exilio babilónico o la cautividad babilónica.

Durante este periodo de exilio forzoso, los judíos intentaron mantener su identidad religiosa y cultural, a pesar de estar lejos de su hogar y vivir en la esclavitud. Sólo después de ser liberados por Ciro el Grande durante su conquista de Babilonia, los judíos pudieron volver a casa. Inmediatamente centraron su atención en la restauración del templo destruido y la construcción de uno nuevo.

Campaña de Shoshenq I

Los descubrimientos arqueológicos han revelado el verdadero alcance de la invasión del faraón egipcio Shoshenq I en la región oriental del Mediterráneo. Entre los años 930 y 925 a. C., invadió el Levante, capturando numerosas ciudades y conquistando asentamientos. En lugar de anexionarse el Levante, Shoshenq I optó por imponer el exilio a sus habitantes, sometiéndolos al dominio egipcio. Aunque los motivos de esta decisión siguen siendo inciertos, los historiadores sugieren que podría haber sido para desbaratar la fuerza de un estado unificado bajo dominio israelita, que probablemente Shoshenq I percibía como una amenaza.

Los detalles de la campaña de Shoshenq I contra Israel varían, dependiendo de si se analizan las pruebas arqueológicas o las narraciones bíblicas. Por ejemplo, el relato de la campaña en la Biblia se refiere a Jerusalén como objetivo principal. Sin embargo, el mérito triunfal de Shoshenq I indica que la campaña se concentró en gran medida en las tierras que formaban parte del reino de Israel.

El Libro de los Reyes narra la llegada de Shoshenq I y relata su éxito al tomar para sí los tesoros del palacio y del Templo de Jerusalén. Es posible que el reino de Israel llegara a conocimiento de Shoshenq I durante el reinado de Salomón, al menos según los relatos bíblicos.

Esto pudo ocurrir cuando Salomón intentó dar muerte a Jeroboam, un administrador, por traición. Sin embargo, Jeroboam huyó a Egipto, donde obtuvo asilo en la corte de Shoshenq. Tras la muerte de Salomón, Jeroboam regresó a Israel, donde consiguió forzar a la asamblea a rechazar a Roboam, hijo y sucesor de Salomón, erigiéndose él como rey.

Otros relatos sugieren que existía un vínculo político entre Egipto e Israel debido al matrimonio de Salomón con la hija del faraón, aunque hay que señalar que no se han descubierto pruebas arqueológicas que indiquen tal alianza. Sin embargo, albergar a los fugitivos de Israel parece que fue una política egipcia que causó estragos en la región, ya que el tratado egipcio con Israel sólo existía con David y Salomón. Egipto también apoyó la escisión de Israel de Judá, que fue una maniobra política, ya que la escisión debilitó a Israel frente al poderío de Egipto.

La ruptura de la monarquía proporcionó a Egipto una lucrativa oportunidad para hacerse con el control de la región. Algunas pruebas sugieren que la destrucción de Israel por los egipcios podría haber sido muy exagerada. Sin embargo, es cierto que tras el reinado de Jeroboam, Israel se convirtió en un estado vasallo de los egipcios y perdió gran parte de su poder.

La invasión asiria

Shalmaneser III[86]

El poder asirio comenzó a ascender en Oriente Próximo en el siglo XXI a. C., aunque subiría y bajaría varias veces con el paso de los siglos. A mediados del siglo VIII a. C., el Imperio neoasirio había conquistado gran parte de Oriente Próximo. Gracias a sus formidables reyes, la nación pudo aumentar su poder y establecerse como imperio mediante la expansión de sus fronteras, llegando a gobernar parte o la totalidad de Babilonia, Armenia, Media, Judea, Siria, Fenicia, Sumeria, Elam y Egipto. La diplomacia asiria era la cúspide de la eficacia y la complejidad, y los asirios también eran conocidos por su salvajismo en la guerra. Su reputación infundía temor en el corazón de sus enemigos.

La batalla de Qarqar

En 853 a. C., Salmanasar III y su ejército asirio lucharon contra una fuerza aliada de once reyes liderada por los reyes de Damasco e Israel en Qarqar. Los otros aliados eran Arabia, Amón, Usnatu, Arwad y Hamat.

El relato de la batalla de Salmanasar cuenta que causó cerca de catorce mil bajas, lo que supuso la victoria definitiva de los asirios. Sin embargo, estos testimonios suelen ser poco fiables, ya que los gobernantes tienden a exagerar sus victorias y los resultados de las batallas. El único relato conocido de la batalla de Qarqar procede de la estela de Kurkh, la estela asiria que narra el gobierno de Salmanasar. Independientemente de que realmente se lograra una victoria, los asirios no conquistaron más tierras en la región hasta los años posteriores al 840 a. C.

La destrucción de Israel

En el momento de la marcha de Asiria contra Israel, el imperio estaba en la cima de su poder. Su reputación de brutalidad y salvajismo era bien conocida. Mientras tanto, la sociedad israelita se había alejado de sus principios religiosos y olvidado el culto monoteísta a Yahvé. Como consecuencia, los israelitas fueron advertidos repetidamente por el profeta Isaías de la perdición que les esperaba si no se arrepentían.

Hacia el 738 a. C., los asirios recibieron tributos de Siria y Samaria, la capital israelita. Cuatro años más tarde, una rebelión en Damasco desencadenó una invasión asiria, que también provocó la pérdida de algunos territorios israelitas en el norte. La revuelta del rey israelita Oseas contra los asirios condujo al asedio de Samaria en torno al 722 a. C. por Salmanasar V, que se prolongó durante tres años. Durante este tiempo, Salmanasar murió y Sargón II ocupó el trono en su lugar. El mérito del asedio varía, ya que Sargón afirmó haber conquistado Samaria, aunque los historiadores creen que Salmanasar lo había conseguido antes de su muerte y que Sargón se atribuyó el mérito. Sin embargo, es posible que Sargón reconquistara la ciudad tras una breve rebelión. En cualquier caso, el asedio de Samaria fue un éxito, y tras la caída de la ciudad, Israel fue destruido. Sus habitantes fueron enviados a Asiria en cautiverio y reubicados en diversas tierras, lo que provocó la pérdida de las diez tribus de Israel.

La invasión babilónica

La caída del reino de Israel en manos de los neoasirios tuvo consecuencias también para el vecino reino de Judá, que se convirtió en un estado vasallo del Imperio neoasirio. Los asirios abandonaron cualquier campaña contra Judá en favor de aceptar el tributo que ofrecían los judíos. Más tarde, las campañas de los babilonios contra los judíos hicieron que Judea se convirtiera en un estado vasallo neobabilónico. Sin embargo, continuaron los disturbios en la región, que desembocaron en la invasión babilónica de 586 a. C. Aunque los relatos históricos no proporcionan suficiente información, los relatos bíblicos sugieren que Judá fue asediada por los babilonios entre 589 y 586 a. C. La invasión provocó la destrucción del Primer Templo y el exilio del pueblo de Judá. Fue también durante esta época cuando la religión yahvista se transformó en la religión monoteísta del judaísmo.

Como vasallo de Babilonia, Judá sufrió mucho en términos de población y economía. Durante este tiempo, sus defensas se debilitaron enormemente, por lo que regiones como el Néguev, la Sefela y Hebrón se perdieron ante las invasiones de los países vecinos. Jerusalén, que había sido la capital de una Judá próspera, redujo considerablemente su tamaño, y Mizpa, en la parte septentrional del reino de Judea, fue designada capital de Yehud, nombre de la provincia babilónica de Judá. Para modificar el significado religioso de Jerusalén y el poder de Judá, los que habían quedado atrás construyeron un nuevo templo en Betel, en la provincia de Benjamín, en sustitución del destruido en Jerusalén.

La invasión babilónica de Judá pretendía establecer el dominio babilónico sobre la región y paralizar su infraestructura religiosa. El intento más significativo al hacerlo fue desafiar la creencia de que Jerusalén era la tierra prometida que Yahvé había reservado para los israelitas, su pueblo elegido. La caída de la región en manos de invasores extranjeros introdujo una especie de crisis religiosa que obligó a reyes, escribas y profetas a conceptualizar su forma de entender la fe.

Sin embargo, el monoteísmo de su religión evolucionó, centrándose más en los conceptos de responsabilidad individual y universalismo. También se hizo mayor hincapié en la pureza y la santidad individuales. El exilio de los judíos también tuvo el efecto de fomentar un mayor sentido de identidad religiosa entre su pueblo, diferenciándolos de los babilonios con los que se vieron obligados a vivir. Los judíos siguieron practicando su religión, marcando su separación de otros grupos mediante la celebración del Sabbath y la práctica de la circuncisión en secreto.

Las pruebas arqueológicas son contradictorias y sugieren diferentes versiones de la estructura social del Judá neobabilónico. Algunos historiadores sugieren que a gran parte de la población de Judá se le permitió permanecer en su tierra natal, continuando con su vida anterior o incluso mejor, ya que fueron recompensados con las tierras de los que habían sido deportados a Babilonia. Muchos de los deportados poseían tierras o tenían influencia sobre el pueblo. Otros relatos sugieren que Judá quedó casi completamente despoblada tras la invasión babilónica, con cerca de catorce mil a dieciocho mil personas exiliadas, quedando apenas un 10 % de la población original.

Capítulo 4: Referencias bíblicas al antiguo Israel

La historia religiosa de Israel como tierra santa le confiere un gran significado bíblico. La tierra de Israel constituye la base de la Biblia y de las religiones judía y cristiana, por lo que tiene una gran importancia para la humanidad. Por ello, es esencial comprender el modo en que la Biblia se refiere y habla de esta tierra santa, su pueblo y su modo de vida.

En los textos bíblicos se pueden encontrar muchas historias del antiguo Israel, sobre todo en lo que respecta a sus reyes. Su gobierno se describe casi en su totalidad en las referencias bíblicas, ya que apenas existen fuentes externas que narren información relativa a los reyes de la Monarquía Unida. Así pues, estas referencias bíblicas son un importante testimonio histórico del estado de la monarquía y de la Edad de Oro de Israel.

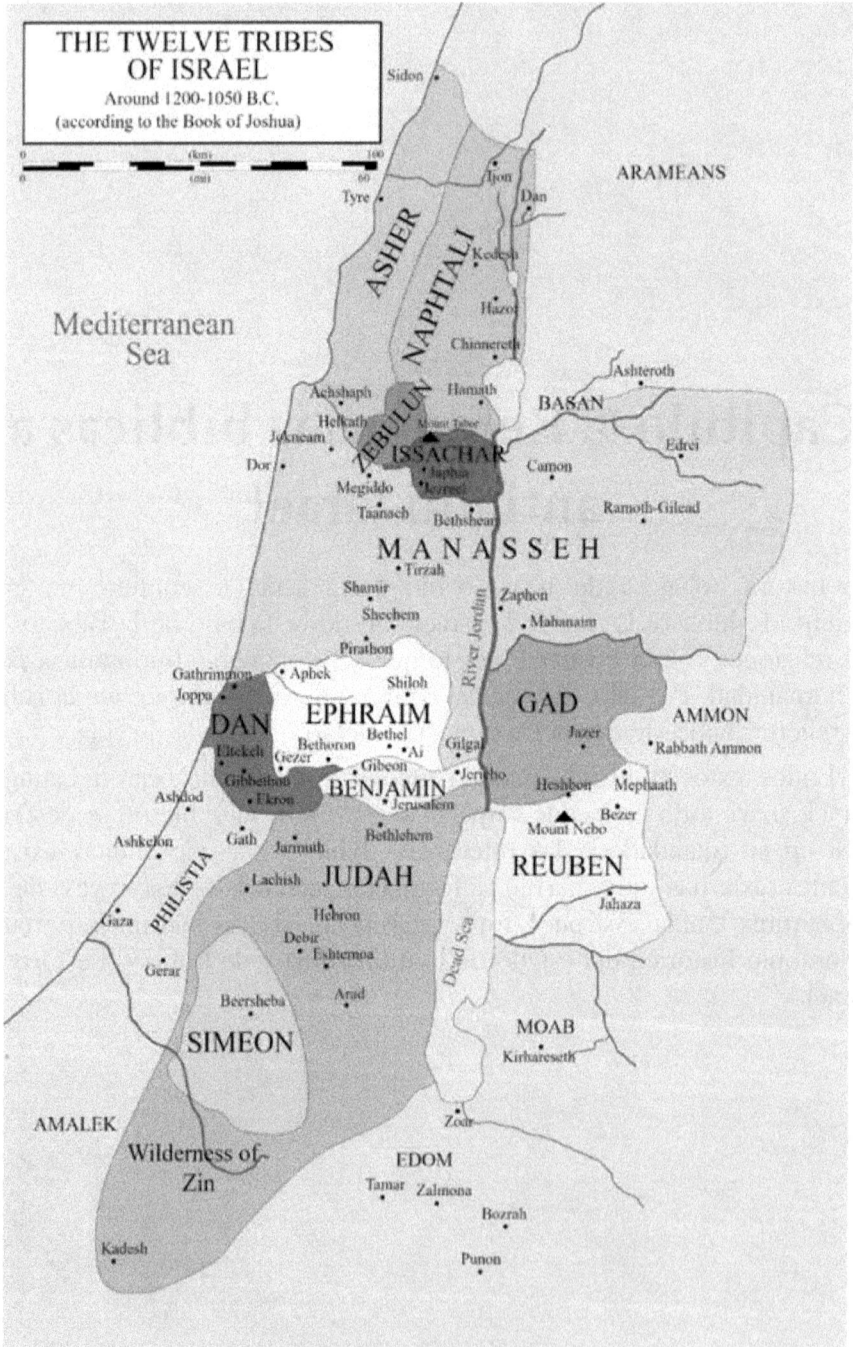

THE TWELVE TRIBES
OF ISRAEL
Around 1200-1050 B.C.
(according to the Book of Joshua)

Las doce tribus de Israel[97]

La historia de Israel, tal como la narra el Antiguo Testamento, comienza con la alianza hecha en el monte Sinaí tras la liberación del pueblo israelita de la esclavitud egipcia. A los israelitas se les dio la oportunidad de aceptar a Dios (Yahvé) y de vivir como su pueblo elegido. Si aceptaban, Él les conduciría a la tierra prometida. Los Diez Mandamientos fueron entonces revelados al pueblo, junto con los estatutos ofrecidos por Dios que llegaron a ser conocidos como el Libro de la Alianza.

Las enseñanzas de los Diez Mandamientos se narran en el Libro del Éxodo. Los Diez Mandamientos prohíben adorar a otros dioses, ídolos o imágenes y tomar el nombre del Señor en vano. También ordenan honrar a los padres y prohíben robar, matar, adulterar, ser avaricioso y mentir.

Durante los siguientes cientos de años, Israel existió como una civilización sin rey, guiada en su lugar por profetas que habían sido enviados por Dios para enseñar a su pueblo la forma correcta de vivir. Finalmente, el pueblo de Israel pidió un rey al profeta Samuel. Querían a alguien que dictara sentencia y gobernara las tierras como sus vecinos. Esta petición se narra en el Libro de Samuel cuando el profeta pidió a Dios que atendiera los deseos del pueblo. Samuel recibió entonces la orden de nombrar rey a Saúl.

Reinado de Saúl

El reinado de Saúl, que comenzó a finales del siglo XI a. C., se considera en gran medida el periodo en el que las dispersas civilizaciones israelita y de Judea se unieron bajo un único gobierno. Los relatos de su reinado proceden en gran parte de la Biblia hebrea, que habla de su nombramiento por Samuel. Saúl procedía de la región de Guibeá, que fue también el epicentro de su gobierno, y pertenecía a la tribu de Benjamín.

Los relatos sobre el gobierno de Saúl y la duración de su reinado varían. Algunos relatos bíblicos sugieren que sólo gobernó dos años, pero los historiadores coinciden en que su reinado debió durar entre veinte y veintidós años si es que existió (no hay pruebas firmes de que los primeros reyes israelitas existieran, algo de lo que hablaremos más adelante; los años estimados del reinado de Saúl proceden de otros acontecimientos históricos que coincidieron con su reinado). El Nuevo Testamento sugiere que gobernó durante cuarenta años.

En los sucesivos capítulos del Libro de Samuel se relatan tres historias del nombramiento de Saúl como rey. Un relato sugiere que fue designado en privado por Samuel mientras buscaba los asnos de su padre cerca de

Ramá. El segundo relato narra el intento de Samuel de encontrar un rey tras el creciente movimiento para establecer una monarquía en Israel. Al parecer, Samuel reunió a la gente por tribus, eligiendo a la tribu de Benjamín, y luego por clanes, eligiendo a los matri, de entre los cuales Saúl fue elegido. Un tercer relato habla de Saúl al frente de un ejército contra los amonitas, que habían sitiado Jabes de Galaad, en el noroeste del Jordán. Al regresar victoriosos, los israelitas se reunieron en Gilgal y coronaron rey a Saúl.

Tras esta victoria, Saúl dirigió muchas más campañas militares, que según la Biblia se saldaron todas con victorias. Esto incluye campañas contra Aram Rehob, los edomitas, los moabitas, los amonitas, los amalecitas, los filisteos y los aram-zoba. Su victoria contra los filisteos en el segundo año de su reinado fue especialmente notable, ya que condujo a la victoria a unos pocos miles de soldados israelitas contra una enorme fuerza filistea de unos cuarenta mil hombres.

Los filisteos eran un pueblo no semita asentado en la costa meridional de Canaán, en Filistea. Su mención en el Antiguo Testamento se refiere sobre todo a sus frecuentes guerras con los israelitas. Las causas de sus frecuentes enfrentamientos se atribuyen sobre todo al estilo de vida violento y las tendencias guerreras de los filisteos. Su política expansionista y sus diferencias con los israelitas, en particular con su práctica de la religión y su estructura social como Estado no unificado, también podrían haber fomentado las hostilidades.

El comienzo de la caída de Saúl como gobernante se produjo tras su ruptura con Samuel, quien le había ordenado que dirigiera un ejército contra los amalecitas y los destruyera por completo. Mientras Saúl lo hacía, matando a sus hombres, mujeres, niños y ganado más pobre, perdonó al rey y a su mejor ganado. Cuando Samuel supo que Saúl lo había desobedecido, le dijo que Dios lo había rechazado como rey. Cuando Saúl se apoderó de las vestiduras de Samuel y las rasgó furioso, Samuel profetizó el fin del reinado de Saúl.

Samuel buscó entonces a David, hijo de Jesé y siervo de Saúl, y lo ungió rey delante de sus hermanos. Durante el resto de su reinado, Saúl siguió desconfiando de David e incluso intentó matarlo en varias ocasiones.

El final de Saúl llegó con la batalla de Gilboa, donde los filisteos se habían reunido para lanzar un ataque contra los israelitas. Antes de la batalla, Saúl visitó a una bruja que conjuró al espíritu de Samuel, que había muerto cinco años antes. Informó a Saúl de que Dios le había abandonado y que al día siguiente perdería tanto la batalla como la vida.

Aunque los relatos varían ligeramente, la narración más común sugiere que Saúl se quitó la vida durante la batalla, cayendo sobre su propia espada. Los filisteos se apoderaron de los cuerpos de Saúl y sus hermanos muertos en el campo de batalla y exhibieron sus cabezas decapitadas en los muros de Bet-sán.

Eshbaal toma el mando

Eshbaal, o Ish-boset, como se le denomina en la Biblia hebrea, fue el segundo monarca del reino de Israel, sucediendo a su padre Saúl alrededor del 1012 a. C. Su reinado de dos años estuvo marcado principalmente por batallas y conflictos con David, que recibió mucho apoyo. Tras la muerte de Saúl, Abner, capitán del ejército de Saúl, nombró a Eshbaal nuevo rey. Sin embargo, la tribu de Judá se opuso y nombró rey a David, lo que provocó una guerra.

La guerra concluyó a favor de David cuando Abner abandonó a Eshbaal. Los términos de paz de David incluían la devolución de su esposa, Mical, hija de Saúl y hermana de Eshbaal. Mical había sido entregada por Saúl a otro hombre después de que David se viera obligado a huir.

El breve gobierno de Eshbaal también se narra en el Libro de Samuel, que habla de su asesinato. Lo mataron dos capitanes de su ejército, Recab y Baana, que cometieron esta traición con la esperanza de recibir una recompensa de David. Sin embargo, David se negó a recompensarlos y ordenó su ejecución, haciendo que les cortaran las manos y los pies.

La Edad de Oro de Israel

Se cree que la Edad de Oro del Reino de Israel comenzó con el reinado de David. Durante esta época, el reino alcanzó gran riqueza, prosperidad y esplendor. La prosperidad económica y religiosa de Israel, junto con el desarrollo de unas relaciones comerciales eficaces y la sabiduría de sus gobernantes, lo convirtieron en una fuerza notable en la región. Sin embargo, es posible que su Edad de Oro dependiera demasiado de sus gobernantes, ya que el final del reinado de Salomón marcó el declive del periodo. Sin embargo, Israel prosperó mientras este duró.

David se convierte en rey

David luchando contra Goliath[38]

Tras la muerte de Eshbaal, David fue aceptado como rey del reino de Israel sobre el año 1010 a. C. Según la Biblia, David ya era una figura conocida. Durante el reinado de Saúl, David había sido uno de los favoritos del rey por ser un consumado arpista y el hombre que derrotó en batalla al gigante filisteo Goliath. Este había desafiado a los israelitas a que enviaran un campeón que se atreviera a enfrentarse a él. Saúl tenía miedo, pero David se ofreció voluntario, llevando sólo un bastón, una honda y cinco piedras.

Parecía un enfrentamiento injusto, ya que Goliath era muchísimo más grande que David. Goliath tenía armadura y una jabalina, mientras que

David tenía poco con lo que luchar, aparte de piedras. Sin embargo, David se anotó una victoria cuando lanzó una piedra, golpeando a Goliath en el centro de la frente, haciéndole caer al suelo. David le cortó la cabeza y los filisteos huyeron, mientras los israelitas los perseguían.

David incluso se hizo muy amigo del hijo de Saúl, Jonatan. Sin embargo, una vez que Samuel declaró que Saúl ya no contaba con el favor de Dios, Saúl se volvió cada vez más paranoico con la idea de que David le robara el trono e intentó asesinarlo en múltiples ocasiones.

El logro más notable de David tras convertirse en rey fue su conquista de Jerusalén, que había estado bajo el control de una tribu cananea denominada jebuseos. También consiguió devolver a Israel el Arca de la Alianza, que había residido en Silo. Más tarde, el rey Salomón colocó el Arca en el Primer Templo. David, que ya gozaba de mucha fama y apoyo entre los israelitas, se hizo aún más popular con sus conquistas sobre los moabitas, los amalecitas, los filisteos, los amonitas, los edomitas y los aram-zoba.

El Primer Libro de Samuel y el Libro de las Crónicas narran la vida familiar de David. Mientras sus ejércitos asediaban Rabá de Amón, David permaneció en Jerusalén, donde conoció a Betsabé, a la que dejó embarazada. Más tarde hizo matar a su marido en plena batalla. Sin embargo, tras reconocer su pecado ante el profeta Natán, le dijeron que su hijo no sobreviviría. David también se enfrentó a las revueltas de sus propios hijos. En primer lugar, su hijo favorito, Absalón, se levantó en venganza contra él, matando al otro hijo de David, Ammón, por violar a su hermana. Los planes de Absalón contra su padre podrían haber tenido éxito si no se hubiera infiltrado entre los hombres de David. Absalón fue sorprendido en el bosque de Efraín. A pesar de las órdenes de David contra un castigo severo, Absalón fue asesinado por su traición. David lamentó mucho esta pérdida.

En el lecho de muerte de David, su hijo mayor, Adonías, se proclamó rey. Sin embargo, Betsabé y el profeta Natán convencieron a David para que nombrara rey a Salomón, hijo de Betsabé. La revuelta de Adonías fue rápidamente sofocada. Así, Salomón se convirtió en rey tras la muerte de David a la edad de setenta años. El gobierno de Salomón podría haber estado directamente influido por David, cuyas palabras de despedida a su hijo fueron que buscara la venganza en su nombre.

David desempeña un papel importante en la narrativa bíblica y la mitología religiosa. La tradición judía representa a David como el rey ideal y como antepasado de Jesús, que se menciona en los Evangelios de Mateo y Lucas. La tradición islámica también muestra a David como rey de Israel y profeta de Dios. Sin embargo, hay que recordar que la información de este capítulo procede del Antiguo Testamento. No hay pruebas históricas firmes de que David existiera, aunque la mayoría de los eruditos coinciden en que David y Salomón fueron personas reales. Más adelante profundizaremos en la historicidad de estos gobernantes y aportaremos algunas pruebas de su posible existencia.

Salomón ocupa el trono

Representación del Templo de Salomón en Jerusalén[89]

Se dice que la Edad de Oro de Israel comenzó con el reinado de David, pero el reino experimentó aún más prosperidad bajo Salomón. Sin embargo, el final de su reinado también marcó el declive de la Monarquía Unida. Se cree que Salomón subió al trono en el año 970 a. C. tras la muerte de su padre. Gobernó durante unos cuarenta años. El Primer Libro de los Reyes menciona el reinado de Salomón y su muerte.

Las referencias bíblicas y religiosas describen a Salomón como un profeta y un sabio gobernante. Su sabiduría se presenta como un regalo de Dios, que se le apareció en sueños y le preguntó qué regalo quería, a lo que Salomón respondió que sabiduría para gobernar a su pueblo. También se hace referencia a su riqueza y poder, y la tradición islámica lo retrata como profeta de Dios. Incluso las tradiciones no religiosas se refieren a Salomón como una especie de mago, atribuyéndole muchos amuletos recuperados de la época helenística.

El primer acto de Salomón como rey fue seguir las instrucciones de su padre y purgar el reino de usurpadores y traidores, eliminando a quienes se habían opuesto a David o conspirado contra él. Para proteger su reinado, Salomón nombró a amigos de confianza para ocupar importantes cargos administrativos, cívicos, militares e incluso religiosos. Según la Biblia, Salomón construyó el Primer Templo de Jerusalén, que su padre había querido construir, para guardar el Arca de la Alianza. El templo estaba dedicado al culto de Yahvé. Salomón también construyó un palacio real en Jerusalén y reconstruyó muchas ciudades, lo que contribuyó a los intereses comerciales de Israel.

Bajo el gobierno de Salomón, el ejército israelita se reforzó, sobre todo con la incorporación de carros y caballería. Salomón también estableció muchos puestos comerciales y militares fundando nuevas colonias. Siguiendo los pasos de su padre, se centró en desarrollar y fortalecer las relaciones comerciales de Israel, especialmente con los fenicios. También cultivó relaciones comerciales con Tarsis y Ofir, que trajeron al reino productos de lujo como plata, oro, sándalo, marfil, perlas, monos y pavos reales. La floreciente economía de Israel y la enorme riqueza de Salomón pueden atribuirse a estos fructíferos contratos comerciales.

La sabiduría de Salomón era muy apreciada y buscada. Uno de los ejemplos más famosos es el juicio de Salomón. Quizá conozca la historia. Dos mujeres acudieron a Salomón, ambas reclamando un hijo. Salomón sugirió cortar al niño por la mitad y dar a cada mujer una parte. Una de las mujeres protestó y decidió renunciar a su derecho. Salomón le dio el niño, alegando que sólo una verdadera madre preferiría renunciar a su hijo antes que verlo morir. Salomón también es autor de varios libros, como la Sabiduría de Salomón, el Cantar de los Cantares y los libros de los Proverbios y el Eclesiastés.

Salomón acabó por enfadar a Dios, provocando la división de la Monarquía Unida. Se apartó de Dios y en su lugar adoró a los falsos dioses de sus esposas, llegando incluso a construir templos para su culto. Salomón murió a la edad de sesenta años por causas naturales. Siguiendo el modelo de la monarquía hereditaria que se había establecido en Israel, su hijo Roboam subió al trono. El final del reinado de Salomón marcó también el principio del fin de la Edad de Oro de Israel, ya que el reino pasó del desarrollo y la prosperidad al conflicto y a la agitación.

El Último Gobernante de la Monarquía Unida: El Rey Roboam

Incluso antes de la muerte de Salomón, el reino había empezado a desmoronarse. El Primer Libro de los Reyes narra que parte del caos pudo deberse a las prácticas de Salomón en su vida personal, que no concordaban con las creencias religiosas del país, como su matrimonio con muchas esposas extranjeras y la adoración de dioses amonitas y moabitas.

Cuando Roboam se convirtió en rey, se enfrentó inmediatamente a la oposición de diez de las tribus israelitas. La madre de Roboam era amonita, lo que la convertía en una de las esposas extranjeras de Salomón. Por lo tanto, su hijo, a los ojos de los israelitas, no era apto para gobernar. Se cree que el reinado de Roboam, descrito en los Libros de los Reyes y de las Segundas Crónicas, comenzó en el año 931 a. C. y duró unos veinte años.

Aunque los israelitas se opusieron a la herencia de Roboam, la gota que colmó el vaso pudo ocurrir en su coronación, cuando las diez tribus se reunieron para pedir que se aprobaran ciertas reformas. En lugar de entablar un debate civilizado, Roboam impuso impuestos más elevados a las tribus. Esto, unido a la mayor carga económica que soportaban las tribus debido al fastuoso estilo de vida de Salomón, no fue bien recibido. Además, las regiones de Israel y Judea habían albergado históricamente animadversión mutua, que sólo se había aplacado cuando David unió a ambas con sus victorias militares. Cuando las diez tribus se rebelaron, se separaron de la Monarquía Unida, estableciendo el Reino de Israel y dejando a Roboam como gobernante del más pequeño Reino de Judá. Las dos regiones permanecieron en guerra durante todo el reinado de Roboam.

El quinto año de gobierno de Roboam estuvo marcado por la invasión del rey Sisac de Egipto. Las quince ciudades fortificadas construidas por Roboam durante su gobierno sugieren que había estado esperando un ataque; sin embargo, no está claro si algún altercado previo le había hecho creer que un ataque de Egipto era inminente o si simplemente se estaba preparando para la posibilidad de una guerra. Sisac tomó todas las ciudades fortificadas, obligando a Roboam a rendirse. Roboam ofreció todas las riquezas del Templo como tributo. A partir de ese momento, Judá se convirtió en un estado vasallo de Egipto. Aunque los registros históricos son confusos, muchos historiadores creen que este Sisac, como se menciona en el Libro de las Crónicas, se refiere a Shoshenq I. Al final del reinado de Roboam, su hijo, Abijah, le sucedió.

Historicidad

Como ya se ha mencionado, no hay pruebas firmes de que la Monarquía Unida existiera. Algunos investigadores creen que hay pruebas de que existió, como partes del palacio de David; sin embargo, otros se muestran escépticos y afirman que el descubrimiento podría no ser cierto. Algunos arqueólogos creen haber encontrado piedras y estelas con el nombre de David, aunque otros estudiosos creen que el nombre podría referirse a otra persona o estar mal traducido.

Dicho esto, la mayoría de los eruditos creen que David y Salomón existieron. Sin embargo, no creen que vivieran tan fastuosamente como se describe en la Biblia. Aunque no hay pruebas sólidas de que los reyes davídicos pisaran la tierra, es difícil descartar por completo los escritos bíblicos, por lo que arqueólogos y estudiosos siguen intentando demostrar su existencia.

Capítulo 5: El reino de Judá

El Reino de Judá, al igual que su homólogo, descendía de los israelitas que habían recibido la guía y la bendición de Dios en el monte Sinaí. Inicialmente, Judá formaba parte de la Monarquía Unida (al menos según la tradición bíblica), pero las tribus se dividieron más tarde, y dos de ellas formaron el Reino de Judá en el sur. Incluso si la Monarquía Unida existió, es probable que sólo estuviera unida de manera superficial.

Durante sus primeros años, el reino estuvo escasamente poblado. No fue hasta mucho más tarde, bajo el dominio extranjero, cuando empezó a crecer y prosperar. Judá desempeña un papel importante en la vida de los judíos, que descienden principalmente de los habitantes de esta región.

La revuelta de Jeroboam

Incluso antes del final de la Monarquía Unida y de la formación del Reino separado de Judá, existían fricciones entre la región meridional y la septentrional. Una de las razones de las tensiones era la topografía. Judá (la región meridional) estaba aislada de las otras diez tribus del norte debido a las montañas y los valles. La exclusión de Judá del resto del reino, combinada con su frontera compartida con los filisteos, que a menudo se enfrentaban a la Monarquía Unida, no ayudó a fomentar las relaciones amistosas.

La verdadera división entre las regiones se produjo con la revuelta de las diez tribus israelitas. Comenzó con la ceremonia de coronación de Roboam, el último de los reyes bajo la Monarquía Unida. En la ceremonia, las diez tribus israelitas, lideradas por Jeroboam, se acercaron al rey recién ungido y le pidieron que concediera una reducción de los pesados impuestos que Salomón había recaudado para financiar su fastuoso estilo de vida. En respuesta, Roboam decidió aumentar los impuestos, lo que provocó la rebelión de las diez tribus. Éstas nombraron rey a Jeroboam sobre el año 931 a. C.

Aunque al principio sólo la tribu de Judá permaneció leal a Roboam, la tribu de Benjamín pronto se unió para formar el reino de Judá. Las tensiones que habían existido entre el norte y el sur antes de la división se intensificaron.

Jerusalén: La capital de Judá

Maqueta reconstruida de la antigua Jerusalén[40]

Jerusalén fue la capital de Judá durante unos cuatrocientos años. Antes de la división de la Monarquía Unida, funcionaba como un importante centro cultural y religioso, sobre todo tras la construcción del Templo de Salomón, que se convirtió en el principal centro de culto. Durante el reinado de Salomón, se construyeron otros edificios importantes en Jerusalén, como el palacio de Salomón, lo que indica la importancia sociopolítica y religiosa de la ciudad.

Tras la escisión de la Monarquía Unida, Jerusalén era una región políticamente inestable. A lo largo de la existencia del Reino de Judá, fue atacada y saqueada por los egipcios, los neoasirios, los filisteos, los árabes y los etíopes. La presencia del Templo permitió a Jerusalén mantener su posición como centro religioso y lugar de frecuentes peregrinaciones. Como tal, desempeñó un importante papel social y religioso hasta la invasión babilónica, cuando la ciudad fue completamente arrasada.

Tras la liberación de los judíos del cautiverio babilónico por Ciro el Grande, se permitió a los judíos regresar a sus hogares, y el rey aqueménida ofreció ayuda monetaria para reconstruir la ciudad. La construcción del Segundo Templo se completó durante el reinado del tercer emperador del Imperio aqueménida, Darío el Grande, y las murallas de la ciudad se reconstruyeron con la ayuda de Artajerjes I, su sucesor. Jerusalén fue restaurada y sus habitantes vivieron en relativa paz hasta que los griegos derrotaron a los aqueménidas y se apoderaron del Imperio persa.

La vida en Judá

Tras la división de la Monarquía Unida, Israel y Judá siguieron enfrentados y se enzarzaron en una guerra civil durante todo el reinado de Roboam. Como Roboam había sido nombrado inicialmente rey de la Monarquía Unida, no sólo de Judá, se esforzó por someter a Israel a su control y construyó muchas ciudades fortificadas en prevención de la guerra. El hijo de Roboam también intentó someter a Israel al dominio de Judá.

Mientras se desarrollaba esta guerra civil, en el quinto año de gobierno de Roboam, Judá fue invadida por el faraón Shoshenq I de Egipto, que derribó las ciudades fortificadas de Judá con facilidad. En respuesta, Roboam optó por rendirse en lugar de luchar, entregando a Shoshenq los tesoros del Templo de Jerusalén como tributo. Tras conquistar la región, Shoshenq permitió a los judíos seguir viviendo como hasta entonces, con la diferencia de que ahora eran un estado vasallo de Egipto. Dicho estado vasallo continuó con sus esfuerzos por someter a Israel a su reino.

Batalla del Monte Zemaraim

Roboam estaba dispuesto a ir a la guerra contra el recién establecido Reino de Israel cuando éste se dividió por primera vez, pero se le aconsejó que se abstuviera de ir a la guerra contra sus hermanos. Sin embargo, su hijo y sucesor, Abías, dirigió una batalla histórica contra los israelitas en el monte Zemaraim. Esta batalla se narra en el Libro de las Crónicas y se cree que tuvo lugar alrededor del año 913 a. C.

En la Biblia, se dice que Abías dirigió un ejército de 400.000 hombres contra Jeroboam de Israel, que dirigía a unos 800.000 hombres para resolver las disputas entre los dos reinos, sobre todo la cuestión fronteriza. Antes de la batalla, la Biblia narra que Abías intentó animar a los israelitas a abandonar las armas y regresar a vivir bajo un gobierno unificado. Jeroboam hizo caso omiso de la invitación y, en su lugar, intentó una maniobra de emboscada contra los judíos, con una parte de su ejército acercándose por detrás. Sin embargo, Abías fue capaz de contrarrestar esta maniobra, dando la vuelta a la tortilla.

Los judíos obtuvieron una victoria decisiva en esta batalla, matando a unos quinientos mil israelitas y dando caza a los restantes que intentaron huir del campo de batalla. Los judíos lograron tomar las ciudades israelitas de Efrón, Betel y Jesaná. Aunque la batalla fue una victoria concluyente para Judá, no era suficiente para reunificar los dos reinos y sólo sirvió para profundizar las hostilidades entre ambos, produciéndose continuas guerras fronterizas entre las regiones hasta que los asirios se apoderaron del reino de Israel.

Batalla de Zephath

Tras el enfrentamiento del monte Zemaraim, los dos reinos no se enzarzaron en grandes batallas durante un tiempo. El sucesor de Abías, Asá, consiguió mantener una paz relativa durante los primeros años de su gobierno, hasta que los etíopes, apoyados por los egipcios, que pretendían hacerse con el control directo de la región, atacaron a los judíos. El Segundo Libro de las Crónicas describe la batalla de Sofat, que tuvo lugar en el valle de Sofat, en el actual Israel.

Los etíopes, dirigidos por Zera, contaban con un millón de hombres, según la Biblia, que señala la intervención divina como la razón de la victoria de los judíos en la batalla. Los judíos persiguieron a los etíopes hasta Gerar, donde tuvieron que detenerse por agotamiento. Asa reunió un importante número de tesoros como resultado de su victoria y pudo establecer la paz con los egipcios hasta mediados del siglo VII a. C.

La inestable alianza con Israel

El rey Asa fue desafiado una vez más por los israelitas, liderados por Basha, que obligaron a Asa a pagar un elevado tributo. A cambio, Asa sobornó al rey damasceno para que rompiera su tratado con los israelitas e invadiera la región. Este ataque obligó a los israelitas a alejarse de la frontera de Judá. El sucesor de Asa, Josafat, cambió la política de Judá en relación con los israelitas, ya que intentó forjar una alianza con ellos.

Esta alianza se hizo inicialmente a través del matrimonio. Como afirma el Segundo Libro de las Crónicas, Josafat casó a su hijo con la hija del rey

Ajab de Israel. En la batalla de Ramot de Galaad, Ajab intentó recuperar tierras de Siria, conocida entonces como Aram-Damasco, y contó con la ayuda de Josafat. Sin embargo, la batalla se perdió. Siria mantuvo el control de Ramot de Galaad, y Acab fue gravemente herido en la batalla, muriendo desangrado.

Josafat intentó crear una alianza con el sucesor de Ajab, Ocozías, para mantener las relaciones comerciales y el comercio marítimo. Más tarde, Josafat ayudó a Joram de Israel contra los moabitas, que habían estado bajo dominio israelita y se habían sublevado. La rebelión fue rápidamente sofocada, pero Josafat tuvo que retirarse precipitadamente cuando el rey moabita ofreció a su propio hijo en sacrificio.

Joram sucedió a Josafat, y el gobierno de Judá empezó a tambalearse. Aunque Joram pudo formar una alianza con los israelitas casándose con la hija de Ajab, hubo problemas. Edom, una tierra al sur, se rebeló contra el gobierno de Judá, y Joram se vio obligado a declararla como estado independiente. Otras incursiones y ataques de los árabes, los etíopes y los filisteos se llevaron todo, desde la riqueza del rey hasta su familia, dejando a Judá en una posición debilitada.

La caída de Israel

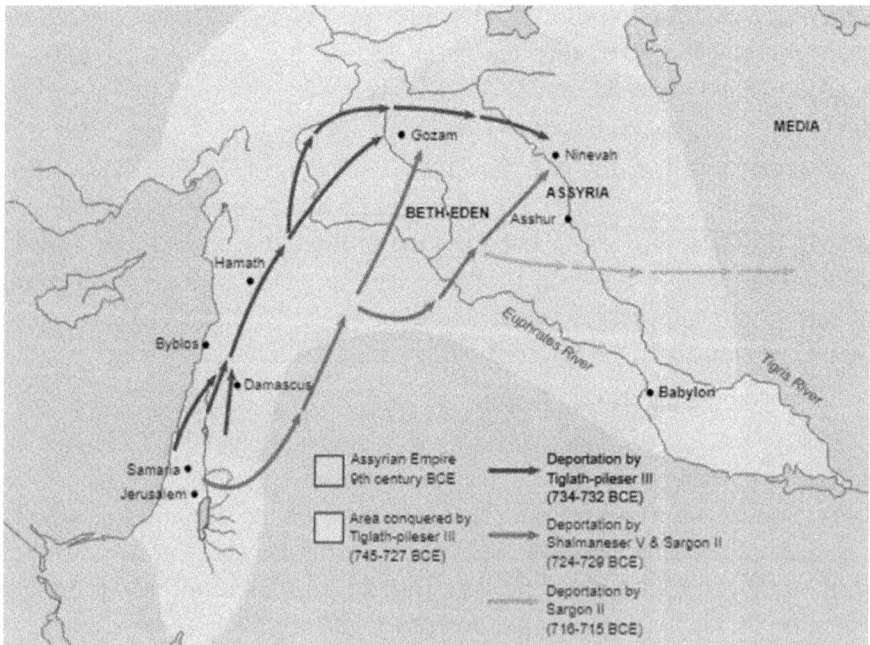

Deportaciones de Asiria[41]

Hacia mediados del siglo VIII a. C., Israel luchaba contra las incursiones neoasirias. El Libro de las Crónicas y el Segundo Libro de los Reyes describen la política de deslocalización que el Imperio neoasirio inició contra los israelitas y que supuso la desaparición del Reino de Israel.

Israel fue conquistado por Salmanasar V, y comenzó un período de expulsión forzosa de los israelitas de su hogar a Asiria. Las deportaciones comenzaron en el 732 a. C., y los asirios fueron conquistando poco a poco varias ciudades israelitas. En el 722 a. C., la ciudad de Samaria, capital del reino de Israel, cayó en manos de Sargón II tras un asedio de tres años iniciado por Salmanasar V.

Tras conocer la noticia de la caída de Israel, Ezequías, rey de Judá, abrió sus tierras a los israelitas que habían sido abandonados por los asirios. Quería celebrar la Pascua en Jerusalén. Aunque algunos se burlaron de esta invitación, muchos israelitas que se habían quedado se presentaron, incluidos los de Efraín, Zabulón, Manasés e Isacar. Muchos historiadores creen ahora que, en lugar de que los asirios se llevaran a todos los israelitas a su tierra, algunas de estas regiones fueron anexionadas por los judíos, y los israelitas fueron absorbidos por la población de Judá tras el exilio asirio.

A diferencia de los judíos, que fueron obligados a exiliarse por Babilonia, pero pudieron regresar a su patria generaciones más tarde, los israelitas nunca regresaron. Por eso se les llama las Diez Tribus Perdidas de Israel, y los relatos históricos sugieren que la población israelita podría haber sido absorbida por las poblaciones asiria y judía o entre regiones vecinas, ya que la historia no menciona ni muestra rastro alguno de ninguna de las diez tribus israelitas tras el exilio asirio. Aunque los asirios también atacaron Judá y sitiaron Jerusalén, nunca se apoderaron del reino ni intentaron destruirlo. En cambio, los asirios permitieron que Judá funcionara como un estado vasallo, aunque tuvo que pagar muchos tributos para mantener su libertad.

Judá como vasallo de Asiria

El Segundo Libro de los Reyes narra la llegada de los asirios a Levante bajo el mando de Senaquerib, quien advirtió a los judíos que no podrían resistir un ataque asirio confiando únicamente en su dios. En el 715 a. C., Ezequías forjó alianzas con Egipto y Ascalón, una región filistea, para reunir una fuerza que se enfrentara a los asirios negándose a pagarles un tributo. Senaquerib sitió Judá, y Ezequías se vio obligado a pagar un alto tributo, incluido todo el oro del tesoro del Templo. Incluso arrancó el oro de las puertas del Templo. Catorce años después, Senaquerib volvió a sitiar Jerusalén, pero nunca tomó la ciudad.

Durante el gobierno de Manasés, entre principios del siglo VII a. C. y mediados del siglo VII a. C., Judá siguió siendo un estado vasallo de los asirios. El tributo impuesto a los judíos incluía la ayuda para proyectos de construcción y la asistencia en campañas. En 640 a. C., el sucesor de Manasés, Josías, encontró cierto margen de maniobra en el autogobierno, ya que el Imperio asirio había estado luchando, los egipcios intentaban restablecer su autonomía tras el dominio asirio y los neobabilonios aún no se habían alzado.

Sin embargo, en el año 609 a. C., el faraón egipcio Necao II ayudó a los asirios a dirigir un ejército hacia Levante, entrando por Siria. Fue bloqueado en el valle de Jezreel por los judíos, que intentaban ayudar a los babilonios impidiendo el paso de Necao. Sin embargo, en la batalla que siguió, Josías fue asesinado y la alianza egipcio-asiria sitió Harran, aunque no logró mantener el control de la ciudad. Necao II se retiró a Siria.

Una vez que Necao regresó a Egipto, sustituyó al sucesor de Josías, Joacaz, por el hermano mayor de Joacaz, Joacim. Joacaz fue llevado como prisionero a Egipto. Como castigo, se impuso un pesado tributo a Judá, que Joacim se vio obligado a pagar hasta que los babilonios derrotaron a los egipcios. En un movimiento estratégico, Joaquín cambió su lealtad y comenzó a pagar tributo a Nabucodonosor II de Babilonia en el 605 a. C.

En el año 601 a. C., Nabucodonosor dirigió una campaña fallida para apoderarse de Egipto, que también le supuso grandes pérdidas. Tras ver este fracaso, muchos de los estados vasallos de Babilonia se rebelaron, entre ellos Judá. Joaquín se negó a pagar más tributos a los babilonios. En respuesta, Nabucodonosor sitió Jerusalén, intentando sofocar la rebelión.

Asedio a Jerusalén

La fuga de los prisioneros, de James Tissot[42]

La revuelta de Judá contra Babilonia duró desde el 601 a. C. hasta el 586 a. C., cuando los babilonios se apoderaron de Judá. En el 601 a. C. murió Joaquín y le sucedió su hijo Jeconías. En el primer asedio de Jerusalén, en 597 a. C., la ciudad se rindió. Jerusalén fue saqueada por los babilonios, y muchos miembros destacados, incluido el propio rey, fueron deportados. El tío de Jeconías, Sedequías, fue instalado como rey vasallo.

El Libro de los Reyes sugiere que este primer asedio duró tres meses antes de que la ciudad se rindiera y perdiera muchas de sus riquezas y habitantes, sobre todo la realeza y muchos artesanos cualificados. Durante unos diez años, Judá siguió siendo un Estado en crisis y vasallo de los babilonios. Hacia 589 a. C., en contra del consejo del profeta Jeremías, Sedequías forjó una alianza con los egipcios y se rebeló contra los babilonios.

Ese mismo año, Nabucodonosor regresó a Jerusalén y volvió a sitiar la ciudad. El asedio pudo durar entre dieciocho y treinta meses y provocó la huida de muchos judíos a las regiones vecinas en busca de refugio. Los que se quedaron sufrieron terriblemente, ya que se vieron privados de numerosas pertenencias esenciales. Cuando Nabucodonosor finalmente rompió las defensas de la ciudad, capturó a Sedequías, que había intentado escapar con su pueblo. Después de ser obligado a ver cómo mataban a sus hijos, Sedequías fue cegado y llevado cautivo a Babilonia, donde murió más tarde.

Los babilonios iniciaron entonces la destrucción total de Jerusalén. El Templo y la ciudad fueron completamente destruidos, y la mayor parte de la población de Judá fue llevada cautiva a Babilonia. Para completar la destrucción de la ciudad, fue incendiada, al igual que las ciudades y regiones circundantes. Unos pocos judíos fueron dejados atrás para ocuparse de las tierras de la provincia de Yehud, y Gedalías fue nombrado gobernador de la región.

Gedalías era nativo de Judá, y la noticia de su nombramiento animó a muchos judíos que se habían refugiado en tierras vecinas a regresar a Judá. Sin embargo, el asesinato de Gedalías a manos de Ismael, de la casa real de Judá, no produjo buenos sentimientos, y muchos de los que habían regresado emprendieron una huida precipitada. Muchos buscaron refugio en Egipto, estableciéndose cerca del Nilo. Judá siguió siendo una provincia babilónica hasta la caída de Babilonia a manos de Ciro el Grande.

Provincia de Yehud

Bajo los babilonios, la ciudad de Mizpa fue nombrada capital de Yehud. Jerusalén, que había sido completamente destruida, no tenía población de la que se hablara durante este tiempo.

La élite gobernante y las personas en el poder fueron inmediatamente destituidas y exiliadas a Babilonia, que era la medida habitual de los babilonios cuando se apoderaban de regiones. Querían asegurarse de que el pueblo conquistado no incitara a la rebelión. Se dejó atrás a algunas personas para que se ocuparan de las tierras y se trasladó la capital administrativa para eliminar cualquier poder, simbólico o real, del centro anterior. Y esta medida fue eficaz, ya que los judíos fueron incapaces de levantarse contra los babilonios.

Nada destacable ocurrió en Yehud a lo largo del siglo VI a. C. Sin embargo, tras la caída de los babilonios y el regreso de los exiliados, Yehud Medinata surgió como una esfera sociopolítica activa. Funcionaba con relativa autonomía, ya que se le permitía regirse por sus propias leyes, aunque estaba obligada a pagar tributo a los persas.

Capítulo 6: El período persa

Tras la caída de Babilonia en manos del Imperio aqueménida y la liberación de los judíos en 539 a. C., Yehud Medinata se estableció durante el periodo persa como provincia judía autónoma. Se convirtió en un importante centro administrativo dentro del Imperio persa y desempeñó un papel significativo en la rehabilitación de los israelitas tras su exilio forzoso.

Tras la muerte de Ciro el Grande, se produjo un periodo de agitación bajo su sucesor e hijo, Cambises. La estabilidad volvió a la región con el gobierno de Darío I, que introdujo controles administrativos más estrictos en todos los dominios en poder de los persas, incluida Yehud Medinata. Estos controles se endurecieron aún más cuando los persas perdieron Egipto temporalmente. Durante este periodo se produjeron cambios religiosos, culturales y administrativos en la vida de los judíos, que se vieron influidos por el dominio persa.

La formación de Yehud Medinata

Yehud Medinata resaltada en rosa[48]

Yehud Medinata nació tras la conquista de Babilonia por Ciro el Grande, que permitió a los israelitas regresar a su tierra. Uno de sus primeros actos tras la conquista fue encargar la reconstrucción de su tierra natal, incluido el Templo destruido, que se cree que fue restaurado alrededor del año 515 a. C.

Yehud Medinata se estableció como provincia judía que operaba bajo la atenta mirada del Imperio aqueménida. Su población rondaba las treinta mil personas y seguía siendo una región relativamente pequeña. No fue hasta mediados del siglo V a. C. cuando Jerusalén recuperó su antigua influencia política. Hasta entonces, Yehud Medinata siguió siendo un estado teocrático gobernado por sumos sacerdotes y gobernadores judíos nombrados por los persas, cuyo trabajo consistía en mantener la paz en la región y garantizar la recaudación de tributos.

El Imperio aqueménida instauró una política de tolerancia religiosa y cultural y no impuso sus propias prácticas religiosas en las tierras conquistadas. A mediados del siglo V a. C., durante el reinado de Artajerjes I, los sacerdotes Esdras y Nehemías fueron enviados a Jerusalén para actuar como sacerdotes y como gobernadores y supervisar la restauración de Jerusalén. Yehud Medinata había sufrido disturbios civiles desde el regreso de los judíos exiliados, y Nehemías expresó su pesar por el tiempo que se estaba tardando en restaurar las murallas de Jerusalén.

Los disturbios se debían a las tensiones entre los que habían regresado y los que se habían quedado durante el cautiverio en Babilonia. Las tensiones podrían haber sido causadas, al menos en parte, por la actitud de exclusivismo que los que retornaron adoptaron durante su exilio en Babilonia, ya que se habían apartado de sus captores para mantener su sentido de identidad y cultura. De vuelta a casa, este exclusivismo chocó con la gente que vivía allí, lo que provocó frecuentes conflictos. El malestar también podría haber sido causado por la redistribución de la propiedad que tuvo lugar tras el exilio, una cuestión que estaba en disputa ahora que los repatriados intentaban reclamar sus antiguas tierras. La llegada de Esdras y Nehemías pretendía resolver estos conflictos, ayudando a los retornados a reintegrarse en la sociedad judía y a volver a sus prácticas religiosas.

Durante el exilio babilónico, a principios del siglo VI a. C., Judá experimentó un pronunciado declive. La élite del país, la familia real y el sacerdocio fueron expulsados de Judá. Como consecuencia, la economía se resintió enormemente y se perdió todo el desarrollo que Judá había logrado tras la devastación de Israel. Gedalías, nativo de Judá, fue nombrado rey títere en lo que se conocía como Yehud. El centro administrativo se trasladó de Jerusalén a Mizpa debido a la destrucción de Jerusalén y para tal vez romper el poder consolidado que había existido allí. La provincia de Yehud incluía también las ciudades de Betel, Mizpa, Jericó, Bet-Zur y En-Gedi.

La llegada de los babilonios a Judá provocó un movimiento de refugiados en la región, y muchos judíos escaparon y buscaron refugio en las zonas circundantes. Cuando les llegó la noticia del nombramiento de Gedalías, la mayoría regresó a Yehud. Sin embargo, pronto se produjeron disturbios cuando Gedalías fue asesinado. La guarnición babilónica atacó, y muchos de los habitantes de Yehud buscaron refugio en Egipto.

Es difícil establecer el número exacto de personas que se quedaron en Yehud, las que fueron deportadas a la fuerza a Babilonia y las que escaparon a Egipto y otras regiones cercanas. En el Libro de Jeremías se afirma que unas 4.600 personas fueron obligadas a exiliarse en Babilonia. A estas cifras se añade la anterior deportación de entre ocho mil y diez mil personas por parte de Nabucodonosor a principios del siglo VI, mencionando la completa destrucción y alteración del ambiente social de Judá.

Durante la época persa, entre los años 538 y 400 a. C., la religión unificada que había comenzado a desarrollarse durante el cautiverio babilónico empezó a practicarse en Yehud Medinata. Esto ocurrió en gran medida porque los persas concedieron a los judíos independencia religiosa, social y política. Esta época también marcó el comienzo del canon bíblico. El periodo persa tuvo un profundo impacto en la vida, la religión, la cultura e incluso la lengua de Judá, y las políticas persas cambiaron la forma en que los judíos estructuraban su vida social, política y económicamente. El hebreo, que había sido la lengua de la administración y la lengua de uso cotidiano, fue sustituido poco a poco por el arameo, la lengua administrativa de los persas, aunque el hebreo siguió utilizándose en contextos religiosos y sociales.

La Organización de Yehud Medinata

Yehud Medinata se desarrolló en gran medida bajo la influencia persa. Por lo tanto, muchas políticas aqueménidas determinaron la organización administrativa, religiosa y social de la región. Por ejemplo, las reformas de Darío I dentro del imperio influyeron enormemente en la redacción, las revisiones y la organización de la Torá. Yehud Medinata estaba formada por los descendientes del reino de Judá y los retornados liberados del exilio babilónico. La región también incluía una extensa población mesopotámica, que se unió a los judíos desde su exilio mucho más temprano a Samaria.

La Administración en Yehud Medinata

מטבעות 'יהד'

Monedas de Yehud"

En comparación con el antiguo reino de Judá, Yehud Medinata era significativamente más pequeño, tanto en términos de población como de geografía. Se extendía desde Betel, al este, hasta el río Jordán y el mar Muerto, al sur, y hacia las tierras altas de Judá y las llanuras costeras, al oeste. Tras la destrucción de Jerusalén, ya no pudo funcionar como centro administrativo, por lo que el centro se trasladó a Mizpa, que estaba situada en la tierra de Benjamín.

Benjamín había formado parte del reino de Israel antes de su destrucción y cumplía mejor la función de región administrativa que Jerusalén porque estaba más densamente poblada. Se convirtió en un centro importante, teniendo en cuenta que albergaba la nueva ciudad administrativa de Mizpa, así como el centro religioso de Betel. Mizpa mantuvo esta posición de importancia durante más de un siglo, hasta que en 445 a. C. el control administrativo volvió a Jerusalén.

No está claro qué papel administrativo desempeñó Jerusalén mientras Mizpa fue la principal ciudad administrativa, pero la destrucción de Jerusalén y su población gravemente reducida probablemente implicaron que no sirviera de mucho para gobernar, ya que carecía de administradores o cuerpos sacerdotales. Sin embargo, con su restablecimiento, volvió a convertirse en el centro administrativo. Ciro el Grande destinó una importante suma de dinero de sus propios ingresos a financiar la reconstrucción de Jerusalén. También se permitió a los judíos un gobierno independiente y se les devolvieron los tributos robados a Jerusalén por los babilonios. A cambio, los judíos tuvieron que pagar tributo a los persas. Se reconstruyeron las murallas de Jerusalén y se construyó el Segundo Templo, de unos noventa pies de altura. Desde finales del siglo V hasta principios del III a. C., Jerusalén tuvo incluso una fábrica de moneda local, que acuñaba monedas de plata.

Incluso con la reconstrucción de la ciudad, Jerusalén no alcanzó un gran tamaño. Tenía entre 500 y 1.500 habitantes, una sombra de la población de la que había gozado antes de la invasión. Sin embargo, Jerusalén, a pesar de su tamaño, era la única ciudad verdaderamente urbana de Yehud Medinata, ya que gran parte del resto de la región seguía viviendo en pequeñas aldeas sin murallas. La población de toda la región de Yehud Medinata nunca superó los treinta mil habitantes. Y aunque los relatos bíblicos narran migraciones masivas de judíos desde Babilonia, hay pocas pruebas arqueológicas que lo corroboren.

Gobierno de Yehud Medinata

Bajo el dominio persa, los gobernadores de Yehud Medinata fueron nombrados entre los judíos, siguiendo la tradición persa de preservar las culturas de las tierras conquistadas. Ciro el Grande nombró a Sheshbazzar gobernador de Yehud en 538 a. C. Sheshbazzar descendía del linaje de David. Esta línea de gobernación continuó con su sucesor y sobrino, Zorobabel, aunque es posible que Sheshbazzar y Zorobabel fueran la misma persona. Se cree que la línea davídica continuó ejerciendo como gobernador hasta el año 500 a. C. Los persas implantaron prácticas similares en otras partes del imperio, como Fenicia, y aunque puede que no representara una restauración de la línea davídica, sirvió para mantener cierta paz en una región que aborrecía el dominio extranjero.

Yehud Medinata también fue mantenida por el sumo sacerdote y los profetas, emulando la práctica de Judá antes de la invasión babilónica. Esta sucesión se recoge en la Biblia hebrea en las Crónicas de Esdras y Nehemías. Sin embargo, la línea de la sucesión davídica, así como el profetismo, terminaron hacia el 500 a. C., dejando sólo al sumo sacerdote a cargo del gobierno. Esto llevó a que Yehud Medinata se estableciera como una teocracia gobernada por una sucesión de sumos sacerdotes.

El gobernador de Yehud tenía la doble función de aplicar tanto la política israelita como la persa, sin cometer injusticias con ninguna de las dos. Las costumbres judías incluían notablemente sus prácticas religiosas, en las que se basaban muchos asuntos políticos, como el nombramiento y los deberes del sumo sacerdote. La política persa se centraba en gran medida en la recaudación de tributos de los súbditos judíos. De este modo, los habitantes de Yehud Medinata se las arreglaban solos. Mientras que bajo el Imperio persa un gobernador solía estar asistido por un equipo de funcionarios y escribas, no se ha encontrado ninguna asamblea de este tipo en Yehud Medinata, lo que quizá marque otra forma en la que a los judíos se les permitía vivir de forma independiente bajo el dominio persa. Lo que sí se puede afirmar con seguridad es que la mayoría, si no todos, de los gobernadores de Yehud Medinata, eran judíos. Artajerjes I también eliminó la obligación de pagar tributo a los que trabajaban en el Templo, una medida que le granjeó un gran respeto entre los judíos.

Evolución de la religión

Durante los siglos X y VII a. C., la religión de Judá aún no había evolucionado hacia un sistema de creencias monoteísta y, por tanto, funcionaba en gran medida como una religión henoteísta. Aunque giraba en torno al culto a Yahvé, no excluía el culto a otras deidades. Esto siguió siendo un punto de discordia dentro de los reinos de Israel y Judá, ya que el culto henoteísta iba en contra de los Diez Mandamientos y supuestamente condujo a la perdición de los israelitas, que cayeron en manos de los asirios.

El monoteísmo había empezado a surgir como una forma de rebelión contra el dominio asirio antes de que la religión se convirtiera más plenamente como monoteísta durante el exilio babilónico. Los asirios proclamaron que su rey era el "Señor de los Cuatro Cuartos", refiriéndose los cuatro cuartos a las cuatro esquinas del mundo, un título que más tarde fue tomado por Ciro el Grande. Este título parecía desafiar el concepto de Yahvé para los judíos, que adoptaron la adoración de un solo Dios como una rebelión. Tras el exilio babilónico, Yahvé emergió más claramente como el Dios de Judá, y los otros dioses menores que antes habían sido adorados como hijos de Yahvé fueron relegados a posiciones de ángeles o demonios. Esta evolución religiosa comenzó durante el periodo babilónico, pero continuó desarrollándose durante los periodos persa y helenístico.

El Imperio persa albergaba una mezcla de religiones, costumbres, culturas y tradiciones, debido a las diferentes tierras, regiones e incluso imperios que fueron conquistados por los aqueménidas. Los aqueménidas practicaban el zoroastrismo, y se pueden apreciar influencias innegables en la evolución del judaísmo y las creencias y prácticas religiosas del zoroastrismo.

El exilio babilónico y la posterior reintegración de los judíos en Yehud Medinata desempeñaron un papel vital en el desarrollo de la ideología judía, que se vio especialmente influida por la reconstrucción de Jerusalén y la línea davídica de gobernantes que le siguió en los primeros años de dominio persa. Durante su exilio, se formó un principio central en la vida judía: la idea de exclusividad, que significaba que los judíos utilizaban su cultura y sus prácticas religiosas para diferenciarse de los babilonios.

Cuando los judíos regresaron a su patria (Yehud Medinata), difundieron la creencia de que estaban apartados de los demás. Aunque consta que tanto Esdras como Nehemías expresaron su desdén ante la incipiente práctica de que los adoradores de Yahvé se casaran con no creyentes, mantuvieron relaciones cordiales con sus vecinos. La religión monoteísta estaba abierta a las doce tribus y a cualquier extranjero que deseara convertirse, pero el título de judío estaba reservado a las tribus de Judá y Benjamín y a la tribu santa de Leví. Aunque la religión estaba abierta a cualquiera, no concedía a todos la misma posición dentro de la jerarquía religiosa.

Aunque muchas pruebas sugieren que la religión yehudí evolucionó hacia una forma de culto mayoritariamente monoteísta durante el periodo de dominación persa, algunos relatos indican que al menos algunos judíos siguieron siendo politeístas. Esta práctica podría haber surgido de una serie de factores sociopolíticos, como el exilio y la huida de muchos judíos para escapar de los asirios y, más tarde, de los babilonios. Algunos papiros de Elefantina indican que una pequeña comunidad de judíos, que no regresó de Elefantina a Yehud tras la liberación de los judíos, creía en

Yahvé y le rendía culto, al mismo tiempo que ofrecía alabanzas a la diosa egipcia Anat. Incluso construyeron un templo para adorarla mejor. Tras el fin de la dominación persa en Egipto, el templo judío de Elefantina fue abandonado.

Hay muchas pruebas que sugieren que la Torá sufrió numerosas alteraciones en cuanto a su escritura y su cronología durante el periodo persa. Algunos eruditos creen que fue en este periodo cuando se determinó la forma final de la Torá, aunque otros opinan que su composición continuó hasta el periodo helenístico. Los cambios que se introdujeron en la Torá durante esta época incluyen la revisión de la historia, que abarca desde el antiguo Israel hasta el reino de Judá. Los libros proféticos más antiguos, que habían formado parte de la Torá hasta entonces, fueron eliminados.

Idioma en Yehud Medinata

Tras la liberación de los judíos de la dominación babilónica, la Torá sufrió una importante transformación con respecto a los escritos anteriores. Se revisaron las obras más antiguas, así como las interpretaciones que las acompañaban. También se incluyeron pasajes y libros que no formaban parte de la versión anterior. Las referencias constantes a la Biblia hebrea en esta versión de la Torá sugieren que los judíos empezaron a desarrollar un mayor sentido de sus escrituras y escritos sagrados y produjeron la obra como una autoridad religiosa en el desarrollo de un sistema de creencias monoteísta.

El desarrollo y la evolución de la religión judía escrita se produjeron paralelamente a la transición de la lengua escrita y administrativa. Esta influencia era de esperar, ya que los persas realizaban sus gestiones administrativas y diplomáticas en arameo, como forma de unificar las distintas regiones bajo una misma bandera. Habiendo introducido el arameo en Yehud Medinata, se hizo vital traducir la Torá, aunque el libro en sí permaneció en hebreo en esta época, al arameo, para hacerlo accesibles a los judíos y a otros pueblos, aunque ciertas secciones, como los libros de Daniel y Esdras, se escribieron originalmente en arameo.

El cambio lingüístico fue tan drástico que del periodo persa se conservan muy pocos materiales escritos en hebreo, por no decir ninguno. La mayoría de los materiales epigráficos que se han recuperado estaban grabados en arameo, lo que sugiere la amplia prevalencia de esta lengua en Yehud Medinata. El arameo siguió utilizándose en la región mucho después del final del periodo persa, aunque el hebreo se recuperaría mucho más tarde.

El Imperio persa desempeñó un papel importante, aunque a veces fue indirecto, en el desarrollo de la cultura, la religión y la lengua. Las actividades políticas persas en otras partes del imperio también influyeron en los judíos de forma notable. Su práctica religiosa se vio influida por muchos factores y adoptó rasgos del culto persa, evolucionando hacia la forma de judaísmo que conocemos actualmente.

El uso administrativo del arameo por parte de los persas obligó a utilizarlo en Yehud Medinata, lo que cambió la lengua del pueblo judío durante siglos. Con el paso del tiempo, creció la tensión entre los persas y los judíos. Estas tensiones fueron causadas principalmente por el complot urdido por Amán, un gobernador del rey aqueménida Jerjes I, para asesinar a los judíos del Imperio persa. Cuando Alejandro Magno derrotó a los aqueménidas y tomó para sí el Imperio persa, estas tensiones terminaron, aunque pronto surgirían nuevos problemas.

Capítulo 7: El periodo helenístico (330-50 a. C.)

El Imperio aqueménida duró poco más de dos siglos, y en ese tiempo adquirió e influyó en muchas regiones del antiguo Próximo Oriente. La derrota de Babilonia al principio del imperio permitió a Ciro el Grande liberar a los judíos que se encontraban allí en el exilio impuesto. Les ofreció la oportunidad de volver a su tierra, aunque bajo la influencia del Imperio persa. Durante este tiempo, la lengua, la religión y la cultura persas tuvieron un profundo impacto en la vida de Judá.

El fin del Imperio persa llegó de la mano de Alejandro Magno de Macedonia, que se enfrentó tres veces al último rey aqueménida, Darío III, antes de obtener una victoria segura sobre él. El dominio de Alejandro sobre el Imperio persa también sometió a Yehud Medinata bajo su reinado en 334 a. C. Con la entrada de la influencia griega en la región, comenzó el periodo helenístico, que dio lugar a una mayor evolución del pensamiento y la práctica judíos.

La llegada del periodo helenístico

La época helenística en lo que había sido la provincia de Yehud Medinata constó de cuatro fases distintas. Comenzó con la conquista del Imperio persa y, por extensión, de la actual Palestina por Alejandro Magno. Tras su muerte, los ptolomeos tomaron el poder a principios del siglo III a. C. como una extensión del dominio ptolemaico en Egipto. A finales del siglo III a. C., el dominio seléucida de Mesopotamia se extendió a la región hasta finales del siglo II a. C. Desde entonces y hasta mediados del siglo I a. C., los asmoneos reinaron en Judá, que pasó a denominarse Judea en el periodo helenístico.

Durante el periodo helenístico, Judea fue la tierra central entre el Imperio seléucida en el oeste y el Imperio ptolemaico en el este. Como consecuencia, a menudo se vio envuelta en los conflictos de los imperios vecinos, lo que provocó que diversos gobernantes entraran y salieran de la región. Sin embargo, de acuerdo con la tradición persa, Alejandro Magno no impuso el dominio extranjero sobre los judíos. En su lugar, Judea fue gobernada por los cargos hereditarios de los sumos sacerdotes, lo que estaba en consonancia con la teocracia establecida en la región. No obstante, Judea también actuó como vasallo helenístico durante esta época.

Es comprensible que la llegada de un nuevo pueblo trajera nuevas ideas e influencias a la vida de los judíos, afectando a su religión y costumbres. Las influencias helenísticas surgieron primero en Alejandría, Egipto, y afectaron a los judíos egipcios antes de extenderse a Judea. Lo más significativo es que esta mezcla cultural condujo a la traducción de las escrituras sagradas hebrea y aramea al griego, haciéndolas accesibles a los recién llegados y a los judíos alejandrinos, que no sabían leer ni hebreo ni arameo.

Durante el dominio ptolemaico en Judea, que duró entre 301 y 198 a. C., hubo una paz relativa en la región. Surgió una élite judía basada en la implicación del pueblo con el Imperio ptolemaico. Trabajaban en la administración y en el ejército. Esta élite vivía bajo la influencia helenística, por lo que muchas prácticas judías se mezclaron con las tradiciones helenísticas. Este período continuó hasta las guerras de Antíoco III, gobernante del Imperio seléucida, cuyos esfuerzos llevaron a que Jerusalén cayera bajo su dominio en 198 a. C. La helenización comenzó durante su reinado, aunque fue moderada y menos impuesta que la de su sucesor.

Antíoco IV, su sucesor, no defendió los valores de la libertad religiosa como lo habían hecho Alejandro Magno y los ptolomeos. Saqueó el Templo en respuesta a los disturbios que se produjeron en Jerusalén durante su campaña en Egipto, lo que le hizo desviar su atención hacia los judíos. Su respuesta fue prohibir los ritos y tradiciones judíos, impidiendo, de hecho, la práctica abierta del culto religioso judío. La resistencia judía a la helenización seléucida provocó más disturbios y enfrentamientos entre los judíos y los seléucidas, que culminaron en la Revuelta Macabea entre los años 174 y 135 a. C., que puso fin a la dominación seléucida. Esto condujo al fin del dominio seléucida sobre Judea, una victoria marcada por la celebración de Hannukah en la actualidad.

Esta rebelión en tierras de Judea, además de poner fin al dominio extranjero sobre los judíos, también condujo a la formación de un reino judío independiente, que fue encabezado por la dinastía asmonea. Esta dinastía surgió en 140 a. C. y duró hasta 37 a. C. Hacia el final de la dinastía, se vio invadida por guerras civiles, que quizá se vieron influidas por las guerras civiles que se estaban produciendo en Roma en la misma época. Aunque el reino asmoneo surgió de una rebelión contra la helenización de Judea, la dinastía se hizo cada vez más helenista. Herodes puso fin a la dinastía asmonea, lo que dio lugar al inicio de la dinastía herodiana, en la que la región pasó a ser vasalla de Roma.

La influencia de Alejandro Magno en Judea

Alejandro Magno[45]

La invasión del Imperio persa por Alejandro Magno en 334 a. C. y su posterior conquista en 331 a. C. tuvieron profundas repercusiones en la composición cultural, étnica, lingüística y religiosa de la región. Introdujo las tradiciones griegas en la vida persa y en las diversas regiones que habían sido absorbidas por el Imperio persa. Aunque ninguna prueba indica que la expedición de Alejandro le llevara a través de Yehud Medinata, su llegada tuvo una gran influencia en la vida y la religión judías.

Alrededor del año 332 a. C., Alejandro Magno marchó a Egipto, donde estableció Alejandría y visitó el Oráculo de Amón. Fue recibido por el sacerdote local como un dios, lo que demuestra la aceptación de su gobierno por parte de los egipcios. Aunque Alejandro marchó a través de Palestina para llegar a Egipto, las pruebas no indican que tomara nunca la ruta montañosa que atravesaba Yehud Medinata para llegar allí. Por lo tanto, no hay pruebas de que Alejandro se reuniera con los judíos o tuviera alguna interacción directa con ellos en Yehud Medinata.

A pesar de ello, Alejandro tuvo un gran impacto en la vida judía. Lo más notable es que decidió dejar Yehud Medinata como estaba, en lugar de imponer un nuevo gobernante a su pueblo, lo que muy probablemente habría provocado rebeliones y disturbios en una región con una historia de exilio forzoso, esclavitud y aversión al dominio extranjero. Alejandro permitió que los judíos siguieran como estaban, simplemente sustituyendo a los funcionarios y administradores persas de la región por los suyos. Esta medida podría haberle conseguido un gran respeto entre los judíos, aunque hay pocas pruebas de que le tuvieran especial afecto mientras estuvo bajo su dominio. Tras su muerte en el 323 a. C., sus victorias y logros empezaron a considerarse legendarios, y entonces se refirieron a él como "el Grande". En ese momento, los judíos intentaron asociarse con él.

Alejandro Magno en la tradición judía

Las leyendas y fuentes judías comenzaron a elaborar relatos sobre una posible visita que Alejandro Magno podría haber realizado a diversas regiones de Yehud Medinata. Uno de los relatos más conocidos es el de la visión de Daniel, que se narra en el Libro de Daniel. En la visión, Daniel ve un carnero con dos cuernos, que simboliza a los reyes de Media y Persia, y una cabra que viene del oeste, que representa a Alejandro Magno. El macho cabrío derrota al carnero, indicando la victoria de los griegos sobre el Imperio persa.

A partir de esta historia surgieron otras, como la que narra la llegada de Alejandro Magno a Jerusalén. En esta historia, es recibido por el sumo sacerdote de Yehud Medinata, que ofrece su lealtad y sumisión a Alejandro. A cambio, entró en el Templo y ofreció un sacrificio, según la tradición judía.

Este relato incorpora a Alejandro Magno a la tradición judía como seguidor de la fe. No sólo su visita a Jerusalén le habría obligado a desviarse de su camino a Egipto, sino que la historia también narra que se inclinó ante el sumo sacerdote al verlo en reconocimiento de la grandeza de Yahvé. Sin embargo, no se han encontrado otros relatos de un viaje o suceso semejante fuera de la tradición judía.

Alejandro Magno en Samaria

Mientras que los judíos de Yehud Medinata parecían haber acogido a Alejandro con reverencia, no ocurría lo mismo en Samaria. En un principio, Alejandro contó con el apoyo del gobernador samaritano, Sanbalat III, y obtuvo permiso para construir un templo en el monte Gerizim. Sin embargo, la muerte de Sanbalat III provocó rebeliones en Samaria contra Alejandro, que desembocaron en disturbios y en la ejecución del nuevo gobernador.

Alejandro Magno tomó represalias y dirigió un ejército contra los samaritanos. Destruyó la ciudad y desterró a sus ciudadanos. Los samaritanos se exiliaron a la fuente del monte Gerizim, donde se dividieron en dos facciones. Una parte siguió viviendo al pie del monte sagrado, la ciudad de Samaria, que se convirtió en una ciudad griega tras su destierro.

El legado de Alejandro Magno

Tras la muerte de Alejandro Magno en el año 323 a. C., su vasto imperio no pudo mantener la paz. Su antiguo imperio se vio sumido en guerras civiles durante las dos décadas siguientes y, cuando por fin cesaron las guerras, el otrora gran imperio de Alejandro Magno quedó dividido en distintas secciones, las más notables de las cuales pertenecían a sus generales Seleuco y Ptolomeo.

El reino seléucida comprendía la mayor parte de Asia Menor, Mesopotamia y Siria. El reino ptolemaico tenía su sede en Egipto. Durante el siglo III a. C., Judea, situada entre los dos imperios, permaneció bajo el dominio ptolemaico hasta la incursión de los seléucidas, momento en el que pasó a manos del Imperio seléucida durante aproximadamente un siglo.

Aunque otros generales salieron victoriosos de las guerras civiles desencadenadas por la muerte de Alejandro Magno, el mayor reto era legitimar su sucesión al trono a ojos de la población local. La región de Oriente Próximo, incluida Judea y la mayor parte del antiguo Imperio persa, había estado gobernada por una monarquía, en la que el trono pasaba de padre a hijo o a otro pariente varón. No se trataba de una ley dinástica que pudieran seguir los sucesores de Alejandro, ya que ninguno de sus generales estaba emparentado con él.

Una de las formas en que los generales intentaron establecer la legitimidad de su gobierno fue fundando nuevas ciudades griegas y dándoles su nombre, de forma similar a lo que Alejandro había hecho en las tierras conquistadas, como Alejandría. Estas ciudades presumían de cultura, religión y arte griegos, así como de casas consistoriales y templos de estilo griego. De este modo, la cultura griega se extendió entre las poblaciones locales, que apreciaron la aclimatación al modo de vida griego y lo absorbieron en el suyo propio, dando lugar así a un periodo de helenización. La helenización fue una herramienta magnífica que los gobernantes griegos utilizaron para obtener la lealtad de los lugareños.

Dominio ptolemaico sobre Judea

Aunque los griegos conservaron extensos registros escritos de su historia, apenas se menciona la región de Judea. Política, geográfica y socialmente, esta región tenía poca importancia para los griegos. No proporcionaba ninguna ruta comercial importante, y la entrada en Egipto era posible a través de las llanuras costeras de Palestina, por lo que los griegos no necesitaban atravesar los caminos montañosos de Judea. Como los judíos también tenían poca participación política, no desempeñaron un papel significativo en la historia griega.

Sin embargo, la llegada de los griegos tuvo un gran impacto en los judíos. Esto se puede observar sobre todo en el sistema de acuñación de monedas, que cambió para reflejar el nuevo dominio sobre la región. El peso de las monedas también se modificó para reflejar el sistema griego de pesos atómicos. Sin embargo, dentro de Judea se produjeron pocos cambios políticos.

Mientras que otras regiones circundantes como Samaria y Asdod se convirtieron en hiparquías (unidades administrativas) bajo el Imperio ptolemaico, con los hiparcas (que gestionaban la administración y el gobierno de la región) directamente instituidos por el gobernante ptolemaico, Judea se mantuvo relativamente independiente. Respondía ante el imperio, pero se le permitía funcionar como una unidad administrativa separada gobernada por los sumos sacerdotes. Esta relativa independencia mantuvo la paz, y la vida no cambió significativamente para los judíos.

El Imperio seléucida

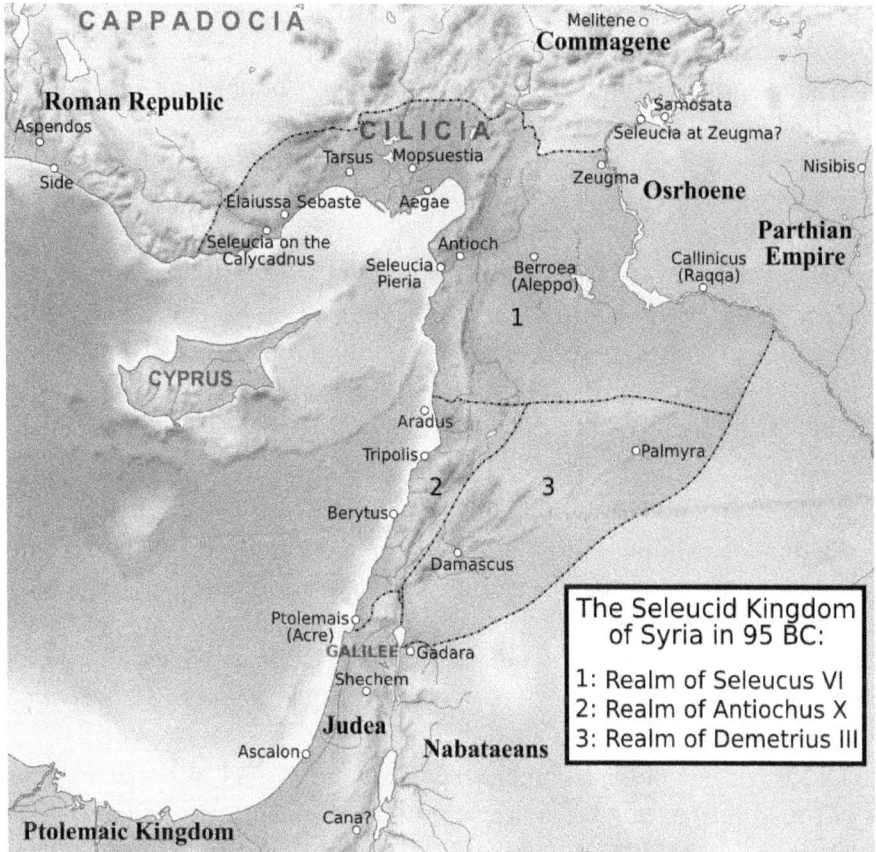

CAPPADOCIA

Melitene○
Commagene

Roman Republic
Aspendos○

Side○

CILICIA

Tarsus○ Mopsuestia○

Elaiussa Sebaste○ Aegae○

Seleucia on the
Calycadnus

Seleucia○
Pieria

Antioch○

Samosata○
Seleucia at Zeugma?

Zeugma○
Osrhoene

Nisibis○

Berroea○
(Aleppo)

Callinicus
(Raqqa)○

Parthian
Empire

1

CYPRUS

Aradus○

Tripolis○

2   3

Berytus○

Damascus○

○Palmyra

Ptolemais○
(Acre)
GALILEE○Gadara

Shechem○

Judea

Ascalon○

Cana?○

Nabataeans

The Seleucid Kingdom
of Syria in 95 BC:

1: Realm of Seleucus VI
2: Realm of Antiochus X
3: Realm of Demetrius III

Ptolemaic Kingdom

Siria en el Imperio seléucida[46]

Seleuco, que era un oficial superior del ejército de Alejandro, estableció su imperio en Mesopotamia. Seleuco no se conformó con gobernar una pequeña parte del vasto Imperio macedonio y emprendió una despiadada estrategia expansionista, añadiendo Anatolia, Persia y el Levante a su territorio. Finalmente, Judea cayó bajo el dominio seléucida un par de años después de que Antíoco III ganara la batalla de Panium en 200 a. C.

Bajo Antíoco III comenzó la helenización, que supuso la conversión forzosa a la religión griega y la práctica de la cultura griega entre las comunidades locales. Dado que abrazar la cultura griega reportaba beneficios económicos, muchos judíos aceptaron el helenismo. Sin embargo, hubo muchos que no lo hicieron, y las tensiones aumentaron.

El sucesor de Antíoco III, Antíoco IV, aplicó una política mucho más estricta, intentando convertir a toda la población judía a la religión griega. Construyó un gimnasio griego fuera del Templo judío. No sólo exigía que lo visitaran quienes pudieran permitírselo, sino también que se quitaran toda la ropa antes de hacerlo, un acto que iba en contra de la ley judía. Tras una breve rebelión, se prohibieron prácticas judías como el Sabbat y la circuncisión, y se hizo obligatorio el culto a los dioses griegos. Negarse a hacerlo se castigaba con la muerte.

Los macabeos, un grupo rebelde, se sublevaron bajo el liderazgo de Matatías, un sacerdote, en 167 a. C. Comenzó una guerrilla en la que los judíos destruyeron templos griegos. Se enfrentaron al ejército seléucida y, aunque les superaban en número, les derrotaron y recuperaron Jerusalén. El pueblo judío puso fin al dominio seléucida e instauró un gobierno autónomo.

Impacto helenístico sobre la dinastía asmonea

La dinastía asmonea surgió como consecuencia directa de la influencia helenística experimentada en Judea. Incluso durante el reinado de Alejandro Magno y el de Ptolomeo, los judíos habían vivido en relativa armonía, sin ser molestados por los cambios de mando de las potencias gobernantes. La región tenía poco que ofrecer en forma de beneficios económicos o amenazas políticas.

Este escenario político cambió drásticamente con el Imperio seléucida. Si el Imperio seléucida hubiera mantenido las políticas de los gobernantes anteriores y hubiera permitido que el pueblo judío tuviera una relativa autonomía en el gobierno y la religión, es poco probable que hubieran hecho contribuciones significativas al clima político de Oriente Próximo. Sin embargo, las políticas expansionistas de Antíoco III y Antíoco IV crearon muchas fricciones, incluso antes de que se impusieran leyes escandalosas y discriminatorias al pueblo judío.

La gota que colmó el vaso fue la imposición de la religión griega a los judíos. Los macabeos se levantaron contra los seléucidas y restablecieron la autonomía judía con la dinastía asmonea, que se mantuvo independiente durante más de un siglo. Sin embargo, las influencias helenísticas no pudieron eliminarse por completo de Judea. Continuó impregnando la vida judía como remanente de la forma de vida en Judea bajo el dominio seléucida. Esto incluyó cambios en la organización del estado y las leyes de la tierra. Incluso influyó en la forma de crear y consumir arte.

Impacto helenístico en la dinastía herodiana

A la dinastía asmonea siguió la herodiana, que comenzó con Herodes, el rey romano-judío de Judea. Herodes el Grande heredó un modelo helenístico de realeza e intentó establecer un sentido de continuidad adoptando prácticas asmoneas, como la acuñación de moneda con símbolos y diseños arquitectónicos asmoneos. La naturaleza helenizada preexistente de la cultura, la política y la estructura social de Judea influyó en el planteamiento de Herodes a la hora de gobernar. Al utilizar el mismo sistema que antes, ayudó a establecer la legitimidad de su gobierno. Sin embargo, tras su muerte, su reino se dividió en una tetrarquía, gobernada por sus tres hijos. Este gobierno resultó tan ineficaz que los romanos se vieron obligados a intervenir en Judea.

Capítulo 8: La dinastía asmonea (140-37 a. C.)

En el año 331 a. C., el Imperio aqueménida cayó en manos de Alejandro Magno y se inició el periodo del Imperio macedonio, que dio lugar a la helenización de las tierras que antes habían estado bajo el dominio del Imperio persa. La toma del poder por los griegos no cambió significativamente la vida en Yehud Medinata, ya que los funcionarios persas fueron simplemente sustituidos por administradores griegos. La muerte de Alejandro Magno en el año 323 a. C. trajo consigo divisiones y conflictos, ya que su reino se encontraba en disputa sin heredero legal que lo reclamara.

Como tal, sus generales se separaron del Imperio macedonio unido para formar su propio gobierno sobre las tierras, y Yehud Medinata quedó decididamente en el punto de mira de los imperios seléucida y ptolemaico. Atrapados en una lucha de poder entre los dos imperios, los judíos fueron gobernados primero por los ptolomeos, que les dieron una relativa autonomía, y luego por los seléucidas. El gobierno seléucida eliminó la autonomía judía y ejerció una mayor influencia helenística en la región. También dio lugar a la revuelta macabea y a la dinastía asmonea.

El auge de la helenización judía

El proceso de helenización que se inició con la llegada de los seléucidas creó importantes conflictos internos en el seno de la comunidad judía. Algunos judíos permanecieron leales al dominio ptolemaico y no deseaban abandonar tan fácilmente sus valores tradicionales. Otros, sobre todo los que aceptaron con más entusiasmo el proceso de helenización y empezaron a amoldarse a la cultura griega, se convirtieron en pro-seleucidas.

Este conflicto entre los judíos llevó incluso a una breve guerra civil en 175 a. C., que enfrentó al sumo sacerdote Onías III con su hermano Jasón, favoreciendo este último a los seléucidas y la helenización. El sumo sacerdote no lo hizo. Tras un periodo de conflictos, sobornos y acusaciones de asesinato, Jasón fue nombrado sumo sacerdote y se inició un proceso de helenización más generalizado. Onías III fue asesinado por un funcionario llamado Heliodoro, alentado por Jasón.

El acceso de Jasón al cargo de sumo sacerdote podría haber sido el determinante final de la helenización judía. Bajo su mandato, Jerusalén se asemejó más a una ciudad griega, con un gimnasio al que acudían los judíos para socializar desnudos tras someterse a una restauración no quirúrgica del prepucio. Así se evitaba el estigma de la circuncisión, una práctica que los griegos consideraban bárbara e inaceptable.

Revueltas en Judea

La helenización de los judíos no fue la única razón del levantamiento judío contra el dominio seléucida. El éxito de Jasón al establecerse como sumo sacerdote y al promover el proceso de helenización, así como la entusiasta aceptación de esta nueva cultura por parte de muchos judíos, demuestra que la aversión hacia los griegos y su cultura no fue el factor principal.

La política excesiva y, en ocasiones, bárbara, de Antíoco IV hacia Jerusalén contribuyó a provocar una rebelión. Los romanos habían pedido a Antíoco que se retirara de Egipto en 168 a. C., en medio de una exitosa campaña en la región. En su ausencia, los rumores de su muerte se extendieron entre los judíos. Menelao, el hermano menor de Jasón, ejercía de sumo sacerdote tras desautorizar a Jasón ante Antíoco y convencerle de que derrocara a Jasón. Jasón tomó la noticia de la presunta muerte de Antíoco como una señal y atacó Jerusalén, llevando a Menelao a refugiarse en una fortaleza seléucida.

Antíoco regresó a Judea al enterarse de esta noticia. Expulsó a Jasón y procedió a imponer políticas excesivas a los judíos, presumiblemente para prevenir cualquier otra acción como lo que Jasón había hecho. Se exigió a los judíos el pago de elevados impuestos y se les privó casi por completo del derecho a practicar su religión. Antíoco intentó suprimir todas las prácticas y costumbres judías. Incluso profanó el Monte del Templo al establecer allí un ídolo de Zeus. La celebración de las costumbres judías, como los sacrificios, la circuncisión e incluso el Sabbath, se castigaba con la muerte. Estas acciones parecieron ser la gota que colmó el vaso para los judíos, especialmente para aquellos que ya se oponían a la helenización.

La revuelta macabea

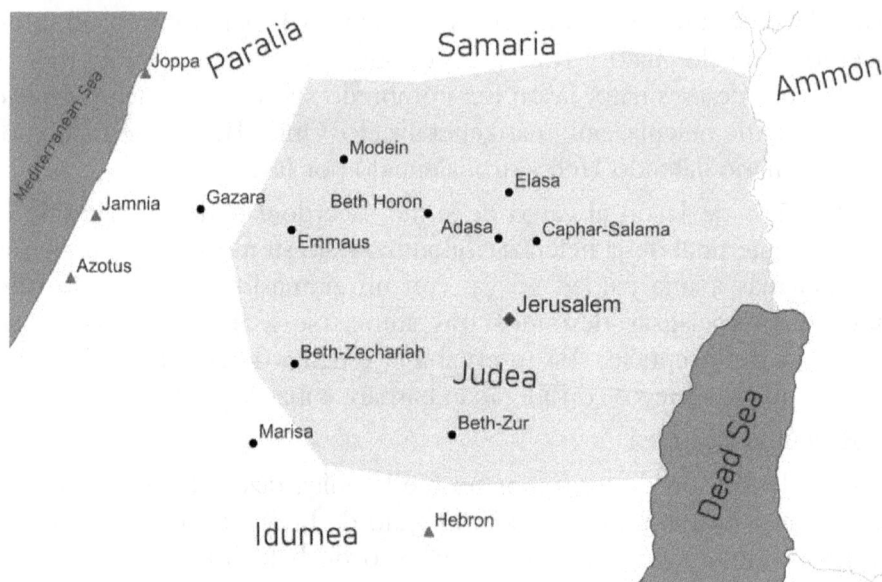

Región de la Revuelta de los macabeos[47]

La Revuelta Macabea fue liderada por Matatías, que formaba parte de una familia sacerdotal que llegó a ser conocida como los rebeldes judíos, los macabeos, en el año 167 a. C. El nombre de Macabeo era un título de honor dado originalmente a un hijo de Matatías, Judas, en reconocimiento al papel que desempeñó en la revuelta, y el título se extendió con el tiempo para incluir a toda su familia. Matatías animó al pueblo judío a reunirse para una guerra santa contra los gobernantes extranjeros y comenzó a reunir hombres para una campaña militar, que fue dirigida por los hijos de Matatías, Judas, Simón y Jonatán.

Este intento inicial de levantamiento fue en gran medida infructuoso y costó caro a los judíos, principalmente porque éstos se negaban a luchar o a participar en cualquier tipo de violencia en Sabbath. No fue hasta que mil hombres, mujeres y niños judíos fueron asesinados a manos de los seléucidas que algunos judíos razonaron que sería aceptable contraatacar. Siete años de guerra se sucedieron, y las técnicas de guerra de Judas resultaron exitosas para asegurar una victoria contra los seléucidas.

Los judíos disponían de pocas armas; en sus ataques utilizaban principalmente aperos de labranza modificados. La táctica inicial de Judas consistía en moverse lentamente y utilizar un enfoque de ataque y huida, tendiendo emboscadas a las pequeñas bandas de fuerzas seléucidas. Mientras tanto, aumentó lentamente el número de sus efectivos y añadió al arsenal judío lo que había conseguido atacando a las fuerzas seléucidas.

Los investigadores no se ponen de acuerdo sobre las causas inmediatas del ascenso de los macabeos. Puede que fuera una combinación de factores, entre ellos la oposición de los judíos tradicionales contra los reformistas, que habían aceptado una cultura y una religión diferentes y abandonado sus raíces. El Primer Libro de los Macabeos cita la Revuelta Macabea como un levantamiento de los judíos contra el bárbaro rey seléucida que había intentado erradicar su religión y, por tanto, su identidad. El Segundo Libro de los Macabeos califica la revuelta de conflicto entre el judaísmo y la helenización, es decir, entre los que aún practicaban los valores judíos tradicionales y los que los habían abandonado.

Dado que no hay un motivo claro detrás de las acciones de Antíoco IV para prohibir la fe judía, algunos historiadores sostienen que podría haber sido su intento de poner fin al conflicto entre los judíos tradicionales y los helenizados. El creciente malestar entre judíos tradicionales y helenizados podría haber empujado a Antíoco a instaurar medidas extremas para mantener la paz en la región, ya que la práctica de prohibir las religiones locales era rara y contraria a la tradición seléucida. Finalmente, tanto la helenización como las acciones del rey empujaron a los judíos tradicionales a tomar partido para recuperar su religión y sus costumbres.

La batalla de Beth Horón

Los sirios marcharon con dos mil hombres en 167 a. C., y los hombres de Judas acecharon a lo largo de un estrecho paso cerca de Nahal el-Haramiah. Sin estar preparados para la emboscada, el ejército sirio fue completamente destruido, y Serón, un general del ejército de Antíoco, dirigió la carga contra los judíos. Su victoria sobre la banda siria dio a los judíos una inyección de moral y armas muy necesaria.

Con la esperanza de evitar la detección y las emboscadas, los seléucidas tomaron una ruta alternativa hacia Jerusalén en el 166 a. C., que pasaba por amplias llanuras costeras y por el paso de Bet Horón. Sin embargo, los vigías judíos vieron acercarse al ejército seléucida y prepararon una fuerza de mil hombres para enfrentarse a estos. Una vez más, el ejército que avanzaba se vio obligado a entrar en un estrecho paso, que Serón abordó con más cautela que el ejército sirio. Hizo que su ejército avanzara por el pasadizo con huecos entre las unidades individuales, lo que hacía imposible atrapar a todo el ejército en caso de emboscada.

Los judíos, liderados por Judas, dirigieron un ataque contra la vanguardia, matando inmediatamente a Serón, y los arqueros lanzaron simultáneamente un ataque a cada lado del ejército seléucida. Los seléucidas fueron entonces atacados por la espalda por los judíos con las espadas que habían ganado a los sirios. Los seléucidas huyeron, dejando atrás gran parte de su equipo, y fueron perseguidos hasta la llanura costera, donde murieron muchos de ellos. Tras esta victoria, el ejército judío pasó a contar con más de seis mil hombres y llegó a ser considerado una fuerza formidable por el ejército seléucida.

La muerte de Judas

Estatua de Judas Macabeo en Milán[48]

El ejército judío derrotó a otro ejército seléucida al mando de Nicanor en la batalla de Adasa. A continuación, un ejército seléucida de casi veintidós mil hombres fue enviado a luchar contra los judíos en la batalla de Elasa. Antes del enfrentamiento, Báquides, que dirigía a los seléucidas, avanzó hacia Galilea y masacró a un gran número de judíos, marchándose hacia Judea, obligando a Judas a enfrentarse a él en batalla abierta.

Las dos fuerzas se encontraron entre las llanuras de Elasa y Berea, en un terreno abierto que favorecía a los seléucidas, ya que no se adaptaba a las tácticas de emboscada de los judíos. El ataque inicial de los judíos hizo retroceder a los seléucidas, perseguidos por los anteriores. Esto podría haber sido una maniobra intencionada para llevar a los judíos a una posición en la que pudieran verse rodeados sin posibilidad de retirada. Los seléucidas pudieron recuperar sus posiciones y atrapar al ejército de Judas. Los mataron, y los que sobrevivieron huyeron de la batalla.

La victoria de Báquides y la muerte de Judas restablecieron la autoridad seléucida sobre la región, y Báquides se dedicó a fortificar las principales ciudades. También tomó como rehenes a destacadas familias judías para asegurarse de que no se unieran a la rebelión. Judas fue sustituido por su hermano Jonatan como líder de los macabeos, aunque sus encuentros con los seléucidas no sirvieron de mucho.

Formación de la dinastía asmonea

Mientras los macabeos se rebelaban contra el Imperio seléucida, el rey Demetrio I Soter, que había sustituido a Antíoco IV casi cinco años después del inicio de la revuelta macabea, luchaba contra el rey griego de Pérgamo y los reyes de Egipto, Ptolomeo VI y Cleopatra II. Las relaciones del rey seléucida con estos gobernantes se estaban deteriorando tanto que retiraron su apoyo a Demetrio y en su lugar apoyaron a Alejandro Balas, que reclamaba el trono como supuesto hijo de Antíoco IV.

Esto puso a Demetrio en una situación difícil, que se vio obligado a llamar a sus tropas de los alrededores de Judea para reforzar sus filas. En un movimiento estratégico, ofreció a Jonatan condiciones lucrativas para ganarse su lealtad y calmar la situación para fortalecer su posición como rey. Jonatan se trasladó a Jerusalén en 153 a. C. aceptando estas condiciones. Las condiciones le permitieron seguir formando su ejército y liberar rehenes en Acre. Una vez en Jerusalén, Jonatan comenzó a fortificar la ciudad.

Alejandro Balas ofreció a Jonatan condiciones aún mejores, que incluían su nombramiento como sumo sacerdote. Aunque Demetrio trató inmediatamente de rectificar la situación, escribiendo a Jonatan una carta en la que le hacía promesas que no podía esperar cumplir, sus esfuerzos fueron en vano. Jonatan aceptó las condiciones de Balas y le declaró lealtad. Como sumo sacerdote, Jonatan ocupaba un cargo importante y, en consecuencia, también los asmoneos, lo que les protegía de los ataques de los seléucidas o de los partidarios del helenismo. Desde el año 153 a. C. hasta el 37 a. C., los asmoneos ocuparon el influyente cargo de sumo sacerdote en Judea.

La alianza entre Balas y Jonatan parecía algo más que un simple movimiento estratégico. En 150 a. C., Demetrio perdió el trono y fue asesinado por Balas, que se convirtió en rey y se casó con la hija de Ptolomeo. Dada la lealtad de Jonatan a Balas, el primero fue invitado a la ceremonia y llegó con muchos regalos, sentándose entre los reyes como un igual. Balas también ofreció a Jonatan vestimentas reales, lo nombró meridarca (gobernador) y lo envió a Jerusalén con honores, a pesar de las quejas de los helenistas judíos.

El reinado de los asmoneos

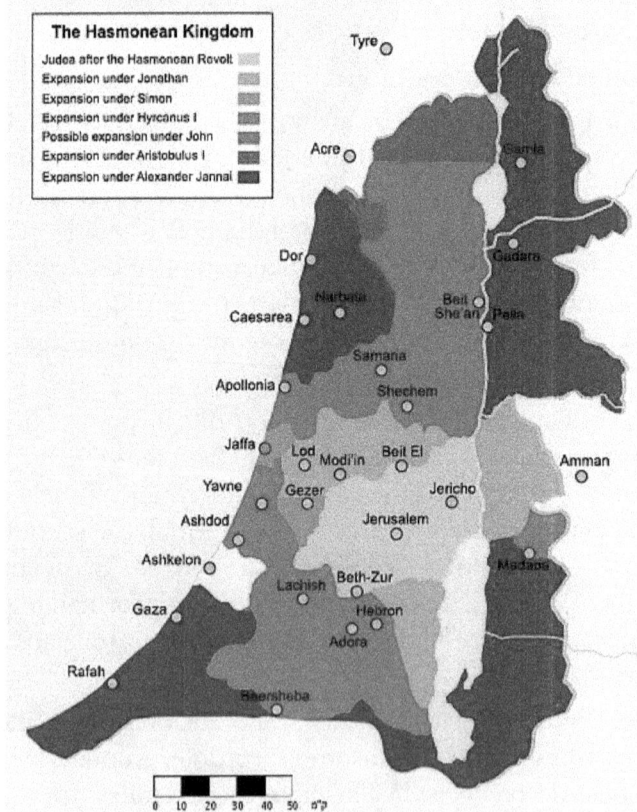

La dinastía asmonea[49]

El comienzo de la dominación asmonea está marcado por las disputas por el trono entre varios miembros del Imperio seléucida, entre los que los asmoneos cambiaban a menudo de lealtad. En 147 a. C., mientras Demetrio II reclamaba el trono de Balas, Jonatan fue desafiado a una batalla por Apolonio, el gobernador de Coele-Siria. Jonatan y su hermano Simón dirigieron una fuerza de diez mil hombres contra Apolonio y atacaron inesperadamente a la fuerza siria en Jaffa, que se vio obligada a rendirse rápidamente. Sin embargo, Apolonio no aceptó tan rápidamente la derrota. Reunió refuerzos en la ciudad de Azoto y volvió a encontrarse con el ejército de Jonatan en la llanura. Jonatan pudo capturar Azoto y quemar la ciudad, junto con su templo y las regiones circundantes.

Balas honró a Jonatan por su victoria, pero Ptolomeo VI, su yerno, marchó para hacer la guerra contra Balas. Jonatan se reunió con Ptolomeo VI en Jaffa y forjaron una alianza, manteniendo la paz con Egipto, a pesar de sus diferencias sobre quién debía sentarse en el trono seléucida. En 145 a. C., Balas fue derrotado por Ptolomeo VI, que murió en la batalla, y Demetrio II ocupó el trono seléucida.

Jonatan adoptó un enfoque único contra el nuevo rey, asediando la ciudad de Acre, símbolo del dominio seléucida sobre Judea. Cuando Demetrio II marchó al encuentro de Jonatan, éste le ofreció regalos. Se formó una alianza y los judíos quedaron exentos de impuestos. Jonatan levantó el asedio y devolvió la ciudad a los seléucidas.

Cuando surgió un nuevo pretendiente al trono, el hijo de Balas, Antíoco VI, bajo la servicial dirección de un antiguo general de Balas llamado Diodoto, Demetrio prometió retirar las fuerzas seléucidas de Acre. A cambio, nombró oficialmente a Jonatan su aliado y le pidió ayuda, que Jonatan le proporcionó en forma de tres mil hombres. Sin embargo, Demetrio no cumplió su palabra y Jonatan cambió su lealtad a Diodoto, que nombró a Simón general de Paralia.

Jonatan y Simón lograron conquistas exitosas, como Gaza, Ascalón, Hazar y Bet-Zur. Jonatan también pudo entablar relaciones amistosas con los romanos y los espartanos. Sin embargo, la nueva alianza de Jonatan con el candidato seléucida no era de fiar, ya que Diodoto no tenía planes de cumplir los términos de su alianza. Diodoto invitó a Jonatan a Escitópolis con el pretexto de una conferencia, persuadiéndole de que retirara su ejército de cuarenta mil hombres. Sin darse cuenta de la trampa, los mil hombres que le quedaban murieron en Tolemaida y

Diodoto lo hizo prisionero en 142 a. C. Le sucedió como sumo sacerdote su hermano Simón.

Simón Thassi se convierte en Sumo Sacerdote

Simón se convirtió en sumo sacerdote y príncipe de Israel, el primero en ostentar este título, tras la captura de su hermano. Su ejército bloqueó la entrada de Diodoto en Judea, y Diodoto exigió como rehenes a los dos hijos de Jonatan a cambio de la liberación de éste. A pesar de no confiar en Diodoto, Simón accedió para demostrar al pueblo que había hecho todo lo posible por salvar a su hermano. Sin embargo, Diodoto se sintió frustrado por la falta de progresos en Judea, ya que el ejército de Simón le bloqueaba el paso. Ejecutó a Jonatan y mantuvo a sus hijos como rehenes.

Tras la elección de Simón por una asamblea sacerdotal, que se narra en el Primer Libro de los Macabeos, su primera orden del día fue fortificar Jerusalén y asegurar el puerto de Jope. A continuación, Simón forjó una alianza con Demetrio II y solicitó exenciones fiscales para el país, que le fueron concedidas. Simón se considera el primer líder de la dinastía asmonea, ya que la nación se independizó del dominio seléucida bajo su dirección. La dinastía fue declarada en la misma resolución que declaraba a Simón rey de los asmoneos, adoptada en 141 a. C.

Durante su reinado, Simón gobernó en relativa paz. Su fin llegó a manos de su yerno Ptolomeo, que lo mató a él y a sus dos hijos, Judá y Matatías, en un banquete. A Simón le sucedió su hijo restante, Juan Hircano, en 135 a. C. Sin embargo, fue incapaz de vengar a su padre y a sus hermanos.

Juan Hircano

La repentina muerte del padre y los hermanos de Juan Hircano creó una precaria situación política. Antíoco VII, que sucedió a Demetrio tras la captura de éste por los partos, entró en Judea y tomó Jerusalén. El asedio se prolongó durante un año, y los intentos de Hircano de evacuar a la gente que no podía luchar fueron en vano, ya que no podían pasar a través del ejército de Antíoco. Finalmente, cuando los víveres empezaron a escasear, Hircano negoció la paz con Antíoco.

La tregua entre ambas partes exigía el pago de tributos a Antíoco, la ayuda de los judíos en la campaña seléucida contra los partos y la aceptación inequívoca del gobierno seléucida. Bajo el gobierno de Hircano, la dinastía asmonea se enfrentó a inmensas luchas, pero también a uno de los mayores periodos de su gobierno, dada la expansión de la dinastía a Idumea (Edom) y Samaria. Bajo los seléucidas, la dinastía asmonea y los judíos bajo su dominio pasaron apuros económicos, situación agravada por los elevados impuestos que les imponía Antíoco VII.

Además, Hircano perdió mucho apoyo y se convirtió en motivo de descontento y malestar entre la población. Al verse obligado a ayudar en las campañas militares de Antíoco, fue un gobernante ausente. Su asalto a la Tumba de David para pagar tributo a Antíoco y poner fin a su asedio de Jerusalén y su intento de expulsar a los civiles de Jerusalén durante el asedio no le granjearon ningún favor. No fue hasta la muerte de Antíoco en el año 129 a. C. cuando Hircano emergió como un poderoso líder.

Hircano aprovechó el malestar en el Imperio seléucida y reunió una fuerza mercenaria, declarando a Judea estado independiente. Cuando Demetrio II regresó del exilio en 130 a. C. para retomar el control de su imperio, la dinámica de poder había cambiado demasiado como para que pudiera avanzar mucho.

Tras la muerte de Antíoco VII en el año 129 a. C., se inició un periodo de agitación en el Imperio seléucida. Su muerte supuso la victoria de los partos, poniendo fin al dominio seléucida sobre ellos. En 116 a. C., Antíoco VIII y Antíoco XI, medio hermanos de Antíoco VII, estallaron en una guerra civil que condujo a una mayor desintegración del imperio.

En 113 a. C., Hircano inició extensas operaciones militares. Logró tomar Samaria tras un difícil asedio de un año, con la ayuda de Antíoco VIII.

Hircano también invadió Transjordania en 110 a. C. y sitió Medeba durante seis meses, tras lo cual se dirigió al monte Gerizim y Siquem. También pudo conquistar las ciudades edomitas de Maresha y Adora, entre otras. Con cada conquista, Hircano obligaba a la población no judía a aceptar y observar las costumbres judías, algo inédito para cualquier gobernante asmoneo. Antes de morir, pidió la separación del cargo de autoridad civil entre los cargos de rey y sumo sacerdote. Nombró a su esposa administradora civil y a su hijo, Judá Aristóbulo, sumo sacerdote. Murió en 104 a. C., dejando la dinastía asmonea a su esposa e hijo.

Alejandro Janneo

Aristóbulo accedió legítimamente al cargo de sumo sacerdote, pero no aprobaba la decisión de su padre de dividir la autoridad. Así que encarceló a su madre y a sus tres hermanos y asumió el título de rey. Durante su efímero gobierno, logró conquistar Galilea, pero murió de una enfermedad en el año 103 a. C. tras haber gobernado apenas un año. Su viuda liberó a sus hermanos de la prisión; su madre había muerto de inanición antes de la muerte de Aristóbulo. Uno de los hermanos, Alejandro Janneo, subió al trono.

El reinado de Hircano estuvo marcado por el éxito de su expansión, y Alejandro Janneo adoptó un enfoque muy similar. Sin embargo, su gobierno se considera mucho más violento y envuelto en un ciclo interminable de conflictos. Alejandro comenzó su reinado con un ataque a Ptolemaida al mismo tiempo que Zoilo, de la ciudad de Dora, intentaba tomar la ciudad. Zoilo fue derrotado por los asmoneos. La ciudad de Ptolemaida solicitó la ayuda de Ptolomeo IX antes de darse cuenta de que así declararía involuntariamente la guerra a la madre de Ptolomeo, Cleopatra III, que había desterrado a su hijo. Alejandro no deseaba verse atrapado en una guerra civil, por lo que abandonó la campaña. En su lugar, forjó en secreto una alianza con Cleopatra y luego ofreció a Ptolomeo un tributo para que pudiera continuar su campaña sin implicarse directamente.

Tras enterarse de la traición de Alejandro, Ptolomeo sitió Ptolemaida y persiguió a Alejandro, destruyendo gran parte de Galilea en el proceso. En la batalla de Asofón, los ejércitos de Alejandro fueron derrotados por Ptolomeo, que había acumulado una fuerza formidable y pasó a conquistar gran parte de las regiones gobernadas por la dinastía asmonea. No fue hasta que Cleopatra interfirió cuando Ptolomeo se retiró a Chipre. Alejandro se sometió a Cleopatra, que le permitió conservar su dominio.

Los triunfos de Alejandro no pudieron satisfacer a los judíos en su patria. La guerra civil de Judea fue provocada principalmente durante un incidente en la Fiesta de los Tabernáculos, que Alejandro presidía como sumo sacerdote. Durante la ceremonia de la libación, arrojó agua sobre sus pies en lugar de verterla sobre el altar, lo que molestó a los fariseos. Los fariseos eran un grupo que seguía estrictamente las leyes y costumbres tradicionales. La muestra de frustración de Alejandro contra los fariseos le acarreó la ira del pueblo, que empezó a insultarle y a arrojarle limones. En respuesta, mató a unos seis mil judíos y construyó barreras de madera alrededor del altar para impedir que la gente se le acercara.

Aunque Alejandro salió victorioso al principio en los conflictos civiles que comenzaron hacia el 92 a. C., empezó a tener problemas cuando los judíos solicitaron la ayuda de los seléucidas. Demetrio III le prestó ayuda y derrotó a Alejandro en Siquem, donde se vio obligado a retirarse a las montañas. Por solidaridad, unos seis mil judíos rebeldes se unieron a

Alejandro y éste lanzó nuevos ataques hasta que Demetrio se vio obligado a retirarse. Alejandro pudo sofocar la rebelión y mandó ejecutar a unos ochocientos judíos después de obligarles a ver cómo ejecutaban a sus esposas e hijos.

El reinado de Alejandro continuó, ampliando el reino asmoneo a Galanitis y Galaaditis, así como a Transjordania. Murió de una enfermedad causada por una combinación de alcoholismo y malaria. Murió en el 76 a. C. y le sucedió su esposa, Alejandra. Su hijo, Hircano II, fue nombrado sumo sacerdote.

Hircano II

Alejandra fue la única reina judía de la época del Segundo Templo (la época de autonomía judía tras el final del exilio babilónico), y nombró sucesor a Hircano II, que asumió el cargo tras la muerte de su madre en el año 67 a. C. A los tres meses de su ascenso, el gobierno de Hircano II fue desafiado por su hermano, Aristóbulo II. Los dos se enfrentaron con sus ejércitos cerca de Jericó, donde muchos hombres abandonaron a Hircano para unirse a Aristóbulo, dándole la victoria. Hircano huyó a Jerusalén y se refugió en el Segundo Templo, que fue asediado por su hermano. Se llegó a una tregua. Hircano tuvo que renunciar al cargo que ostentaba, pero pudo seguir recibiendo ingresos.

Sin embargo, la tregua no podía durar. Hircano temía que su hermano lo matara, un temor alentado por Antípatro, general y sátrapa de Idumea y padre de Herodes el Grande. Antípatro deseaba controlar la región a través de Hircano. Sobornados por Antípatro, los nabateos ofrecieron santuario a Hircano y tomaron Jerusalén, asediando el Templo donde se había refugiado Aristóbulo. Al mismo tiempo, Pompeyo, del Imperio romano, había ido ganando poder tras derrotar a los seléucidas. Dado que los romanos habían sido aliados de los asmoneos desde el gobierno de Judas, tanto Hircano como Aristóbulo pidieron ayuda a través del lugarteniente de Pompeyo, Scaurus, que optó por ayudar a Aristóbulo.

El asunto fue llevado ante Pompeyo, que favoreció a Hircano y optó por ayudarle. Aristóbulo se refugió en el Templo de Alejandría, pero se rindió cuando se acercó el ejército de Pompeyo. Sin embargo, sus seguidores no lo hicieron, lo que obligó a Pompeyo a sitiar y destruir gran parte de la ciudad y el templo. Hircano fue restaurado en el cargo de sumo sacerdote, pero la autoridad política recaía en los romanos. En efecto, el poder real recaía en Antípatro, a quien Hircano defería todos los asuntos.

En el año 40 a. C., por instigación de Antígono, el hijo de Aristóbulo, Hircano, fue capturado por los partos. Le mutilaron las orejas, inhabilitándolo para el sumo sacerdocio, con lo que se deshicieron de la amenaza que representaba. Luego fue llevado a Babilonia, donde vivió entre los judíos babilonios. En el 36 a. C., Herodes I, hijo de Antípatro, derrotó a Antígono e hizo que Hircano regresara a Judea, pues temía que Hircano pudiera animar a los partos a luchar por el trono junto a él. Seis años más tarde, Herodes hizo ejecutar a Hircano bajo la acusación de traición. Este fue el fin de la dinastía asmonea, y Herodes inició la dinastía romana herodiana.

Capítulo 9: La dinastía herodiana (37 a. C.-100 d. C.)

La fundación de la dinastía herodiana comenzó con Antípatro, que ejerció una gran influencia sobre Hircano II e intentó establecerlo en el trono como su rey títere. Antípatro pudo establecer mejores relaciones con los romanos, lo que le situó en una posición favorable después de que Pompeyo acabara con la última resistencia de Aristóbulo en Jerusalén y estableciera Judea como estado vasallo romano.

Julio César de Roma había apoyado inicialmente a Aristóbulo en el conflicto asmoneo, por considerarlo el más fuerte de los dos candidatos. Aristóbulo acabó prisionero en Roma, y César podría haberlo utilizado para hacerse con el control de Judea de no ser por una hábil maniobra de Antípatro, que consiguió el favor de César y aseguró que el dominio asmoneo perteneciera a Hircano. Gracias a Antípatro, sus hijos pudieron establecer la dinastía herodiana.

Antípatro y los romanos

Hacia el año 50 a. C., parecía que César podría intentar utilizar a Aristóbulo para recuperar el control de Judea. Esto no funcionó para Pompeyo, que había forjado una alianza con Antípatro e Hircano. Por ello, sus partidarios envenenaron a Aristóbulo. Las tensiones ya se habían estado acumulando desde la invasión de César hacia diez años de la Galia. Y, finalmente, esas tensiones desencadenaron una guerra civil entre Pompeyo y César. Inicialmente, Hircano, a instancias de Antípatro, dirigió una fuerza para ayudar a Pompeyo. Cuando Pompeyo fue asesinado en el

48 a. C., Antípatro hizo que las fuerzas judías ayudaran a César.

Los judíos fueron recompensados por su ayuda, ya que los romanos eliminaron sus obligaciones fiscales. Hircano fue restituido como etnarca, o gobernador, aunque esa posición tenía poco poder real, y Antípatro gobernó sobre Palestina en el 47 a. C. Antípatro también fue nombrado procurador romano, un gobernador imperial, de Judea. Como resultado, Antípatro pudo promover su propia causa, designando a sus hijos para puestos de poder. Tras el asesinato de Antípatro en el 43 a. C. a manos del rey nabateo, sus hijos pudieron mantener el control de Judea y de su rey títere Hircano.

El ascenso de los herodianos: Herodes el Grande

Herodes el Grande[50]

Herodes el Grande, hijo de Antípatro, mantuvo gran parte de su poder e influencia iniciales gracias a su padre. Fue nombrado gobernador provincial de Galilea en el año 47 a. C., donde gestionó el sistema tributario y solucionó la corrupción de la región. En este cargo, cultivó una estrecha relación con el gobernador de Siria, Sexto César, primo de Julio César, que le aseguró el puesto de general de Coele-Siria. En el año 41 a. C., Marco Antonio, líder romano, nombró a Herodes y a su hermano Fasael tetrarcas a las órdenes de Hircano II.

Cuando Antígono, hijo de Aristóbulo, arrebató el trono a Hircano en el año 40 a. C., Herodes escapó a Roma y suplicó a los romanos que se opusieran a Antígono y restituyeran a Hircano. Mientras estaba allí, fue nombrado inesperadamente rey de los judíos por los romanos y recibió su ayuda para derrotar a Antígono. Herodes regresó a Judea para arrebatar a Antígono lo que consideraba su trono legítimo. Para asegurarse el trono y ganarse el favor de los judíos, se casó con Mariamne, la hija de Hircano, desterrando a su primera esposa y a su hijo.

En el año 37 a. C., Herodes logró establecerse como único gobernante de Judea. Dirigió un ejército y capturó Jerusalén, haciendo prisionero a Antígono y enviándolo a Marco Antonio para su ejecución. Es posible que el gobierno de Herodes no fuera bien recibido por todos, ya que muchos judíos desconfiaban de sus prácticas religiosas y no lo consideraban un verdadero judío. Su relación con los romanos y sus intentos de apaciguarlos, junto con su comportamiento hostil hacia la clase sacerdotal judía, hicieron que los judíos no estuvieran muy dispuestos a aceptarlo como uno de los suyos.

Judea bajo el reinado de Herodes

Los treinta y tres años que Herodes gobernó Judea le ayudaron a establecer la dinastía herodiana. De hecho, era un rey vasallo de los romanos. Sin embargo, Herodes se enfrentó a amenazas a su gobierno inmediatamente después de llegar al trono. Su suegra, Alejandra, de la dinastía asmonea, trató de restablecer el dominio asmoneo haciendo que Aristóbulo III fuera nombrado sumo sacerdote.

Para ello, buscó la ayuda de Cleopatra, que estaba casada con Marco Antonio y tenía cierta influencia sobre él. Aunque Cleopatra accedió a ayudar, también animó a Alejandra a abandonar Judea con Aristóbulo III para reunirse con Antonio. Herodes ordenó el asesinato de Aristóbulo III cuando se enteró del complot. Temía el posible encuentro entre Antonio y Aristóbulo, ya que le preocupaba que Aristóbulo pudiera obtener el cargo de sumo sacerdote. El asesinato de Aristóbulo III eliminó esa amenaza para el poder de Herodes.

Una segunda amenaza para el gobierno de Herodes surgió cuando se inició una lucha de poder en Roma entre Antonio y Augusto. Herodes, como vasallo romano, se vio obligado a tomar partido. Decidió apoyar a Antonio. Sin embargo, Antonio fue derrotado en el año 31 a. C., y Herodes temía que su apoyo a Antonio le hiciera perder el trono. Como resultado, se vio obligado a convencer a Augusto de su lealtad. Herodes ofreció a los romanos el paso a Siria y Egipto, así como tributos, y Augusto aceptó. Aunque se permitió a Herodes gobernar Judea con autonomía, se impusieron restricciones a sus relaciones y tratos con otras regiones.

Gran parte del gobierno de Herodes estuvo condicionado por la desconfianza y su miedo a perder el trono, lo que le llevó a tomar medidas extremas contra los posibles oponentes y quienes pudieran desafiar su gobierno. Muchos historiadores sugieren que Herodes no era un gobernante popular y que el apoyo romano que recibió fue un factor importante que le ayudó a mantener el poder sobre Judea, que de otro modo podría haber quedado paralizada bajo la oposición.

Se dice que Herodes tomó medidas extremas para calmar sus temores, incluido el despliegue de una policía secreta cuyo trabajo consistía en recoger e informar de los deseos y opiniones de la población de Judea. Actuaba en secreto para impedir cualquier oposición a su gobierno y hacía uso de la fuerza para acabar con los opositores y manifestantes. Herodes también tenía una escolta compuesta por dos mil hombres, lo que indica que temía constantemente un ataque.

Además, la falta de judaísmo en su estilo de vida siguió siendo un importante punto de discordia entre la población. Introdujo espectáculos extranjeros en Judea, lo que fue visto como un intento de promover la cultura romana por encima de la judía. Los impuestos romanos que los judíos debían pagar, combinados con el derroche de Herodes, que constantemente preparaba regalos excesivamente valiosos por miedo a perder su popularidad o apoyo entre la nobleza y los romanos, enfurecieron aún más a los judíos.

En la época del gobierno de Herodes, en Judea vivían dos grupos étnicos principales: los fariseos y los saduceos, estos últimos pertenecientes a la élite política que compartían puntos de vista similares a los de los fariseos. Ambos grupos estaban descontentos con el gobierno de Herodes. Los fariseos tenían motivos de queja porque Herodes no los escuchaba en asuntos relacionados con la construcción y restauración del Templo. Los saduceos estaban descontentos con su gobierno porque Herodes había entregado sus responsabilidades sacerdotales en el Templo a forasteros babilonios y alejandrinos. Esta medida se había tomado para obtener el apoyo de la diáspora judía que vivía fuera de Judea, pero le reportó poco favor entre la comunidad judía.

Logros arquitectónicos

Aunque Herodes no consiguió demasiado en sus esfuerzos por ser un gobernante querido o incluso apreciado, gran parte de su gobierno se centró en proyectos arquitectónicos en Judea. Emprendió la reconstrucción del Segundo Templo, ampliando la plataforma sobre la que se levantaba hasta casi el doble de su tamaño original y restaurando por completo la estructura. También inició un proyecto para ampliar el Monte del Templo en 19 a. C. y utilizó las últimas técnicas de construcción submarina e hidráulica para construir la Cesárea Marítima. Sus proyectos también se centraron en la construcción de varias fortalezas.

Sin embargo, estos proyectos de construcción, al igual que muchas otras decisiones administrativas tomadas por Herodes, tenían una finalidad egoísta. Por ejemplo, las fortalezas se construyeron principalmente para que él y su familia se refugiaran en caso de ataque. Otros proyectos de construcción, como los del Templo, estaban destinados a apaciguar a la población judía. Herodes también construyó varias ciudades para los paganos con el fin de ganarse su apoyo.

Aunque estos proyectos crearon importantes oportunidades de empleo para la población, también supusieron una carga para los judíos. Los proyectos de Herodes se financiaban con impuestos, lo que aumentaba el coste financiero de los judíos, que ya tenían que pagar impuestos romanos. Sin embargo, se sabe que Herodes atendió personalmente a su pueblo en tiempos de crisis, como durante una hambruna en el año 25 a. C.

El fin de Herodes

El reinado de Herodes estuvo marcado por el deseo de apaciguar a las diversas corrientes interesadas en su gobierno, incluidos los judíos, los no judíos y los romanos. Por ello, su política religiosa se diseñó para satisfacer a los tres grupos, lo que produjo resultados desiguales en términos de popularidad. Su derroche era motivo de discordia tanto para sus súbditos judíos como para los no judíos, ya que les suponía una gran carga financiera. Por otro lado, proyectos como la ampliación del Segundo Templo podrían haberle ganado el favor de los judíos.

Dado que Herodes se proclamó gobernante de todos los judíos y no judíos, su política también se dirigió a la población no judía, lo que podría no haber sido bien recibido por los judíos. A menudo se cuestionaba su lealtad a las costumbres y la religión judías debido a su herencia, sus prácticas no religiosas (como la construcción de templos para la población no judía) y el asesinato de miembros de su propia familia, que había llevado a cabo para neutralizar las amenazas a su trono.

Sin embargo, algunas pruebas sugieren que Herodes mantuvo cierto grado de prácticas judías en su vida personal. Aunque es posible que a menudo mezclara estas prácticas con tradiciones romanas y no judías, sí que respetaba algunas costumbres judías, como indica la construcción de mikvehs (baños utilizados para alcanzar la pureza) en muchos de sus palacios. Y sus esfuerzos por construir ciudades paganas para las poblaciones no judías deben alabarse, ya que marcan las acciones de un gobernante más tolerante que muchos de los reyes asmoneos posteriores.

Herodes murió en algún momento entre el 5 a. C. y el 1 d. C. La fecha exacta de su muerte es discutida, aunque la mayoría de los historiadores coinciden en que ocurrió en el año 4 a. C. La causa de su muerte fue una desconocida y grave enfermedad apodada "el mal de Herodes". Algunos relatos afirman que la enfermedad era tan dolorosa que Herodes intentó acabar con su vida, pero fue detenido por su primo, mientras que otros sugieren que su intento tuvo éxito. En cualquier caso, el descontento con el gobierno de Herodes provocó protestas y disturbios tras su muerte, y la dinastía herodiana cambió tras el fallecimiento de su fundador.

La Tetrarquía

Antes de la muerte de Herodes, este redactó un testamento. Quería que su reino se dividiera entre sus hijos. Augusto, el emperador romano, respetó sus deseos y dividió el reino en tres, con un tercio para cada hijo. Herodes Arquelao se convirtió en etnarca de las regiones de Samaria, Judea e Idumea (también conocida como Edom). Filipo fue nombrado tetrarca de las regiones septentrional y oriental del Jordán, y a Antipas le correspondieron Galilea y Perea. De los tres, Filipo fue el que gobernó con menos problemas, mientras que Arquelao se enfrentó a retos más difíciles durante su mandato.

Herodes Arquelao

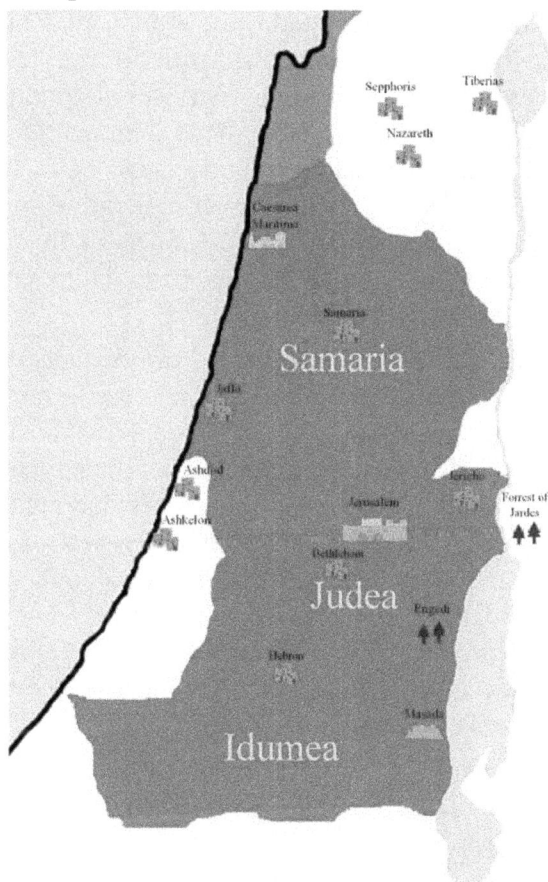

La etnarquía de Arquelao[51]

Tras la enfermedad de su padre, pero antes de ser declarado oficialmente rey o tetrarca, Arquelao intentó apaciguar a la población de Judea para asegurarse el apoyo a su gobierno. Las protestas que habían estallado tras la muerte de Herodes debían resolverse de inmediato para mantener la paz en la región. Los judíos exigían una reducción de los impuestos y la liberación de los presos políticos. Arquelao aceptó estas condiciones para mostrar su amabilidad con el pueblo.

Sin embargo, las exigencias de los judíos no terminaban ahí. Herodes había erigido la estatua de un águila dorada sobre el Templo, que fue considerada blasfema. En los días que precedieron a su muerte, la estatua fue derribada, y dos maestros y cuarenta alumnos murieron quemados como castigo. El pueblo de Judea exigía ahora castigo para quienes habían ordenado y llevado a cabo la inmolación de los maestros y jóvenes.

La población judía también exigía que el sumo sacerdote nombrado por Herodes fuera destituido y sustituido por alguien más piadoso. Las continuas demandas del pueblo irritaron a Arquelao, que les pidió que tuvieran paciencia y esperaran a que Augusto lo nombrara rey oficialmente. Sin embargo, al pueblo no le sentó bien que le dijeran que esperara y, por la noche, inició una protesta de duelo en el Templo por los maestros y jóvenes ejecutados. Arquelao envió a varios hombres para pedir a los dolientes que esperaran hasta que Arquelao hubiera visitado a Augusto. Estos soldados fueron apedreados hasta la muerte por los dolientes, que luego volvieron a sus protestas.

Este incidente fue la gota que colmó el vaso para Arquelao. Ordenó al ejército que entrara en el Templo y se produjo una masacre que causó la muerte de unas tres mil personas. Ante la precariedad de la situación, Arquelao se dirigió inmediatamente a Roma para reunirse con Augusto, donde se enfrentó a Antipas, su hermano menor. Antipas argumentó que Arquelao no sólo había fingido su dolor por la muerte de su padre, sino que también había redactado un testamento falso, que otorgaba a Arquelao tierras que habían sido destinadas a Antipas. También intentó utilizar la masacre de los tres mil judíos contra Arquelao, afirmando que había actuado de forma inapropiada, ya que había actuado como un rey a pesar de que aún no había sido nombrado como tal.

Sin embargo, el filósofo Nicolás de Damasco acudió en ayuda de Arquelao, afirmando que había actuado correctamente en su capacidad y de acuerdo con un testamento válido. Se verificó que el testamento había sido escrito por Herodes en pleno uso de sus facultades mentales y fue atestiguado por el guardián del sello de Herodes. No está claro si este era realmente el caso o si Nicolás tenía algún motivo oculto. Había sido confidente de Herodes durante su época, y el guardián de su sello, Ptolomeo, era su primo. Tras escuchar estas pruebas, Augusto declaró a Arquelao etnarca de Judea, Samaria e Idumea.

La oposición a Arquelao

El gobierno de Arquelao tuvo muchos problemas desde el principio. Las tensiones habían comenzado con la matanza de tres mil judíos, pero su gobierno siguió despertando iras. Por un lado, contó con la oposición de su hermano, que creía que Arquelao había modificado el testamento y se había apoderado del trono que le correspondía por derecho. Además, Arquelao se divorció de su primera esposa, Mariamne III, para casarse con Glafira, la viuda de su hermano Alejandro, a pesar de que el segundo marido de ésta seguía vivo. El matrimonio iba en contra de la ley mosaica y contribuyó a la creciente impopularidad de Arquelao.

Durante el gobierno de Arquelao reinaron los disturbios, las protestas y el descontento general. Como resultado, fue incapaz de gestionar las tierras de las que era responsable o al pueblo, ya que no podía mantener ninguna medida de estabilidad. Las quejas sobre el gobierno de Arquelao llegaron hasta Augusto, que depuso al primero de su gobierno en el año 6 de la era cristiana. Arquelao fue exiliado a Viena. Las regiones de Samaria, Judea e Idumea se convirtieron en provincia romana. Arquelao nunca recuperó el trono perdido y murió hacia el año 18 d. C. mientras seguía en el exilio.

Filipo

Damascus

Caesarea Philippi
Dan
Raphana
Trachontis
Naveh
Gaulantis
Gamala
Batanea
Canatha
Hippos
Tiberias
Gadara

Decapolis

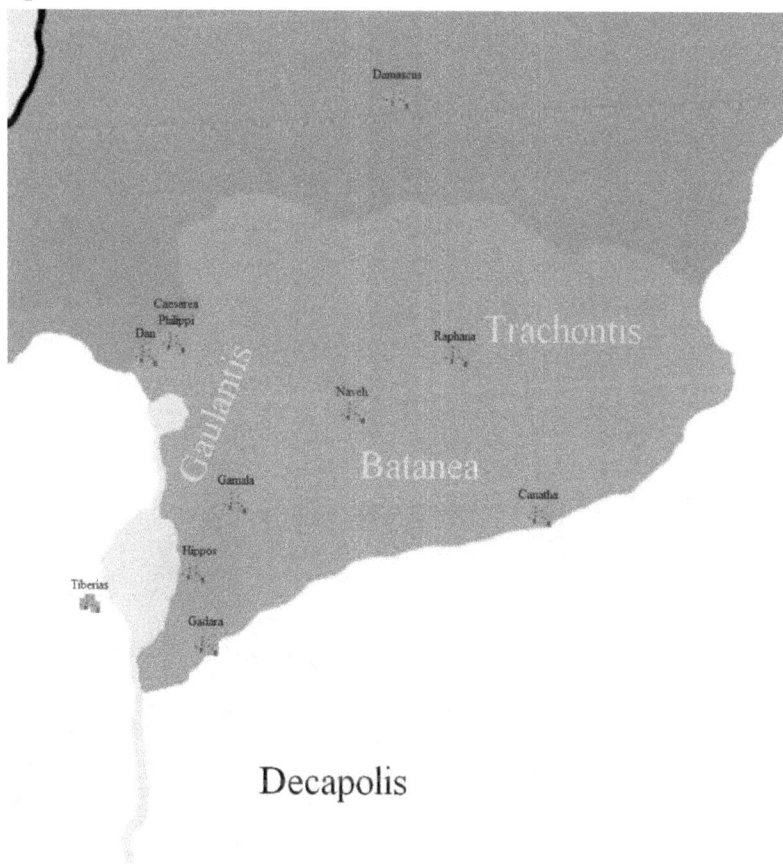

La tetrarquía de Filipo[52]

El segundo tetrarca de los herodianos fue Filipo, hermanastro de Antipas y Arquelao. Gobernó regiones del Jordán que incluían Iturea,

Traconitis, Gaulanitis, Paneas, Batanea y Auranitis. Durante su gobierno reconstruyó la ciudad de Cesarea de Filipo, que sirvió como capital de su tetrarquía. Poco se sabe del reinado de Filipo, ya que la mayor parte del mismo transcurrió sin incidentes. A diferencia de sus hermanos, Filipo gobernó en relativa paz. Tenía pocos súbditos judíos de los que hablar, por lo que no impuso ninguna práctica judía significativa a sus súbditos.

Su política de gobierno se inclinaba más hacia la helenización. Fundó las ciudades de Betsaida y otra a orillas del Jordán, a las que concedió amplios grados de autogobierno de acuerdo con la práctica romana. También fue menos extravagante en su gobierno que sus hermanos, evitando largos viajes a Roma y dedicando tiempo a sus súbditos y a la tetrarquía. Filipo gobernó hasta su muerte en el año 34 de la era cristiana.

Herodes Antipas

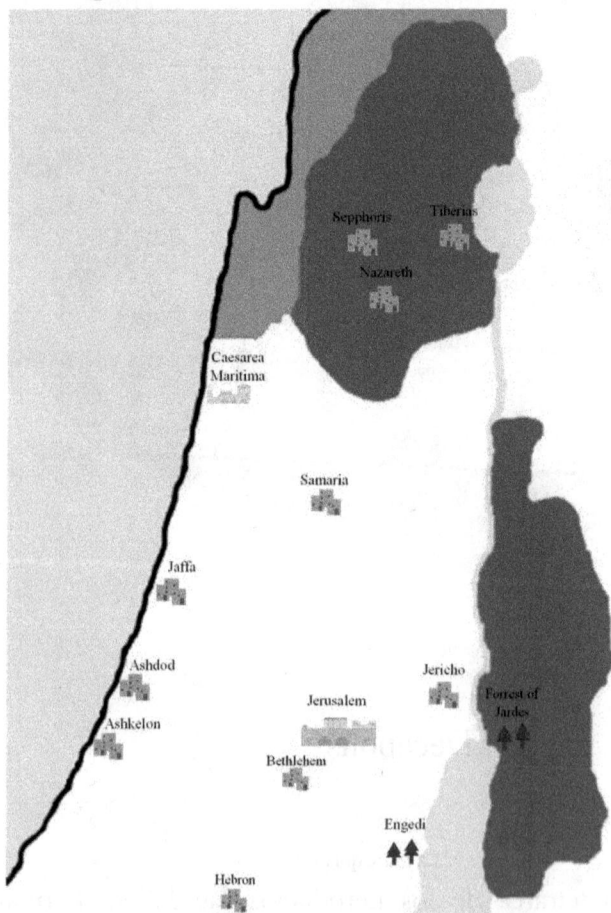

Tetrarquía de Antipas[53]

Aunque Herodes Antipas reclamó el territorio que había pertenecido a Arquelao, más tarde fue reconocido como tetrarca por su hermano y Augusto, que le dio Galilea y Perea para gobernar. Antipas había argumentado originalmente que debía heredar toda Judea y gobernarla como su único rey. Sin embargo, Augusto decidió honrar la voluntad de Herodes. Antipas se convirtió en gobernante de las regiones que le habían sido asignadas en el año 4 a. C. e inmediatamente se encontró con disturbios.

Justo antes de que Antipas asumiera el cargo, Judas, hijo de Ezequías, atacó el palacio de Séforis en Galilea, sembrando el caos en la región al saquearla y amenazar a sus habitantes. En respuesta, el gobernador de Siria dirigió un ataque en el que Séforis fue destruida y sus habitantes esclavizados. Las fronteras de Perea fueron escenario de constantes escaramuzas, ya que conectaban con las de Nabatea.

Los intentos de Antipas por restablecer el orden en estas regiones incluyeron la financiación de obras de construcción. Reconstruyó Séforis y amuralló la ciudad de Betharamphtha. También construyó su capital, Tiberíades, al oeste del mar de Galilea, en honor de Tiberio, que sucedió a Augusto en el año 14 de la era cristiana. La ciudad albergaba un estadio y un santuario de oración y desempeñó un papel importante como centro de aprendizaje durante las guerras judeo-romanas. Al principio no fue un proyecto exitoso, ya que los judíos se negaron a vivir en ella al estar construida sobre un cementerio. Antipas se vio obligado a poblarlo con emigrantes forzosos y esclavos.

Conflicto con Juan el Bautista

El conflicto de Antipas con Juan el Bautista, profeta y misionero de Judea, comenzó por el matrimonio de Antipas. Antipas se había casado con la hija del rey Aretas de Nabatea, probablemente como medida estratégica para mejorar las relaciones entre los nabateos y los romanos. Mientras Antipas visitaba a su hermanastro, Herodes II, se enamoró de su esposa, Herodías, y ambos acordaron casarse después de que Antipas se divorciara de su mujer. Su exmujer optó por volver con su padre, y después de tenerla a salvo bajo su custodia, Aretas declaró la guerra, que podría haber ocurrido en algún momento alrededor del año 36 d. C., dos años después de que Herodías y Antipas se casaran.

Antipas también se enfrentó a la oposición en casa. Juan el Bautista comenzó a predicar entre los años 28 y 29 de nuestra era cerca del río Jordán, en los confines de Perea. Como se relata en el Evangelio de

Marcos, utilizó el matrimonio de Antipas para criticar una práctica incestuosa, ya que Herodías era también sobrina de Antipas y había sido esposa de su hermano. Juan también fomentó la creencia generalizada de que ambos se habían casado cuando aún vivía el primer marido de Herodías, aunque ambos se divorciaron antes de su segundo matrimonio. Dada la influencia de Juan, Antipas temía una rebelión, ya que muchos judíos no aprobaban su unión con su segunda esposa. Juan fue arrestado y encarcelado en la fortaleza de Maqueronte y fue ejecutado cuando Herodías instó a su hija a pedir la cabeza de Juan.

La ejecución de Jesús de Nazaret

Cuando Jesús de Nazaret comenzó a predicar en Galilea, Antipas temió que fuera Juan resucitado de entre los muertos. Temeroso de lo que pudiera suceder, Antipas tramó la ejecución de Jesús. Se dice que Jesús fue advertido de tal complot y declaró que él, como profeta, no era vulnerable a tales artimañas. Antipas también podría haber desempeñado un papel en su juicio. Poncio Pilato, el gobernador de Judea que presidió el juicio de Jesús, lo envió a Antipas, ya que Jesús era de Galilea y, por tanto, estaba bajo la jurisdicción de Antipas.

Antipas esperaba ver a Jesús hacer un milagro, por lo que era conocido, y al parecer se alegró de verlo. Pero Jesús se negó a realizar uno. Antipas se burló de él y lo envió de vuelta a Pilato, donde fue crucificado bajo la acusación de blasfemia. Las acciones de Pilato sirvieron para mejorar las relaciones entre los dos gobernantes, ya que Jesús suponía una amenaza para el gobierno de Antipas y había causado mucho malestar, apaciguando así la anterior enemistad entre Pilato y Antipas. No se sabe por qué los dos estaban molestos el uno con el otro, pero muchos historiadores creen que pudo haber tenido algo que ver con la masacre de algunos galileos.

El final de Antipas

Las hostilidades con el rey nabateo se convirtieron en una guerra total en el año 36 de la era cristiana. Tras sufrir humillantes derrotas a manos de los nabateos, a los que se unieron desertores de los ejércitos del hermano de Antipas, Filipo, Antipas pidió ayuda al emperador romano Tiberio. Tiberio ordenó al gobernador de Siria, Vitelio, que prestara ayuda. Vitelio preparó dos fuerzas, a las que ordenó marchar por Judea mientras él asistía a un festival en Jerusalén, donde también estaba Antipas. Allí, Vitelio recibió la noticia de la muerte de Tiberio. Declaró que ya no tenía autoridad para llevar a cabo el ataque y retiró a sus tropas, aunque algunas fuentes sugieren que una discusión entre Vitelio y Antipas hizo que el primero utilizara la muerte de Tiberio como excusa para retirar su apoyo.

El final de Antipas llegó a manos de su sobrino, Agripa, que había acudido a su tío en busca de ayuda cuando se encontró con muchas deudas. Antipas se negó a proporcionarle dinero. Agripa fue encarcelado más tarde, cuando se le oyó decir a su amigo Calígula que no podía esperar a que muriera Tiberio para que Calígula, bisnieto de Augusto, se convirtiera en gobernante. Después de que Calígula se convirtiera en emperador en el año 37 d. C., hizo que liberaran a Agripa y le entregó la tetrarquía de Filipo tras su muerte.

Agripa se dispuso entonces a buscar su venganza y acusó a Antipas de conspirar contra el emperador y de abastecerse de armamento para dirigir un asalto. Como Antipas tenía un arsenal de armas que no podía negar, Calígula creyó las otras acusaciones de Agripa y exilió a Antipas a un lugar indeterminado, donde murió.

El fin de la dinastía herodiana

La estrecha amistad de Agripa con Calígula le aseguró el puesto de tetrarca, y en el 37 d. C. se le entregaron los territorios de Filipo. En el 40 d. C., tras el exilio de Antipas, sus territorios fueron entregados a Agripa. Al año siguiente, Agripa recibió también los territorios que antes había gobernado Arquelao. De este modo, Agripa reunificó la dinastía herodiana tal y como había existido bajo Herodes I y se convirtió en su único gobernante bajo los romanos.

Agripa murió en el 44 d. C. y fue sucedido por su hijo, Agripa II. No heredó todos los territorios de su padre, ni se le concedió un gobierno tan vasto como a Agripa I. En su lugar, se le otorgó la tetrarquía de Calcis, a la que más tarde se añadieron los territorios que antes había gobernado Filipo. Cuando comenzó la primera revuelta de las guerras judeo-romanas, que estallaron en respuesta a la opresión romana, los elevados impuestos y los conflictos religiosos entre los romanos y los judíos, Agripa II participó activamente del lado de los romanos.

En un principio, Agripa intentaba evitar por completo una guerra con Roma. Los judíos se negaban a pagar los impuestos que debían a los romanos, y Agripa intentó desesperadamente pacificar la situación animando al pueblo a soportar algunas de las injusticias y aceptar el dominio romano. No consiguió sofocar la rebelión y fue expulsado de Jerusalén, junto con su hermana Berenice, en el año 66 de la era cristiana.

También proporcionó ayuda a las fuerzas romanas en forma de arqueros y unidades de caballería para mostrar su apoyo al emperador. Incluso acompañó a los romanos en algunas campañas. Tras la toma de Jerusalén, Agripa II regresó a Roma, donde fue nombrado pretor y se le otorgaron nuevos territorios para gobernar.

Con la muerte de Agripa II, entre los años 92 y 100 d. C., la dinastía herodiana llegó a su fin. Las tierras gobernadas por Agripa como tetrarca se incorporaron al Imperio romano.

Conclusión

No cabe duda del papel que desempeñó el antiguo Israel en la formación de la historia religiosa y en el panorama religioso actual. En la actualidad, muchas de las religiones que se practican encuentran sus bases en el antiguo Israel, por lo que su estudio resulta vital para comprender el modo en que estos pueblos y regiones antiguos siguen afectando a la vida moderna.

Para empezar, los antiguos israelitas introdujeron una de las primeras religiones monoteístas del mundo. Antes de esto, la mayoría de las prácticas religiosas eran politeístas o, en el mejor de los casos, henoteístas, como durante el dominio del Imperio persa. La adoración de ídolos y de múltiples dioses y deidades era común, y el concepto de adorar a un único dios era nuevo y sin precedentes en aquella época.

La base de la religión israelita, los Diez Mandamientos, desempeñó un papel importante en los fundamentos de otras religiones. Las escrituras hebreas sientan las bases del judaísmo. El nombramiento de los israelitas como pueblo elegido de Dios en el monte Sinaí forma parte integrante del sistema de creencias judío, en el que los judíos deben dar ejemplo al mundo de comportamiento recto.

Además, la religión israelita constituye la base del cristianismo, ya que las escrituras hebreas forman parte del Antiguo Testamento. El cristianismo también reconoce a muchas figuras israelitas destacadas, como David y Abraham. La religión islámica también reconoce el carácter profético de estas figuras y reconoce las escrituras hebreas como revelaciones divinas. Así pues, dos de las religiones más grandes y practicadas del mundo derivan del judaísmo, que a su vez es una extensión de la religión de los antiguos israelitas.

La historia del antiguo Israel comenzó con la Edad de Hierro, y los descubrimientos arqueológicos han atestiguado este periodo con el hallazgo de herramientas de hierro en la región. Dado que la Biblia y las escrituras hebreas proporcionan una extensa historia de la región, los esfuerzos arqueológicos se han centrado en realizar descubrimientos que puedan verificar o ampliar los acontecimientos relacionados con la Biblia. Sin embargo, en la mayoría de los casos, las escrituras religiosas ofrecen la única prueba de algunos acontecimientos.

El principal objetivo de los arqueólogos en Israel siempre ha sido explicar, ampliar o ilustrar pasajes religiosos mediante descubrimientos. Estas pruebas ayudan a interpretar la Biblia. Por ejemplo, muchos historiadores creían que Jesús podría no haber sido real. Hoy en día, se han descubierto pruebas suficientes para atestiguar que sí existió. Por lo tanto, es lógico pensar que los acontecimientos sin pruebas arqueológicas significativas podrían tener al menos alguna base real.

La influencia de los israelitas persiste hoy en día en más de un sentido. La historia de esta región, que pasó de ser un estado independiente a ser gobernado por extranjeros y luego a gozar de una relativa autonomía bajo el dominio de naciones extranjeras, narra el progreso de una nación que sobrevive hasta nuestros días, con su sistema religioso intacto, a pesar del enredo de diferentes culturas y religiones a lo largo de las últimas partes de su existencia.

Además, las proezas arquitectónicas de los judíos, incluso durante el periodo del vasallaje, tienen un gran valor hoy en día. Los restos del Segundo Templo, que fue destruido por los romanos (sólo queda el muro occidental), es un lugar sagrado para los judíos hoy en día y es un recordatorio de su difícil situación. Sin embargo, aunque los judíos sufrieron bajo influencias religiosas y gobernantes extranjeros, perseveraron y no permitieron que sus creencias fracasaran o se perdieran en el tiempo.

Vea más libros escritos por Enthralling History

BILLY WELLMAN

EL CRISTIANISMO
PRIMITIVO

UN APASIONANTE RECORRIDO POR LA VIDA DE JESÚS, LOS
DOCE APÓSTOLES, LA CONVERSIÓN DE CONSTANTINO Y OTROS
ACONTECIMIENTOS DE LA HISTORIA CRISTIANA

ENTHRALLING HISTORY

Bibliografía

Alstola, Tero. "Judean Merchants in Babylonia and Their Participation in Long-Distance Trade". *Die Welt Des Orients* 47, no. 1 (2017): 25–51. http://www.jstor.org/stable/26384887.

Baker, Luke. "Ancient Tablets Reveal Life of Jews in Nebuchadnezzar's Babylon". *Reuters,*

Bareket, Elinoar. "The Head of the Jews (Ra'is al-Yahud) in Fatimid Egypt: A Re-Evaluation". *Bulletin of the School of Oriental and African Studies,* University of London 67, no. 2 (2004): 185–97. http://www.jstor.org/stable/4145978.

Baron, Salo W. *A Social and Religious History of the Jews.* New York: Columbia University Press, 1957.

Baskin, Judith R. ed. and Kenneth Seeskin, ed. *The Cambridge Guide to Jewish History, Religion, and Culture.* New York: Cambridge University Press, 2012.

Bertman, Stephen. *Handbook to Life in Ancient Mesopotamia.* Oxford: Oxford University Press, 2005.

Brenner, Michael. *After the Holocaust: Rebuilding Jewish Lives in Postwar Germany.* Traducido por Barbara Harshav. Princeton: Princeton University Press, 1997.

Brook, Kevin Alan. *The Jews of Khazaria.* Lanham, Maryland: Rowman & Littlefield, 2018.

Cohen, Mark R. "Jews in the Mamlūk Environment: The Crisis of 1442 (A Geniza Study)". *Bulletin of the School of Oriental and African Studies,* University of London 47, no. 3 (1984): 425–48. http://www.jstor.org/stable/618879.

Cohn-Sherbok, Dan. *Judaism: History, Belief and Practice*. New York: Routledge, 2017.

Cohn-Wein, Eli. *The Golden Age of Jewish Philosophy*. Sefaria. https://www.sefaria.org/sheets/327268?lang=bi

Dalley, Stephanie. *Myths from Mesopotamia Creation, the Flood, Gilgamesh, and Others*. Oxford: Oxford University Press, 2008.

Delorme, Jean-Philippe. "דוד בת in the Mesha Stele: A Defense of André Lemaire's Reading and Its Historical Implications". *SBL and AAR New England and Eastern Canada Region Annual Meeting*. Tufts University, Massachusetts, 22 de marzo de 2019.

"Einstein's Deeply Held Political Beliefs". *American Museum of Natural History*. https://www.amnh.org/exhibitions/einstein/global-citizen#:~:text=Although%20Einstein%20did%20not%20observe,that%20I%20belong%20to%20it.%22

Enuma Elish: The Seven Tablets of Creation. Traducido por Leonard William King. London: Luzac, 1902. https://www.sacred-texts.com/ane/enuma.htm

Eridu Genesis. Translated by Thorkild Jacobson. Livius, consultado el 18 de octubre de 2021. https://www.livius.org/sources/content/oriental-varia/eridu-genesis/

Gibb, H. A. R. *The Damascus Chronicle of the Crusades: Extracted and Translated from the Chronicle of Ibn Al-Qalanisi*. Mineola, New York: Dover Publications, 2003.

Haas, Richard N. "Israel at 75". *The Strategist: Australian Strategic Policy Institute*. 23 de mayo de 2023. https://www.aspistrategist.org.au/israel-at-75/

Herodotus. *Capture of Babylon*. Livius. https://www.livius.org/articles/person/darius-the-great/sources/capture-of-babylon-herodotus/

"Immigration to Israel: The First Aliyah (1882-1903)." *Jewish Virtual Library*.

Jacob, Walter, ed. *The Pittsburgh Platform in Retrospect: The Changing World of Reform Judaism*. Pittsburgh: Rodef Shalom Congregation Press, 1985.

Johnson, Paul. *A History of the Jews*. New York: Harper & Row, 1987.

Josephus, Flavius. *The Antiquities of the Jews*. Traducido por William Whiston. Project Gutenberg EBook. https://www.gutenberg.org/files/2848/2848-h/2848-h.htm

Josephus, Flavius. *The Wars of the Jews*. Traducido por William Whiston. Project Gutenberg EBook. https://www.gutenberg.org/files/2850/2850-h/2850-h.htm

Lenin, Theodore I., et al. *Associates, Rabbi and Synagogue in Reform Judaism*. West Harford: Central Conference of American Rabbis, 1972, 98-99.

Marcus, Jacob. *The Jew in the Medieval World: A Sourcebook, 315-1791*. New York: Jewish Publication Society, 1938.

Meyer, Michael A. *Response to Modernity: A History of the Reform Movement in Judaism*. New York: Oxford University Press, 1988.

Minsky, Michael G. *Agobard and His Relations with the Jews*. Amherst: University of Massachusetts, 1971.

Na'aman, Nadav. "Three Notes on the Aramaic Inscription from Tel Dan". *Israel Exploration Journal* 50, no. ½ (2000): 92–104. http://www.jstor.org/stable/27926919.

Nebel, Almut, Dvora Filon, Deborah A. Weiss, Michael Weale, Marina Faerman, Ariella Oppenheim, Mark G. Thomas. "High-resolution Y Chromosome Haplotypes of Israeli and Palestinian Arabs Reveal Geographic Substructure and Substantial Overlap with Haplotypes of Jews". *Human Genetics*. 107, no. 6 (diciembre 2000): 630–641. doi:10.1007/s004390000426.

Pollock, Susan. *Ancient Mesopotamia*. Cambridge: Cambridge University Press, 1999.

Rohl, John C. G. *The Kaiser and His Court: Wilhelm II and the Government of Germany*. Cambridge: Cambridge University Press, 1995.

"S/Agenda/58". *Security Council Official Records*. (April 16, 1948), 19.

Shagrir, Iris, and Netta Amir. "The Persecution of the Jews in the First Crusade: Liturgy, Memory, and Nineteenth-Century Visual Culture". *Speculum* 92, no. 2 (2017): 405–28. http://www.jstor.org/stable/26340194.

Shaus, Arie, Yana Gerber, Shira Faigenbaum-Golovin, Barak Sober, Eli Piasetzky, e Israel Finkelstein. "Forensic Document Examination and Algorithmic Handwriting Analysis of Judahite Biblical Period Inscriptions Reveal Significant Literacy Level". *PLOS One*. 9 de septiembre de 2020. https://doi.org/10.1371/journal.pone.0237962 S

Stub, Sara Toth. "Letter from Ethiopia: Exploring a Forgotten Jewish Land". *Archaeology*. Enero/febrero 2023. https://www.archaeology.org/issues/498-2301/letter-from/11057-ethiopia-beta-israel

Talmud. The William Davidson Edition. Sefaria. https://www.sefaria.org/texts/Talmud

The Book of Maccabees II. Second Temple. Sefaria. https://www.sefaria.org/The_Book_of_Maccabees_II?tab=contents

"The Code of Hammurabi". Traducido por L.W. King. In *The Avalon Project: Documents in Law, History, and Diplomacy*. Yale Law School: Lillian Goldman Law Library. https://avalon.law.yale.edu/ancient/hamframe.asp

The Complete Tanakh: The Jewish Bible with a Modern English Translation and Rashi's Commentary.

https://www.chabad.org/library/bible_cdo/aid/63255/jewish/The-Bible-with-Rashi.htm

"The Program of the National-Socialist German Workers' Party, 24 de febrero de 1920". *Jewish Virtual Library.* https://www.jewishvirtuallibrary.org/platform-of-the-national-socialist-german-workers-rsquo-party

"The Question of Palestine". *United Nations.* https://www.un.org/unispal/history/#:~:text=After%20looking%20at%20alternatives%2C%20the,(II)%20of%201947).

"The Suez Crisis, 1956". *Office of the Historian.* Foreign Service Institute: United States Department of State. https://history.state.gov/milestones/1953-1960/suez#:~:text=On%20July%2026%2C%201956%2C%20Egyptian,since%20its%20construction%20in%201869.

Van De Mieroop, Marc. *A History of the Ancient Near East ca. 3000 - 323 BC.* Hoboken: Blackwell Publishing, 2006.

Van Maaren, John. *The Boundaries of Jewishness in the Southern Levant 200 BCE–132 CE.* 43-108. Boston: De Gruyter, 2022. https://doi.org/10.1515/9783110787450-002

Ballentine, Debra Scoggins. *"El Reino de Judá".* Odisea bíblica, 2009, https://www.bibleodyssey.org/places/main-articles/the-kingdom-of-judah/.

Bell, Kelly. *"Judas Macabeo, Martillo de los Judíos".* Red de Historia de la Guerra, 2009, https://warfarehistorynetwork.com/article/judas-maccabeus-hammer-of-the-jews/

Biblia hoy. *"¿POR QUÉ LA BIBLIA ES LA PALABRA DE DIOS?".* Biblia Hoy, 2020, https://www.bibletoday.com/?gclid=Cj0KCQjwt_qgBhDFARIsABcDjOfmwnQ38bDtShSe0SDZZ-3GSLAl-AtwE23EAHE-n1J2Xf0qJkovWdEaAkqZEALw_wcB

Universidad de Boston. *"Período del Primer Templo: Jerusalén como capital del Reino Judaíta (930-722)".* Capital de Judá I (930-722), 2020, https://www.bu.edu/mzank/Jerusalem/p/period2-2-1.htm

Britannica, editores de la enciclopedia. *"Literatura bíblica | Definición, tipos, importancia, estudio y desarrollo".* Enciclopedia Británica, 30 de marzo de 2023, https://www.britannica.com/topic/biblical-literature

Britannica, los editores de la enciclopedia. *"Dinastía Hasmonea".* Enciclopedia Británica, 2021, https://www.britannica.com/topic/Hasmonean-dynasty

Britannica, los editores de la enciclopedia. *"Israelita".* Enciclopedia Británica, 2022, https://www.britannica.com/topic/Israelite

Britannica, los editores de la enciclopedia. *"Judá | Tribu hebrea | Británica"*. Enciclopedia Británica, 2023,https://www.britannica.com/topic/Judah-Hebrew-tribe

Marrón, Guillermo. *"Antigua religión israelita y judía"*. *Enciclopedia de Historia Mundial"*, 13 de julio de 2017, https://www.worldhistory.org/article/1097/ancient-israelite--judean-religion/

Cataliotti, Joseph y Christopher Sailus. *"Historia, cronología y religión de los israelitas | ¿Quiénes eran los israelitas? - Vídeo y transcripción de la lección"*. *Study.com*, 7 de octubre de 2022,https://study.com/learn/lesson/israelites-history-timeline-religion-who-were-the-israelites.html

La Iglesia de Jesucristo. *"La conquista asiria y las tribus perdidas"*. La Iglesia de Jesucristo de los Santos de los Últimos Días, 2022,

https://www.churchofjesuschrist.org/study/manual/old-testament-student-manual-kings-malachi/enrichment-d?lang=eng

Claudia, F. *"Rey Saúl de Israel: Historia y cronología | ¿Quién fue el primer rey de Israel? - Vídeo y transcripción de la lección"*. *Study.com*, 21 de octubre de 2021, https://study.com/academy/lesson/king-saul-of-israel-history-timeline-quiz.html

Conexiones de piedra angular. *"La Edad de Oro de Israel"*. Conexiones de piedra angular, 2015,
https://www.cornerstoneconnections.net/assets/teens/Lessons/2015/Q4/English/TEACHER/CC-15-Q4-L11-T.pdf

Cundall, Arthur E. *"La monarquía unida: ¿realidad o ficción?"*. Vox Evangélica, vol. 8, 1973, págs. 33-39,https://biblicalstudies.org.uk/pdf/vox/vol08/monarchy_cundall.pdf

Enciclopedia Judaica. *"Antígono II"*. Enciclopedia.com, 2023,

https://www.encyclopedia.com/religion/encyclopedias-almanacs-transcripts-and-maps/antigonus-ii

Enciclopedia.com. *"Hasmoneos"*. Enciclopedia.com, 2018,

https://www.encyclopedia.com/people/philosophy-and-religion/judaism-biographies/hasmoneans

Hechos y detalles. *"MOSIS, MT. EL SINAÍ, LOS DIEZ MANDAMIENTOS, EL BECERRO DE ORO Y SU MUERTE A POCO DE LA TIERRA PROMETIDA"*. Hechos y detalles, 2018,
https://factsanddetails.com/world/cat55/3sub1/entry-5698.html

Fausto, A. "Ciudades y pueblos del antiguo Israel (Edades del Bronce y del Hierro)". *Enciclopedia de la historia de la ciencia, la tecnología y la medicina en culturas no occidentales*, editada por Helaine Selin, Springer, 2008.

Ferguson, Juan. "Era helenística | Historia, características, arte, filosofía, religión y hechos ". *Enciclopedia Británica*, 17 de marzo de 2023,https://www.britannica.com/event/Hellenistic-Age

Finkelstein, Israel. "La campaña de Shoshenq I a Palestina: una guía para la política del siglo X a. C.". *eitschrift Des Deutschen Palästina-Vereins*, vol. 118, núm. 2, 2002, págs. 109-135. JSTOR,https://www.jstor.org/stable/27931693

Finkelstein, Louis y W. D. Davies, editores. *La historia del judaísmo de Cambridge: volumen 2, la era helenística*. Prensa de la Universidad de Cambridge, 2008.

Fraser, Peter Marshall y otros. "Palestina". *Enciclopedia Británica*, 21 de marzo de 2023,https://www.britannica.com/place/Palestine

Gier, Nicholas F. "Henoteísmo hebreo". *Universidad de Idaho*, 2020,https://www.webpages.uidaho.edu/ngier/henotheism.htm

Gilad, Elón. "Conozca a los asmoneos: una breve historia de una época violenta: el mundo judío". *Haaretz*, 23 de diciembre de 2014,

https://www.haaretz.com/jewish/2014-12-23/ty-article/meet-the-hasmoneans/0000017f-e30d-d75c-a7ff-ff8d7cdd0000

Gottheil, Richard y Samuel Krauss. "PTOLEMIO I - *JewishEncyclopedia.com*". Enciclopedia judía, 2021,https://www.jewishencyclopedia.com/articles/12420-ptolemy-i

Grabbe, L. L. "La historia de Israel: los períodos persa y helenístico". *Texto en contexto: ensayos de miembros de la Sociedad para el estudio del Antiguo Testamento*, editado por A. D. H. Mayes, OUP Oxford, 2000. Consultado el 3 de abril de 2023.

Harris, Rafael. "La Edad de Oro de Israel". *La revista judía*, 1999,http://www.jewishmag.com/18mag/golden/golden.htm

La Universidad Hebrea de Jerusalén. "Período helenístico". *Tel Dor*, 2014,http://dor.huji.ac.il/periods_HL.html

Herrón, Dustin. "Israel y Judá: diferencia entre los dos reinos". *La Comunidad de Ministerios Relacionados con Israel*, 2 de junio de 2021,https://firmisrael.org/learn/israel-and-judah-two-kingdoms-and-their-differences/

Higgins, William. "Asociaciones peligrosas: la historia de Josafat y Acab". *Enseñanza cristiana*, 1 de marzo de 2008,https://williamshiggins.net/2008/03/01/dangerous-partnerships-the-story-of-jehoshaphat-ahab/

Editores de HISTORIA. "Grecia helenística". *HISTORY*.com, 4 de febrero de 2010,https://www.history.com/topics/ancient-greece/hellenistic-greece

Editores de HISTORIA. "Edad de Hierro". *HISTORIA*, 3 de enero de 2018,https://www.history.com/topics/pre-history/iron-age

Horwitz, Aharon. "Una breve historia de la antigua Jerusalén | La guía de Jerusalén para hacer - AAJ". Jerusalén

Hunt, Robert D. "Herodes y Augusto: una mirada a las relaciones entre patrón y cliente". *Archivo de becarios de BYU*, 2002, https://scholarsarchive.byu.edu/cgi/viewcontent.cgi?article=1013&context=studiaa ntiqua

Autoridad de Antigüedades de Israel. "Los períodos arqueológicos en Israel". *Antigüedades.org*, 2022,https://www.antiquities.org.il/t/PeriodSub_en.aspx?id=3

Embajada de Israel. "Historia: Segundo Templo". *Misiones israelíes en todo el mundo*, 2018,https://embassies.gov.il/baku/AboutIsrael/history/Pages/History-Second-Temple.aspx

Jarus, Owen. "Antiguo Israel: Historia de los reinos y dinastías formadas por el antiguo pueblo judío". *Ciencia viva*, 22 de septiembre de 2022,https://www.livescience.com/55774-ancient-israel.html

Historia judía. "Alejandro el Grande". *Historia judía*, 2020, https://www.jewishhistory.org/alexander-the-great/

King, James y Frank W. Walbank. "Saúl | rey de Israel | Británica". *Enciclopedia Británica*, 7 de marzo de 2023,https://www.britannica.com/biography/Saul-king-of-Israel

Kunst Historisches Museum de Viena. "Judea después de Alejandro Magno". *Kunsthistorisches Museum Wein*, 2020, https://data1.geo.univie.ac.at/projects/muenzeundmacht/showcases/showcase2%3 Flanguage=en.html

Laie, Benjamin T. y Osama Shukir. "Efectos mesopotámicos en Israel durante la Edad del Hierro". *Enciclopedia de Historia Mundial*, 23 de diciembre de 2015, https://www.worldhistory.org/article/850/mesopotamian-effects-on-israel-during-the-iron-age/

Préstamo, Jona. "Herodes Antipas". *Livius.org*, 4 de agosto de 2020, https://www.livius.org/articles/person/herod-antipas/

Préstamo, Jona. "Herodes Arquelao". *Livius.org*, 23 de abril de 2020, https://www.livius.org/articles/person/herod-archelaus/

Préstamo, Jona. "Felipe". *Livius.org*, 21 de abril de 2020, https://www.livius.org/articles/person/herod-philip/

Lipschits, Oded y Manfred Oeming. Judá y los judíos en el período persa. Prensa de la Universidad Penn State, 2006.

Mark, Joshua J. "Reino de Israel". *Enciclopedia de Historia Mundial*, 26 de octubre de 2018, https://www.worldhistory.org/Kingdom_of_Israel/

Maxine Grossman. "El legado del antiguo Israel - El legado del antiguo Israel El antiguo Israel – 'Israel' fue el primero". *Universidad de Maryland,* 2020,https://www.studocu.com/en-us/document/university-of-maryland/introduction-to-the-hebrew-bible/engl262-legacy-of-ancient-israel/40401708

Molinero, Charlotte. "La importancia de los israelitas y el antiguo Israel". *LibreTextos,* 2020, https://human.libretexts.org/Bookshelves/History/World_History/Book%3A_World_History_-_Cultures_States_and_Societies_to_1500_(Berger_et_al.)/02%3A_Early_Middle_Eastern_and_Northeast_African_Civilizations/2.12%3A_The_Importance_of_the_Israelites_and_Ancient_Israel

Moulton, domingo. "Edad del Hierro: cronología y hechos". *Study.com,* 2023,https://study.com/academy/lesson/iron-age-timeline-facts.html

Muscato, Cristóbal. "Reino de Judea: historia y explicación: vídeo y transcripción de la lección". *Study.com,* 2020,https://study.com/academy/lesson/kingdom-of-judea-history-lesson-quiz.html

Nenner, Ravit y Noa Evron. "La antigua Jerusalén: el pueblo, el pueblo, la ciudad". *Sociedad de Arqueología Bíblica,* 2022,https://www.biblicalarchaeology.org/daily/biblical-sites-places/jerusalem/ancient-jerusalem/

Enciclopedia del Nuevo Mundo. "Henoteísmo". *Enciclopedia del Nuevo Mundo,* 2021,https://www.newworldencyclopedia.org/entry/Henotheism

Enciclopedia del Nuevo Mundo. "Reino de Judá". *Enciclopedia del Nuevo Mundo,* 2018,https://www.newworldencyclopedia.org/entry/Kingdom_of_Judah

Oates, Harry. "La revuelta macabea". *Enciclopedia de Historia Mundial,* 29 de octubre de 2015,https://www.worldhistory.org/article/827/the-maccabean-revolt/

O'Connor, David y Stephen Quirke. "¿Por qué eran enemigos los filisteos y los israelitas?". *DailyHistory.org,* 2018, https://dailyhistory.org/Why_Were_the_Philistines_and_Israelites_Enemies

Museo Penn. "EDAD DEL HIERRO I - Canaán y el antiguo Israel @ Museo de Arqueología y Antropología de la Universidad de Pensilvania". *Museo Penn,* 2016,https://www.penn.museum/sites/Canaan/IronAgeI.html

Prabhat, S. "Israel y Judá". *Difference between,* 2021, http://www.differencebetween.net/miscellaneous/culture-miscellaneous/difference-between-israel-and-judah/

Perfilbaru. "Yehud (provincia de Babilonia)". *PROFILBARU.COM,* 2023,https://profilbaru.com/article/Yehud_(Babylonian_province)

Rice, Damien y Matt Galbraith. "Israel bíblico: la tierra de Kush". *La maldición del jamón*, Princeton University Press, 2003,
https://www.degruyter.com/document/doi/10.1515/9781400828548.17/pdf

Rice, Damien y Matt Galbraith. "El período persa y los orígenes de Israel: más allá de los "mitos"". *Cuestiones críticas en la historia israelita temprana*, 16 de noviembre de 2008,https://www.degruyter.com/document/doi/10.1515/9781575065984-007/html

Ritenbaugh, Richard T. "Lo que dice la Biblia sobre la Edad de Oro de Israel". *Herramientas bíblicas*, 2013,
https://www.bibletools.org/index.cfm/fuseaction/Topical.show/RTD/cgg/ID/17709/Israels-Golden-Age.htm

Rogerson, J. W. "Israel hasta el final del período persa: antecedentes históricos, sociales, políticos y económicos". *El Manual de Estudios Bíblicos de Oxford*, editado por Judith M. Lieu y J. W. Rogerson, OUP Oxford, 2008.

Rolling, C. "El henoteísmo en la Biblia - 807 palabras | 123 Ayúdame". *123Ayúdame.com*, 2020,https://www.123helpme.com/essay/Henotheism-In-The-Bible-526821

Rooke, Herederos de Deborah W. Zadok: e*l papel y el desarrollo del sumo sacerdocio en el antiguo Israel*. Prensa de Clarendon, 2000.

Rosa, Jenny. "El período persa - estudios bíblicos". *Bibliografías de Oxford*, 2020,https://www.oxfordbibliographies.com/display/document/obo-9780195393361/obo-9780195393361-0194.xml

Ross, Leslie Koppelman. "La dinastía asmonea". *Mi aprendizaje judío*, 2015,https://www.myjewishlearning.com/article/the-hasmonean-dynasty/

Rubel, Ahsan y JE Wright. "La campaña del faraón Shoshenq I en Palestina | Interp. bíblica". *Interpretación de la Biblia*, 2004,https://bibleinterp.arizona.edu/articles/Wilson-Campaign_of_Shoshenq_I_1

Schäfer, Peter. "Historia de los Ptolomeos". *Universidad de Boston*, 2009,https://www.bu.edu/mzank/Jerusalem/cp/ptolemies.htm

Shapira, Dan. "¿Quiénes eran los asmoneos?". *Revista Tablet*, 30 de noviembre de 2021,https://www.tabletmag.com/sections/history/articles/who-were-the-hasmoneans

Thomas, Brian C. "Importancia de Israel en la profecía bíblica". *Dios 1ra Comunidad Bíblica*, 2020,https://www.god1st.org/Signficance-of-Israel-in-Prophecy

Mapas de tiempo. "Antiguo Israel: religión, cultura e historia". *Mapas de tiempo*, 2011,https://timemaps.com/civilizations/ancient-israel/

Trentin, Summer y Debby Sneed. "El período helenístico: panorama histórico y cultural | Departamento de Clásicos". *Universidad de Colorado Boulder*, 14 de junio de 2018,https://www.colorado.edu/classics/2018/06/14/hellenistic-period-cultural-historical-overview

Iglesia de Dios Unida. "La edad de oro de Israel". *Iglesia de Dios Unida*, 16 de febrero de 2011,https://www.ucg.org/bible-study-tools/booklets/the-united-states-and-britain-in-bible-prophecy/israels-golden-age

Iglesia de Dios Unida. "La edad de oro de Israel". *Iglesia de Dios Unida*, 16 de febrero de 2011,https://www.ucg.org/bible-study-tools/booklets/the-united-states-and-britain-in-bible-prophecy/israels-golden-age

Velázquez, Efraín y JE Wright. "El período persa y los orígenes de Israel: más allá de los "mitos" | Interp. bíblica". *Interpretación de la Biblia*, 2009, https://bibleinterp.arizona.edu/articles/persian

Historia mundial. "El legado del antiguo Israel". *Historia mundial*, 3 de septiembre de 2015,https://www.worldhistory.biz/ancient-history/70552-the-legacy-of-ancient-israel.html

Zhakevich, Philip y Ben Noonan. "De los textos a los escribas: evidencia de la escritura en el antiguo Israel". *Sociedad Estadounidense de Investigación en el Extranjero* (ASOR)

Fuentes de imágenes

[1] _https://commons.wikimedia.org/wiki/File:Maimonides-2.jpg_

[2] _https://commons.wikimedia.org/wiki/File:Cold_synagogue_in_Mogilev_The_Garden_of_Eden_Serpent_by_El_Lissitzky.jpg_

[3] _https://commons.wikimedia.org/wiki/File:Alexandre_Cabanel_-_Rebecca_et_Eli%C3%A9zer_-_1883.jpg_

[4] _https://commons.wikimedia.org/wiki/File:Tissot_Moses_and_the_Ten_Commandments.jpg_

[5] _https://commons.wikimedia.org/wiki/File:Osmar_Schindler_-_David_und_Goliath.jpg_

[6] _Oldtidens_Israel_&_Judea.svg: FinnWikiNoderivative work: Richardprins, CC BY-SA 3.0_ <_https://creativecommons.org/licenses/by-sa/3.0_>, _vía Wikimedia Commons;_ _https://commons.wikimedia.org/wiki/File:Kingdoms_of_Israel_and_Judah_map_830.svg_

[7] _https://commons.wikimedia.org/wiki/File:Belshazzar%E2%80%99s_feast,_by_Rembrandt.jpg_

[8] _https://commons.wikimedia.org/wiki/File:The_Prophets_-_Micah,_Haggai,_Malachi,_Zechariah_(The_Story_of_the_Masterpieces).png_

[9] _M.t.lifshits, CC BY-SA 3.0_ <_https://creativecommons.org/licenses/by-sa/3.0_>, _vía Wikimedia Commons;_ _https://commons.wikimedia.org/wiki/File:Model_of_Jerusalem_in_the_Late_Second_Temple_Period.JPG_

[10] _https://commons.wikimedia.org/wiki/File:Adolf_Behrman_-_Talmudysci.jpg_

[11] _Foto modificada: ampliada. Crédito: Haldrik en_ _https://en.wikipedia.org/_; _https://commons.wikimedia.org/wiki/File:Israel_Byzantine_5c.jpg_

[12] _https://commons.wikimedia.org/wiki/File:Ban%C5%AB_Qurayza.png_

[13] _Leah Lipszyc, CC BY-SA 3.0_ <_https://creativecommons.org/licenses/by-sa/3.0_>, _vía Wikimedia Commons,_ _https://commons.wikimedia.org/wiki/File:Tchufute_Kalei_tower_near_back_entrance.JPG_

[14] https://commons.wikimedia.org/wiki/File:Rashi.JPG

[15] https://commons.wikimedia.org/wiki/File:Execution_of_Hebrews_by_Pagans.jpg

[16] https://commons.wikimedia.org/wiki/File:Taking_of_Jerusalem_by_the_Crusaders,_15th_July_1099.jpg

[17] https://commons.wikimedia.org/wiki/File:Mamluke.jpg

[18] *Foto ampliada. Crédito:* דגניה קיבוץ א, *CC BY-SA 3.0* <https://creativecommons.org/licenses/by-sa/3.0>, *vía Wikimedia Commons;* https://commons.wikimedia.org/wiki/File:Historical_Image_of_Degania_Elementary_School_(9).png

[19] https://commons.wikimedia.org/wiki/File:Konzentrationslager_Dachau_1945.webp

[20] *Foto ampliada. Crédito: J Malan Heslop, coloreada por Julius Jääskeläinen, CC BY 2.0* <https://creativecommons.org/licenses/by/2.0>, *vía Wikimedia Commons;* https://commons.wikimedia.org/wiki/File:Liberated_prisoner_of_the_Ebensee_concentration_camp_in_Austria,_8_May_1945._(45899003575).jpg

[21] https://commons.wikimedia.org/wiki/File:Selection_on_the_ramp_at_Auschwitz-Birkenau,_1944_(Auschwitz_Album)_1b.jpg

[22] https://commons.wikimedia.org/wiki/File:Women_in_the_barracks_of_Auschwitz.jpg

[23] https://commons.wikimedia.org/wiki/File:First_Youth-Aliyah_group_walking_to_Ein_Harod.JPG

[24] https://commons.wikimedia.org/wiki/File:UN_Partition_Plan_For_Palestine_1947.png

[25] https://commons.wikimedia.org/wiki/File:Golda_Meir_in_the_white_house_1969.jpg

[26] *Internet Archive Book Images, Sin restricciones, vía Wikimedia Commons* https://commons.wikimedia.org/wiki/File:The_art_Bible,_comprising_the_Old_and_new_Testaments_-_with_numerous_illustrations_(1896)_(14780507284).jpg

[27] *Amos Ben Gershom / Oficina de Prensa del Gobierno, CC BY-SA 3.0* <https://creativecommons.org/licenses/by-sa/3.0>, *vía Wikimedia Commons;* https://commons.wikimedia.org/wiki/File:Flickr_-_Government_Press_Office_(GPO)_-_The_Wailing_Wall_(cropped).jpg

[28] https://commons.wikimedia.org/wiki/File:Flag_of_Israel_(simplified).svg

[29] *Museo Metropolitano de Arte, CC0, vía Wikimedia Commons;* https://commons.wikimedia.org/wiki/File:Bowl_Fragments_with_menorá,_Shofar,_and_Torah_Ark_MET_DP355178.jpg

[30] https://commons.wikimedia.org/wiki/File:Anne_Frank_lacht_naar_de_schoolfotograaf.jpg

[31] *Comet Photo AG (Zürich), CC BY-SA 4.0* <https://creativecommons.org/licenses/by-sa/4.0>, *vía Wikimedia Commons;* https://commons.wikimedia.org/wiki/File:Einstein_Com_M19-0053-0001.jpg

[32] https://commons.wikimedia.org/wiki/File:Buchenwald_Slave_Laborers_Liberation.jpg

[33] https://commons.wikimedia.org/wiki/File:Joseph-Romain_Joly,_Carte_de_la_route_des_Isra%C3%A9lites_depuis_leur_d%C3%A9part_de_l%27Egypte_jusqu%27au_passage_di_Jourdain_(FLA6962315_3922539).jpg

[34] *Sigal Lea Raveh, CC BY-SA 4.0* <https://creativecommons.org/licenses/by-sa/4.0>, *via Wikimedia Commons;* https://commons.wikimedia.org/wiki/File:Asherah_13th_century_BC_Israel_Museum.jpg

[35] *Oldtidens_Israel_&_Judea.svg: FinnWikiNoderivative work: Richardprins, CC BY-SA 3.0* <https://creativecommons.org/licenses/by-sa/3.0>, *via Wikimedia Commons* https://commons.wikimedia.org/wiki/File:Kingdoms_of_Israel_and_Judah_map_830.svg

[36] *Osama Shukir Muhammed Amin FRCP(Glasg), CC BY-SA 4.0* <https://creativecommons.org/licenses/by-sa/4.0>, *via Wikimedia Commons;* https://commons.wikimedia.org/wiki/File:Shalmaneser_III,_detail,_North_Face,_East_End,_Throne_Dais_of_Shalmaneser_III_from_Nimrud,_Iraq.jpg

[37] *12 tribus de Israel.svg: Traducido por Kordas12 staemme israels heb.svg: por user:יוסי12 staemme israels.png: por user;Janzderobra derivada Richardprins, CC BY-SA 3.0*<http://creativecommons.org/licenses/by-sa/3.0/>, *via Wikimedia Commons;*https://commons.wikimedia.org/wiki/File:12_Tribes_of_Israel_Map.svg

[38] *Majumwo, CC BY-SA 4.0* <https://creativecommons.org/licenses/by-sa/4.0>, *via Wikimedia Commons;* https://commons.wikimedia.org/wiki/File:David_as_he_fights_Goliath.jpeg

[39] *Wellcome Images, CC BY 4.0* <https://creativecommons.org/licenses/by/4.0>, *via Wikimedia Commons;* https://commons.wikimedia.org/wiki/File:The_temple_of_Solomon_at_Jerusalem._Coloured_engraving,_ca._Wellcome_L0047683.jpg

[40] *Водник at ru.wikipedia, CC BY-SA 2.5* <https://creativecommons.org/licenses/by-sa/2.5>, *via Wikimedia Commons;* https://commons.wikimedia.org/wiki/File:Reconstruction_model_of_Ancient_Jerusalem_in_Museum_of_David_Castle.jpg

[41] *Joelholdsworth, CC BY-SA 3.0* <https://commons.wikimedia.org/wiki/File:Deportation_of_Jews_by_Assyrians.svg>, *via Wikimedia Commons;*https://commons.wikimedia.org/wiki/File:Deportation_of_Jews_by_Assyrians.svg

[42] https://commons.wikimedia.org/wiki/File:Tissot_The_Flight_of_the_Prisoners.jpg

[43] https://commons.wikimedia.org/wiki/File:Palestine_under_the_Persians_Smith_1915.jpg

[44] https://commons.wikimedia.org/wiki/File:YHD_coins.jpg

[45] *British Museum, CC BY-SA 3.0* <https://creativecommons.org/licenses/by-sa/3.0>, *via Wikimedia Commons;* https://commons.wikimedia.org/wiki/File:Alexander_the_Great-British_Museum.jpg

[46] *Constantine Plakidas, CC BY-SA 4.0* <https://creativecommons.org/licenses/by-sa/4.0 >, *via Wikimedia Commons;* https://commons.wikimedia.org/wiki/File:Syria_under_the_Seleucids_95_BC.svg

[47] *SnowFire, CC BY 4.0* <https://creativecommons.org/licenses/by/4.0 >, *via Wikimedia Commons;*https://commons.wikimedia.org/wiki/File;Judea-Maccabees-Battles.png

[48] *Yair Haklai, CC BY-SA 4.0* <https://creativecommons.org/licenses/by-sa/4.0 >, *via Wikimedia Commons;* https://commons.wikimedia.org/wiki/File:Statue_of_Judas_Maccabeus_at_exterior_of_the_Duomo_(Milan).jpg

[49] *Effib, CC BY-SA 4.0* <https://creativecommons.org/licenses/by-sa/4.0 >, *via Wikimedia*

Commons; https://commons.wikimedia.org/wiki/File:Hasmonean_kingdom.jpg

[50] https://commons.wikimedia.org/wiki/File:HerodtheGreat2.jpg

[51] *Rh0809, CC BY-SA 4.0* <https://creativecommons.org/licenses/by-sa/4.0 >, *via Wikimedia Commons;* https://commons.wikimedia.org/wiki/File:Archelaus_Ethnarchy.jpg

[52] *Rh0809, CC BY-SA 4.0* <https://creativecommons.org/licenses/by-sa/4.0 >, *via Wikimedia Commons;* https://commons.wikimedia.org/wiki/File:Herod_Philip_Tetrarchy.png

[53] *Rh0809, CC BY-SA 4.0* <https://creativecommons.org/licenses/by-sa/4.0 >, *via Wikimedia Commons;* https://commons.wikimedia.org/wiki/File:Antipas_Tetrarchy.jpg

www.ingramcontent.com/pod-product-compliance
Lightning Source LLC
Chambersburg PA
CBHW072343090426
42741CB00012B/2902